いま社会政策に何ができるか

1

どうする 日本の福祉政策

埋橋孝文 |編著|
UZUHASHI Takafumi

ミネルヴァ書房

「いま社会政策に何ができるか」

刊行にあたって

福祉と労働と家族

　21世紀も20年を経過して，日本社会は多くの社会問題に直面しつつも，未だそこからの脱出の糸口を見出しえていないように思われる。

　社会問題とは，具体的には，〈福祉〉領域では，貧困問題の浮上と生活保護世帯（人員）の増加，年金制度の脆弱性の下での「老後破産」，増加する児童虐待。〈労働〉領域では，非正規労働者の増加とワーキングプア問題，他方での正規労働者の長時間労働，過労死問題，賃金・家計所得の長期停滞，外国人労働者問題。〈家族〉領域では，保育所待機児童問題などに代表される子育ての困難，介護不安，家族・社会・企業に根づくジェンダー格差と不平等，仕事と生活の両立困難，DV，母子世帯の貧困問題，などである。そこには従来からの社会問題が未解決なまま今に持ち越されたものと，少子・高齢社会，グローバル社会の進展の中で新しく浮上してきた問題の両方が含まれる。

　世界的には1970年代頃からの社会の転換に伴い，労働市場の変化，不安定雇用，女性の雇用労働への進出，高齢者の増加，ケア責任と就労の衝突，社会福祉の削減と民営化などの「新しい社会的リスク」が生まれ，それに対応する新しい社会政策が必要になったといわれてきた。日本は，他のアジア諸国とも共通する「圧縮された近代」（チャン・キョンスプ）を経験してきたため，古いリスクと新しいリスクの両方に対処しなければならないことが問題を複雑にしている。

　上記のような枚挙にいとまがない「社会問題」の噴出は，日本では1980年代までの「問題処理システム」が，機能不全となったことを示している。戦後日本では，大企業を中心に，企業が終身雇用，年功賃金，企業内労働組合という「三種の神器」を装備し，手厚い企業内福利を提供してきた。また，専業主婦

を擁する標準家族が企業戦士を支え，子どもの育児・教育や老親の介護までを守備範囲としていた。国は国で労働力の国内調達に努め，公共事業により雇用の維持を図ってきた。こうした構図で「社会問題」の発生を抑え込んできたが，そうしたシステムのいずれもが制度疲労を来している。財政赤字の累積は社会保障や福祉の後退を招来し，非正規雇用の増加は自立したはずの「労働」の根底を揺るがし，女性の就業が進みつつも男女平等やワーク・ライフ・バランスの実現にはまだ程遠い。

こうした中で一方では「格差拡大社会における社会政策の不在」（富永健一）がいわれつつ，他方では「強い社会政策」（岩田正美）の実行を望む声が上がっている。確かに，こうした現状を打開し，「安全・安心な生活」実現に向けた未来への展望を切り拓くためには，国－企業－家族の三者とその相互関係のあり方までを視野に入れることができる〈社会政策〉の登場に期待する声が高まるのも不思議ではない。もっとも今日の〈社会政策〉のアクターは上の三者にとどまらず，「NPO などの非営利組織」との協働や「地域」を巻き込んで展開されるようになっており，そこに現代的特徴を見出すことができる。

本シリーズ「いま社会政策に何ができるか」は，日本社会の今後の進路と的確な政策の提示に努めることによって，そうした〈社会政策〉への期待に応えることを主たる目的としている。また，併せて一般の読者や学生，院生に本シリーズ各巻で扱っている「テーマの重要性」やそれを「解明していくことの大切さとおもしろさ」などを伝え，〈社会政策〉の将来に向けて研究の裾野を広げていくことも目指す。

なお，従来，〈社会政策〉は大まかには「労働」と「社会保障・福祉」という2つの分野から成ると理解されていたが，今回のシリーズでは「家族政策」を1つの独立した巻で取り扱ったところに特徴がある。「家族政策」とは何かについては未だ定説がなく，「福祉政策」との重なりがみられつつも，その違いは明確ではなく，今後の検討に委ねざるを得ないところが多い。しかし，家族を舞台に，また，家族と個人，家族と社会の関わりをめぐって多くの社会問題が表出してきているのも事実である。本シリーズでは「家族政策」をタブー

視することなく，家族を舞台にした社会問題に迫り，従来の国だけが政策主体
であるという理解に縛られない，新しいアプローチと問題解決に向けた議論を
展開している。

重なり合う課題の理解へ

　本シリーズの特徴として，3巻とも基本的に，第Ⅰ部「○○政策の今をつか
む5つのフレーム」の5つの章と，第Ⅱ部「○○政策のこれからを読み解く10
のイシュー」の10の章から構成されている（第3巻は12章）。

　さらに読者が，本書の内容をより理解しやすくするため，各章の冒頭には
「グラフィック・イントロダクション」を設け，第1節「何が問題か」，第2節
「こう考えればいい」，第3節「ここがポイント」，第4節「これから深めてい
くべきテーマ」の4節立てとし，章末に「手にとって読んでほしい5冊の本」
を設ける，という構成で叙述している。

　読者の皆様にはぜひ，本シリーズが各巻で取り上げる現代の日本社会が抱え
る課題を，身近な問題ととらえていただき，執筆者が展開する各課題へのアプ
ローチ，分析，そして提言について，改めて考えてみる機会としていただけれ
ば幸いです。

　2020年9月

「いま社会政策に何ができるか」編者

埋橋孝文・櫻井純理・落合恵美子

目　次

「いま社会政策に何ができるか」刊行にあたって

序　章　福祉政策をみる視点　　　　　　　　　　　　　　　　　　　　I

1　ライフコースとリスク ……………………………………………… I
2　貧困に至る2つの経路と社会保障・福祉 ……………………… I
3　社会政策と福祉政策 ………………………………………………… 4
4　政策論議の前に押さえておきたい基本 ………………………… 7
5　日本のセーフティネットの綻び ……………………………… IO
6　本書の構成と特徴 ……………………………………………… 15

第Ⅰ部　福祉政策の今をつかむ5つのフレーム

第1章　年　　金——どうする老後の貧困　　　　　　　　　　23

1　何が問題か／公的年金における基礎年金の給付比率の低下 …… 23
2　こう考えればいい／基礎年金の底上げ ………………………… 28
3　ここがポイント／デモグラント型基礎年金導入：
　　現行制度改革の方向性と限界 ………………………………… 33
4　これから深めていくべきテーマ／
　　財源をどのように確保するのか ……………………………… 36

第2章　医　　療——財政を維持しつつ質とアクセスを改善する　　41

1　何が問題か／医療費の伸び・医療の質・アクセスの保障 ……… 42

2 こう考えればいい／医療改革の方向性 ……………………………47

3 ここがポイント／医療研究のおもしろさ …………………………53

4 これから深めていくべきテーマ／根拠に基づく政策提案 …………55

第**3**章 **介護保険**──人生100年時代への対応　　58

1 何が問題か／拡大する保険給付 ……………………………………59

2 こう考えればいい／地域包括ケアシステム構築策 ………………62

3 ここがポイント／地域づくりにつながる …………………………67

4 これから深めていくべきテーマ／質評価と人材確保 ……………69

第**4**章 **住　　宅**──脱商品化による保障　　72

1 何が問題か／住宅保障施策の不在 …………………………………73

2 こう考えればいい／日本の住宅保障 ………………………………78

3 ここがポイント／脱商品化イニシアティブ ………………………84

4 これから深めていくべきテーマ／住宅保障による困窮者包摂 ……86

第**5**章 **貧　　困**──反貧困のための貧困理解　　89

1 何が問題か／貧困をどう理解するか ………………………………90

2 こう考えればいい／最低限度の自由の平等という考え方 ………94

3 ここがポイント／政策の効果をどのように測定するか …………99

4 これから深めていくべきテーマ／

　　貧困理論発展への２つの課題 ……………………………………103

第Ⅱ部　福祉政策のこれからを読み解く10のイシュー

第**6**章　福祉サービスの「協働モデル」構想
――制度的支援の「狭間」を埋める　　109

1　何が問題か／制度的支援の原理から………………………………110
2　こう考えればいい／新たな支援戦略の理論構想………………113
3　ここがポイント／「協働モデル」の真実…………………………117
4　これから深めていくべきテーマ／新たな理論体系を目指す………119

第**7**章　政策評価の重要性――福祉とジェンダーをめぐって　　122

1　何が問題か／政策の実効性をめぐる不信感………………………123
2　こう考えればいい／ジェンダー視点からの政策評価……………127
3　ここがポイント／
　　政策評価の枠組み構築に向けた民主的プロセス………………134
4　これから深めていくべきテーマ／
　　より精度の高い政策評価を目指して……………………………135

第**8**章　政策がもたらす周縁化――障害者政策が抱えるジレンマと限界　138

1　何が問題か／障害者政策と周縁化の関係…………………………139
2　こう考えればいい／対象化が周縁化に近づく要因………………143
3　ここがポイント／障害者政策と周縁化……………………………149
4　これから深めていくべきテーマ／
　　今後の政策評価と新たな「ケア役割」…………………………153

第**9**章　非正規労働者と社会保障──多様化への対応　156

　1　何が問題か／多様な非正規労働者への対応の必要性……………157
　2　こう考えればいい／非正規労働者への社会保障 ………………162
　3　ここがポイント／非正規労働の身近さと多様性を知る …………165
　4　これから深めていくべきテーマ／
　　　タイプ分けの実施と新たな負担軽減の手段 ………………166

第**10**章　生活保護問題の現段階──韓国の経験からの示唆を探る　170

　1　何が問題か／なぜ韓国をみるのか…………………………………171
　2　こう考えればいい／「就労支援つき」最低生活保障 …………175
　3　ここがポイント／日本の生活保護と就労支援への示唆 …………182
　4　これから深めていくべきテーマ／
　　　国民基礎生活保障の政策的・実践的意義と課題の探究 ………183

第**11**章　介護現場の人材不足
　　　──介護職務の機能分化からその解決策を探る　187

　1　何が問題か／介護人材が不足になった原因と関連する政策……188
　2　こう考えればいい／介護人材不足問題への解決策 ………………193
　3　ここがポイント／
　　　制度・事業者・専門職の相互努力が問題の解決につながる …198
　4　これから深めていくべきテーマ／
　　　先進プログラムに対する成果の分析 ……………………………199

第 **12** 章　エイジズムと福祉政策
　　　——映画における高齢者ステレオタイプ　　　202

　1　何が問題か／可視化されにくい高齢者人権問題……………203
　2　こう考えればいい／映画分析から得られたエイジズムの特徴……206
　3　ここがポイント／エイジズムと人権問題……………………212
　4　これから深めていくべきテーマ／
　　　エイジズム克服のための政策の視点と研究方法………………214

第 **13** 章　児童虐待に福祉政策はいかに立ち向かうべきか
　　　——1人でも多くの命を守るために　　　216

　1　何が問題か／虐待防止のための各ステージの課題……………217
　2　こう考えればいい／児童虐待防止への5つの提案……………220
　3　ここがポイント／死亡事例だけではない……………………225
　4　これから深めていくべきテーマ／虐待防止に向けた体制整備……226

第 **14** 章　アジアは「福祉後進国」なのか
　　　——「福祉国家的ではないもの」が示す未来　　　230

　1　何が問題か／「福祉後進国」からの問いかけ…………………231
　2　こう考えればいい／
　　　フォーディズムと福祉国家，そしてアジアの経験……………233
　3　ここがポイント／「福祉国家的ではないもの」の意味…………239
　4　これから深めていくべきテーマ／
　　　「福祉国家的ではないもの」のさらなる探求のために…………242

第 **15** 章　**中国の社会保障**——「中国モデル」は存在するのか　245

　　1　何が問題か／比較研究対象としての中国の社会保障……………246

　　2　こう考えればいい／発展経路からみる中国の社会保障…………249

　　3　ここがポイント／「発展途上」にある中国の社会保障…………253

　　4　これから深めていくべきテーマ／

　　　　ポスト工業化時代の中国の社会保障……………………………256

あとがき……261

索　　引……265

序 章

福祉政策をみる視点

1 ライフコースとリスク

　人が歩んでいくライフコースの間には，病気，事故，障害，失業や介護など
のリスクに遭遇することがある。社会保障・福祉の制度によってそれらのリス
クに陥るのを予防したり，また，リスクに陥って引き起こされる経済的な生活
困難を軽減することができる。

　「人の一生は重き荷物を背負いて遠き道を行くがごとし」とは徳川家康の言
葉といわれているが，個人の力では負いかねる荷物もありえる。現代社会には，
「重き荷物」に遭遇したときに，社会制度の力でその負荷を軽減するシステム
が組み込まれている。社会保障・福祉はそうした制度の1つである。ただし，
現在ある制度が十分にその役割を果たしているかどうかは，別途検討する必要
がある。本書は，現在ある制度が十分にその役割を果たしているかどうか，ま
た，果たしていないとしたらどうすれば果たせるようになるかを検討するもの
である。

2 貧困に至る2つの経路と社会保障・福祉

　ここでは貧困を「生活困難」の代表として扱っている。生活困難は経済的な

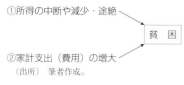

資料序 - 1　貧困に至る２つの経路

①所得の中断や減少・途絶

貧　困

②家計支出（費用）の増大

（出所）　筆者作成。

問題，つまり，所得との関係が非常に強い。やはり公共政策が最も注意を払うべきは，経済問題と密接な関連をもつ生活困難，すなわち経済的困難であろう。

　　　貧困とは何かについてはこれまで諸説あり，ここで詳しく述べることはできないが（詳しくは本書の第５章を参照），近年，日本をはじめとして先進国では，やや便宜的ではあるが，中位所得（＝所得の低い方から高い方へ並べてちょうど真ん中の人の所得）の50％以下を貧困とする（貧困線）ことが多い。これはいわゆる相対的貧困の定義の一種であり，50％という数字に根拠はないものの，理解しやすいところに特徴がある。この場合の所得とはいわゆる可処分所得であるが，この可処分所得が貧困線以下に陥り，貧困状態となる経路としては，以下の２つがある。

　１つは，「所得の中断や減少・途絶」する経路である（**資料序 - 1の①**）。これは失業や疾病あるいは障害，老齢などで働けなくなったときに起こりえる事柄である。もう１つはどうしても支出せざるを得ない「家計支出（費用）が増大」するという経路である。これは，病気の治療や介護サービス，出産費用や育児費用など，支出しなければならない事柄が生じ，その結果，（粗）所得からそうした必要経費を除いた「可処分所得」が減ってしまい，貧困に陥るケースである（**資料序 - 1の②**）

　資料序 - 2は左側に「所得の中断や減少・途絶」を引き起こす可能性をもつ出来事をあげている。右にはそうした出来事による所得の中断や減少・途絶を経験する確率の高い人に対して事前的に所得を補足したり，事後的に所得を補償したりする日本の社会保障・福祉制度を列挙している。左側の出来事と右側の社会保障・福祉制度のそれぞれがどう対応しているかを，各自，確認することができるであろう。

　次に**資料序 - 3**は，左側に「家計支出（費用）の増大」をもたらす出来事をあげ，右側にはサービスや現金を提供することによってそうした家計支出の増大を未然に防いだり，あるいは，その家計支出増をカバーする現金を事後的に

資料序 - 2　所得の中断や減少・途絶と社会保障・福祉

所得の中断や減少・途絶 ⇨	貧困防止（現金給付）
1．失　業	失業（雇用）保険
2．老　齢	年金保険（老齢年金）
3．障　害	年金保険（障害年金）
4．疾　病	健康保険（傷病手当金）
5．離　婚	児童扶養手当
6．主たる家計維持者の死亡	年金保険（遺族年金）
7．出産・育児	健康保険（出産手当金）
8．労働災害	労働者災害補償保険
9．生活困窮	生活保護の生活扶助

（出所）　筆者作成。

資料序 - 3　家計支出（費用）の増大と社会保障・福祉

家計支出（費用）の増大 ⇨	貧困防止（現金とサービスの給付）
1．疾病	健康保険（サービス）
2．出産・育児	健康保険（サービス），健康保険（出産育児一時金）
3．介護	介護保険（サービス）
4．多子	児童手当（現金）
5．生活困窮	生活困窮者自立支援制度（住宅確保給付金，一時生活支援事業），生活保護の医療扶助（サービス）

（出所）　筆者作成。

支給する社会保障・福祉制度を列挙している。

　資料序 - 2と資料序 - 3の右側にある社会保障・福祉制度の両者が相まって，経済的困難の代表としての貧困に陥ることを回避したり，貧困に陥ってからの困難を軽減したりすることができる。

　資料序 - 2，資料序 - 3から，日本の社会保障・福祉制度の多くは社会保険制度が占めていることがわかる。2018年度の社会保障給付費の財源総額121兆3000億円のうち54.7％に当たる66兆3000億円を社会保険料が占めている（うち国庫負担は32.2兆円26.5％，地方負担は13.8兆円11.4％）。児童手当や児童扶養手当および生活保護は，社会保険料ではなく，税を財源として運営されている制

3

度である。*

> *　厚生労働省資料「社会保障について」2018年10月による。ただし，下の表のように社会保険制度でも国費や地方自治体からの費用支出がみられる。

制度別費用負担割合

	保険料	国	都道府県・市町村
基礎年金	1／2	1／2	—
国民健康保険	1／2	41／100	9／100
介護保険	1／2	1／4	1／4
雇用保険（失業給付）	3／4（労使折半）	1／4	—
健康保険（協会けんぽ）	83.6（労使折半）	16.4	—
健康保険（組合健保）	10／10（労使折半）	—	—
厚生年金	10／10（労使折半）	—	—

3　社会政策と福祉政策

　本書『どうする日本の福祉政策』はシリーズ「いま社会政策に何ができるか」の第1巻であり，第2巻，第3巻にはそれぞれ「労働政策」，「家族政策」というタイトルが付けられている。以下では，簡単にそれぞれの用語について説明し，読者の理解に役立てたい。

　かつて学界に大きな影響力をもった大河内一男（元東京大学総長，1905〜1984年）は「無用の誤解を避けようと思うなら，私たちは社会政策という言葉の代わりに労働政策・労働者政策，或いはことの本質をよりよく表示する名称を選ぼうとするなら，『労働力政策』という，一層明確で具体的な名称を選んだ方がいいのである」と述べた（大河内，1963，10頁）。社会政策を「労働力の確保，保全，培養に係る」公共政策と考えたわけである。

　この大河内の説に対する批判は何度となく試みられたが，社会政策の定義

に関する批判は武川正吾のものが最も有力である。武川によると労働力政策に重点をおいて社会政策をとらえた大河内学説は,「脱商品化の程度の低い時代」の社会政策と位置づけられる。「脱商品化の程度の低い時代」とは, 社会保障制度がいきわたり福祉国家的施策が備わる時代「以前の」時代を指す（武川, 1999, 5章）。いいかえれば, 大河内の説はいわゆる後発資本主義ないし後発福祉レジームの初期段階に特徴的なとらえ方という解釈が成り立つ。その当時は, 国民一般の生活を問題にするよりも, 生産に従事する労働者の生活水準の維持, 向上が政策的に優先されていたのである。しかし今日では, 社会政策は労働政策だけでなく, いわゆる社会保障や社会福祉なども含むことが定説になっている。

　現在でも, 成長著しい発展途上国を中心に「生産主義（productivism）」が注目されており, さらにまた, ヨーロッパでは「社会的投資戦略（Social Investment Strategy）」が注目されている。前者は, アジアの新興国・地域（シンガポール, 香港, 韓国, 台湾）などで注目されている考えで,「経済成長と完全雇用が福祉増進の主な原動力である」ととらえる。後者は, 成熟した福祉国家の北欧諸国などで提唱されたもので, 社会支出における投資的側面, つまり, 労働供給を増加させる社会支出と人的資本投資の拡充を強調する。この2つは「生産力説」と批判された大河内学説ときわめて親和的である。これらのことから, 労働政策が扱う「労働力の創出・保全・掌握」は, 資本主義が続く限り重要な政策課題であることがわかる*。したがって, 労働政策は福祉政策と並んで社会政策の重要な構成要素であり続ける。

　*　「生産主義」については, ホリディ・ワイルディング編（2007）を参照のこと。
　　「社会的投資戦略」については, 三浦（2018）を参照のこと。

　本書では, 社会政策のうち, 年金や医療, 介護, 生活保護などの社会保障, および, 障害者や高齢者, 児童, 低所得者に対する各種の福祉サービスの全体を「社会保障・福祉」と呼び, それらを「福祉政策」の対象ととらえている。福祉政策の範囲をかなり広くとらえているところに特徴がある。いいかえれば, 低所得者に対する「福祉」だけを対象とするのではなく, 広く一般国民に対す

る現金給付やサービス給付などをも扱う。

　こうした福祉政策は，国民の生活の水準や中身に直接大きな影響を与える。もちろん産業政策や教育政策，農業政策なども国民の生活に大きな影響を与えるが，現在の政府省庁の予算では厚生労働省関連の予算が群を抜いて多いことからもわかるように（2018年度一般会計当初予算総額97兆7000億円のうち31.9%を占める，次いで財務省26.1%，総務省16.5%，国土交通省6.1%，文部科学省5.4%，防衛省5.3%と続く），社会保障・福祉は，年金や生活保護手当などの現金給付や，高齢者，障害者などへの福祉サービスの提供を通して，国民生活の「welfare（厚生，福祉）」あるいは「wellbeing（ウェルビーイング）」の改善に向けて直接働きかけるのである。

　次に「福祉政策」と本シリーズ第3巻で取り上げる「家族政策」との関係はどう考えればいいか。家族政策自体について広く受け入れられている定義が存在していないことがこの問いに答えるのを難しくしている。ただし，「家族政策は，家族生活にかかわる政策，実践，運動の総称である」（副田ほか編，2000，1頁）というのが一般的な理解のようである。ここでは，所（2012）が紹介しているJ・ミラーの所説を踏まえておきたい。ミラーは，「直接的な家族政策」として3つをあげている。

　　「①家族の行動を規制する法制度：結婚，離婚，避妊や人工妊娠中絶，親の権利や義務，子どもの保護に関する法律など，②家族を経済的に支援する政策：税制度や現金給付，育児休業や養育費の強制徴収制度など，③家族に対するサービス給付：チャイルドケア，住宅供給，コミュニティケアサービスなどのソーシャルサービスなど」（所，2012，3頁）

　こうしてみると上のような内容の家族政策は本巻が扱う福祉政策と重なるところが多いのに気づく。本書では，家族と個人の関係，家族と社会，企業，国家との関係を直接的に扱うものを「家族政策」とするが，福祉政策との境界線は多分にあいまいで，互いに重なり合う部分が多いことに注意したい[*]。

　　*　家族政策をめぐってはそれを顕在的／潜在的，直接的／間接的に分ける説があり，また，目的にしても「家族のウェルビーイングに寄与する政策」と「国家の

利益に寄与する政策」の２つに分ける主張がある（所，2012，5-7頁）。ただし，筆者は予め目的を確定せずに実際の役割，影響からどういう目的があるかを探るほうが生産的であると考えている。また，家族政策を立ち入ってはならない家族の領域に国家が介入するものであるというとらえ方を採用していない。

4　政策論議の前に押さえておきたい基本

　本シリーズの３つの巻は「日本の社会問題を考える」ことよりも「日本の社会問題の解決策を探る」ことを主たる目的としている。この点に関して，貧困問題を例にしての主張であるが，以下の阿部（2017）の指摘は示唆に富む。

　　「『貧困』が存在することを提示し，そして，それを描写するだけの貧困研究の時代は終焉を迎えている。問題はこの先である。どのような政策をとれば，貧困による不利が緩和されるのか，その答えが求められているのである。しかし，多くの学問においては，解決策を模索することが研究の目的ではなく，その手前で止まってしまうのである」（阿部，2017，105-106頁）。

　本書の計15の章には多くの「福祉政策」が登場してくるが，以下では，まず，①福祉政策を分類する方法を紹介し，次いで，②それらの政策の構造を共通の枠組みで把握する分析枠組みを紹介する。

　福祉政策（制度的には社会保障・福祉制度）は先にふれたように範囲が広いものであるが，いくつかの視点からそれを分類することができる。

　第１は目的の違いに注目して最低生活保障と従前生活保障に分け，第２は規制と給付に分ける。第３は，その給付の中身を現金給付とサービス給付に分け，第４は（事前的）予防政策と（事後的）補償政策に分ける。第５は普遍的制度か選別的制度かで分けるもので，第６は政策を実現するための財源に注目して保険方式と税方式に分ける。**資料序 - 4**が例をあげて説明している。

　資料序 - 5は「福祉の生産モデル」を図示したものであるが，このモデルは

1．目　的	最低生活保障 • 貧困を防止，あるいは救済し，国民に最低生活を保障。 ［代表例］⇨生活保護，基礎年金（定額拠出，定額給付）。	従前生活保障 • 個人が社会的事故（リスク）に遭遇する以前の生活水準を保障。 ［代表例］⇨厚生年金（報酬比例拠出，報酬比例給付）。
2．政策実施の方法 （implementation）	規　制 •「一定の規則に基づいて一定の行為に対する禁止・制限」（武川，2007，13頁）。それを通して人々の福祉やウェルビーイングの低下を防ぐ。 • 財源を必要としない。 ［代表例］⇨最低賃金制や労働基準法など「労働」関係のものが多い。「福祉」分野では障害者差別禁止，児童虐待禁止および児童相談所による「親子分離」など。	給　付（再分配） • 税や社会保険料を財源として，個人や家族に現金やサービスを給付する社会保障給付のこと。移転支出といわれることもある。 　主として労働市場で決定される第1次（当初）所得分配を修正，変更する（＝再分配）。 • 財源を必要とする。 ［代表例］⇨現金給付とサービス給付。
3．給付の種類	現金給付 ［代表例］⇨年金給付や生活保護の生活扶助，住宅扶助などの給付（OECDの統計によると日本の場合，全公的社会支出の51.3％を占める，2015年）。	サービス給付 ［代表例］⇨医療サービス（外来／入院）や介護サービス（在宅／施設），障害者福祉サービス。
4．事前（ex ante）／ 　事後（ex post）	（事前的）予防 ［代表例］⇨介護保険の中の介護予防。社会保険は経済的困難に対しては予防（防貧）的機能をもつ。	（事後的）補償・救済 • 防貧に対して救貧といわれることがある。 ［代表例］⇨労働者災害補償保険，生活保護など。
5．選別的制度／普遍 　的制度	選別的制度 • 受給資格（eligibility）に関わって，所得もしくは資産の額によって（それをオーバーする場合に）給付を制限するもの。 ［代表例］⇨生活保護。介護保険以前の行政による介護サービス。	普遍的制度 • 受給資格（eligibility）に関わって，所得もしくは資産の額による給付の制限を設けないもの。 ［代表例］⇨社会保険制度，ベーシックインカム。
6．主たる財源	社会保険料 ［代表例］⇨5大社会保険（年金，医療，雇用，労災，介護）。	税 ［代表例］⇨生活保護，児童手当（一部，事業主負担あり），児童扶養手当。

（注）　＊　OECD *Social Expenditure Aggregated Data*　https://stats.oecd.org/viewhtml.aspx?datasetcode=SOCX_AGG&lang=en（2019年11月20日閲覧）
（出所）　筆者作成。

「政策」を共通の枠組みで把握し，政策評価に役立てようとする方法の1つであり，たいへんわかりやすい分析枠組みである。

　インプット⇨生産⇨アウトプットという流れは，モノの生産と同じであり，

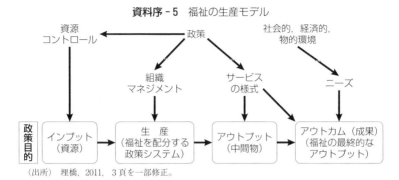

資料序 - 5　福祉の生産モデル

（出所）　埋橋，2011，3頁を一部修正。

インプットには資金（予算）や土地，建物，人的資源など（ヒト，モノ，カネ）が含まれる。それらの組み合わせで生産が行われるが，「福祉の生産」の場合，現金を給付するときには，資金（現金）を配分するプロセス自体がこの場合の生産に当てはまり，サービスを給付するときには人によるサービスの提供が「生産」に当てはまる。

　ここで「政策」がこの「福祉の生産モデル」とどのように関わるかをみると，まず，政策目的に沿ってインプット⇨生産⇨アウトプットという流れが生じる。その意味で政策目的は出発点である。その後，政策は投入すべき資源を決定し，コントロールし，医療や介護などサービスの生産の場合には，複雑な組織（病院や福祉施設）のマネジメントにも当たる。アウトプットとして提供されるサービスの様式を決めたり，管理するのも政策の役割である。

　アウトカムは直接的にはアウトプットがもたらす変化＝成果であるが，それは主として2つの方向から評価される。1つは当初の政策目的に照らしてどの程度それを達成したかを評価するものである。もう1つはそのときの現金・サービス給付対象者のニーズをどの程度充足させたかという観点から評価するものである。「評価」という視点からそもそも政策目的がどのように設定されたかを問うことが重要であり，また，アウトカムの評価を次期の政策立案＝新たな政策目標の設定のための重要な参考資料とすることも必要である。

　本書の1〜15章では様々な政策が取り上げられ，論じられるが，それぞれについて，資料序 - 4の分類のどれに相当するかを検討することができ，また，

資料序 - 5の「福祉の生産モデル」を用いてそれぞれの政策の「構造」を理解することができる。

次に，本書に対する読者の理解を容易にするために，福祉政策の分類と「福祉の生産モデル」を統合してわかりやすく示した8つの視点を掲載しておく（**資料序 - 6**）。これらを念頭において続く各章を読み進めてほしい。

資料序 - 6　福祉政策（社会保障・福祉制度）をみる8つの視点

1．政策の目的は何であるか，どういう背景からその目的が設定されたか
2．誰が給付・サービスを受け取ることができるのか
3．給付の種類（現金給付かサービス給付か）と水準
4．拠出と給付の算定方法（無拠出か，所得比例か，定額か）
5．誰がその費用を負担しているのか，財源は何か
6．目的に照らしてどのような効果（成果）を達成しているのか，していないのか
7．受給者のニーズをどの程度充足させているのか，いないのか
8．サービスの提供はだれが担当しているのか（専門職，研修など），サービスの質はどうか

（出所）　筆者作成。

5　日本のセーフティネットの綻び

1　3層のセーフティネットの限界

湯浅誠によると，日本のセーフティネットは，①雇用（労働）のネット，②社会保険のネット，③公的扶助（生活保護）のネットの3種類からなっている（湯浅，2008）。セーフティネットとは「安全網」と訳され，もともとはサーカスの綱渡りなどで，万一落下したときでも安全を確保するために張られた網を意味している。なお，雇用は網（あみ，ネット）ではなくて，綱渡りの綱（つな）であるという解釈も成り立つが，ここでは一応「網」の一種と考えておく。

セーフティネット（social safety net）とは，社会全体で個人のリスクを分散・軽減して生活を保障する制度のことである。これまでふれてきた福祉政策が対象とする社会保障・福祉制度もこの社会的セーフティネットに含まれる。現在

資料序 - 7　3層のセーフティネット（左）と4層のセーフティネット（右）

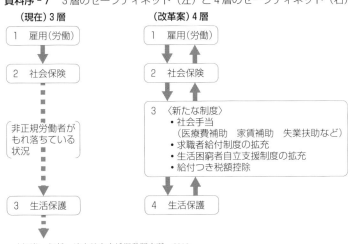

（出所）　埋橋・連合総合生活開発研究所，2010。

の日本のセーフティネットの構造は**資料序 - 7**の左側で示される。

　働くことで得られる所得をもとにして私たちは日々の生活を営むことができる。しかし不幸にして失業や病気，事故，あるいは高齢などの理由で働くことができなくなり所得を得られなくなったときに，自らが保険料を拠出してきた失業保険や健康保険，年金保険などの社会保険制度を利用し，そこから給付＝現金を得て生活を継続することができる。失業や病気の期間が長くなったり，何らかの理由から保険料を納めてきた期間が短かったり，そもそも保険制度に加入していなくて保険給付を受け取る資格がない場合には，最後のセーフティネットとしての生活保護に頼れることになっている。

　現在，日本ではセーフティネットを構成する雇用や社会保障制度から漏れ落ちていく人々が少なくない。非正規労働者に代表されるワーキングプア，長期失業者，ひとり親，学卒未就業者などである。これらの人々にとって1番目の雇用（労働）のネットが十分に機能せずに，それゆえに2番目，3番目のセーフティネットによる下支えを必要とするが，しかし実際にはそれらのセーフティネットから「排除」され，制度を利用することが困難である。つまり，保険制度に未加入のためその恩恵を受けることができず，また，日本では生活保

護は実質的に稼働能力のある人になかなか適用されないという「壁」に阻まれて，最後のセーフティネットの網の目さえからこぼれてしまう。

　非正規労働者は2018年現在2120万人，全労働者に占める割合は37.9%となっている（総務省「労働力調査」）。こうした中で，それまでに綻びをみせていたセーフティネットの不備と欠陥がよりいっそう明らかになりつつある。これまでの日本のセーフティネットは，労働者の3人に1人が非正規労働者となるような状況を予め想定しておらず，そのため彼らの多くがセーフティネットの恩恵を受けない状況が生まれている。

　その場しのぎの応急措置的な弥縫策を重ねていくのではなく，中・長期的な観点から，日本のソーシャル・セーフティネットを根本から見直していく必要性が高まっている。

　今後の改革の大きな柱は，第1に，現在の3層のセーフティネットを4層に変えていくことであり，第2に，非正規労働者を包摂できるような社会保険制度に変えていくことである。

② 第1の改革：3層から4層へ

　日本では社会保障が基本的に社会保険方式で運営されており，いわゆる非正規労働者がその網から漏れ落ちやすいという状況にある。そのことを踏まえ，第1に，社会保険制度という第2層セーフティネットと，生活保護＝第3層のセーフティネットとの間の広すぎる隙間を，税を財源とする各種社会手当の充実で埋めていくことが必要である。こうした「3層のセーフティネットから4層のセーフティネットへ」の内容は前掲資料序-7の右側に示されている。

　日本ではワーキングプアに代表される低所得層に対して，最も所得の底上げ効果が期待される「社会手当」の整備が遅れている（税を財源とする社会手当について詳しくは本書第4章，第9章を参照）。このことは，典型的には，日本で住宅手当（これは「家賃補助」の形をとることが多い）が存在しないことに表れている。OECD 28カ国中21カ国でこうした住宅給付がなんらかの形で制度化されていることが注目される（埋橋・連合総研，2010，156頁）。また，家族手当

（日本の場合は児童手当）の水準は低く，給付される子どもの年齢が近年引き上げられたとはいえ未だ低い。

　税制としては近年多くの先進国で，子をもつ低所得層の就業促進と所得補償を主たる目的とする税額控除制度（一種の税支出制度）が導入されるようになったが，日本では未だ導入されていない。世帯形態・世帯数による生活費支出の違いを考慮・調整するために，OECD の大部分の国が（23ヵ国），逆進的性格をもつ所得控除ではなく税額控除方式を採用している（埋橋，2011）。

　2011年には求職者支援制度が施行された。これは雇用保険給付を受給できない求職者への職業訓練を促進しようとするもので，いくつかの条件を満たした場合に，月10万円の「職業訓練受講給付金」が１年を上限として受講期間中支給される。しかし，この制度は失業時の生活保障よりも再就職支援に重点があり，しかも年々訓練受講者数が減少し（2012年９万9000人，2016年３万2000人），第２層と第３層の広すぎる隙間を埋める役割を十分果たしていない（駒村・田中，2019，第２巻第15章を参照）。

　また，2015年には生活困窮者自立支援法が施行されたが，この制度も求職者支援制度と同じように，第２層のセーフティネットで受け止められずにそこから漏れ落ちた生活困窮者を対象とするものである。政策の空白（死角）地帯に新しく制度を創設した意義は大きいものの，サービス給付に比べて現金（経済）給付が著しく貧弱で，これも生活保護の手前で困窮者に十分な支援を提供するものとなっていない（埋橋ほか，2019）。

　２層と３層の間の広すぎる隙間を生めるために，税を財源とする社会手当という新たなセーフティネットを導入したり，今ある制度を拡充する必要性がある。これがとられるべき第１の方策である（なお，こうした措置の財源については次節６でふれる）。

　第２は社会保険制度をより包摂的な方向へ変える方策である。

③　第２の改革：包摂的な社会保険制度へ

　日本では国民健康保険制度の改正（1958年成立，1959年施行）と国民年金制度

の創設（1959年制定，1961年実施）によって「国民皆保険皆年金制度」が確立したといわれている。農民や中小・零細企業従事者も社会保険制度でカバーされるようになったからである。

　しかし，近年，非正規労働者など不安定就労層あるいは低所得層の増加により，社会保険制度からはじき出される層が増え，「皆保険皆年金」の空洞化が進行してきた。

　企業が負担する社会保険料などを含めた賃金コストが，正規と非正規の間で大きな差がある場合には，企業は低コストとなる非正規の雇用を積極的に拡大するであろう。事実，「日本では，1990年から2000年にかけて急速に労働力の非正規化が進展した。日本の場合に，非典型労働者のなかでもパートタイム労働者の増加が著しいのは，パートタイム労働者を採用することで，人件費を削減できる構造が社会システムのなかに内包されているからである」（大沢，2009）といわれている。とするならば，非正規労働者を社会保険制度から排除することは，結局のところ，正規労働者としての雇用機会を狭めることになりかねない。近年の非正規職の拡大はそのことが現実に起こったことを示している。

　非正規労働者が2000万人を超え，全労働者の３分の１強にまで増えている現在，たとえ本人がいま正規労働者であっても今後非正規労働者になる可能性はあるし，家族（父親，母親，息子，娘，きょうだい等）のだれかが，非正規職に就き，社会保険制度の恩恵を受けられず，「基本的な潜在能力（生き方の幅）」を制約される可能性もある。

　勤労者本人もしくは家族のメンバーが遭遇するであろう失業や所得喪失などの生活困難リスクの増大は，個人の責任だけに帰せられない「いかんともしがたい不運」が誰にでも起こる可能性があることを示している。そうした不運を余儀なくされた人々に適切な補償が行われるかどうかが，社会に問われることになる（斉藤，2004）。あるいは「事後的な補償」から一歩進んで，彼らを社会保険制度や社会手当制度へ包摂し，彼らの貧困や生活困難を予防することが必要になっている。

6 本書の構成と特徴

　本書は2部構成となっている。第Ⅰ部「福祉政策の今をつかむ5つのフレーム」は，日本の福祉政策の「骨格」をなす部分を取り上げている。

　本書（第1巻）第Ⅰ部で取り上げる領域は，資料序－7左側の第2層「社会保険」，第3層「生活保護」，同資料右側の新第3層の「社会手当」である。具体的には，①年金，②医療，③介護，④住宅，⑤生活保護であるが，これらが日本の福祉政策の「大枠」を決め，また，そこで提唱されている政策を採択していくかどうかが，今後の日本の「かたち」を決めていく。部のタイトルでは「今をつかむ」としているが，現状を分析し解釈するにとどまらず，将来の「安全で安心な」日本社会の実現に向けて積極的に政策提言している。

　第1章「年金―どうする老後の貧困」では，まず，基礎年金の給付比率が今後低下していくことが実証的に明らかにされる。その上で，（デモグラント型）基礎年金＋補足的加算給付で対応するのが望ましいことが示される。

　併せて，制度改革における財源面での検討が行われ，必要財源は消費税よりも「より公平な税目」，例えば法人税の課税強化，さらには社会保障関連の目的税としてフランスの一般社会拠出金（CSG）のような，投資運用益や資産性所得を含む課税ベースの広い税を新たに設けることが主張される。なお，低所得者支援に関しては「生活保護の拡充」，つまり，より柔軟に生活保護を受給できる措置をとるなどの対応ではなく，「補足的給付付きのデモグラント型基礎年金の構築」といった普遍主義的な制度の強化が好ましいとしている（この点についてはやや見解を異にする本書第9章，第10章をも参照）。

　第2章「医療―財政を維持しつつ質とアクセスを改善する」では，国際比較的によいパフォーマンスを示しているといわれる日本の医療政策について，それでもなお解決を要するいくつかの課題を取り上げている。「医師・看護師の不足・偏在」「国民健康保険料の逆進性」などである。後者については，所

得に対する定率負担に改めることで低所得世帯の負担を緩和することが提案される。

　それに加えて「強い医療保険」の構築に向けた提言が行われ，例えば雇用されて働く人（失業者・派遣労働者・日雇労働者・パート主婦〔主夫〕を含む）の被用者保険への加入を徹底することがあげられている。また第1章と同じようにそれを可能にする財源の提案も行われ，フランスの一般社会拠出金が，一般勤労者だけではなく高所得者にも社会保障負担を求めている点で公平であり，「強い医療保険」を財政面でバックアップする財源となっている，として注目している。本シリーズの「刊行にあたって」でも「強い社会政策」という表現が用いられているが，フランスの一般社会拠出金のような「投資運用益や資産性所得を含む課税ベースの広い税」によってそれを現実のものにしていく必要があり，それを本書全体の統一した見解としている。

　第3章「介護保険—人生100年時代への対応」は，超高齢社会日本における介護保険制度の今後のあり方を論じる。介護保険制度は予防給付を新設するなど，給付対象と範囲を拡大する一方，家族介護者への現金給付が設けられていない。そうした現状を踏まえて，①家族による介護の再評価と支援，②行政の力による地域住民の互助の再活用，が財政問題の深刻化を避けるためにも，また，地域づくりを促進していくためにも必要なことが示される。

　第4章「住宅—脱商品化による保障」は，日本では住宅を純然たる商品として扱い，持ち家を推進する政策体系をこれまでとってきたが，社会手当としての住宅手当の導入や，社会住宅の供給が急務であることを明らかにする。

　第5章「貧困—反貧困のための貧困理解」は，反貧困の立場から政策を立案する際に，ぜひとも踏まえておくべき貧困とはどういうものかを根本から検討し，「最低限度の自由の平等」が必要不可欠であることを説いている。

　第Ⅱ部は，現在その対応をめぐって世間の関心が高い10のホット・イシューを取り上げている。まず，福祉「政策」を論じるに当たって踏まえておかなければならない基本的な事柄を指摘するのが第6章〜第8章である。

　第6章「福祉サービスの『協働モデル』構想」は，これまでの福祉サービス

で対応しきれない「狭間」を埋めるものとして，地域の諸団体や NPO を含む多様な主体の参与からなる「協働」モデルを提唱する。続く第7章「政策評価の重要性」は，日本では政策評価を民主的にかつ厳密に行う必要があることを強調する。第8章「政策がもたらす周縁化」では，政策の対象となることによって引き起こされる周縁化を批判し，それにとって代わる「ニーズそのものに準拠して社会サービスを行う」方式を新たに提唱する。

　次いで，どのように対応すべきかに注目の集まっている個々の政策課題を扱う「各論」が第9章〜第13章であり，非正規労働者の社会保障，生活保護改革，高齢者介護，児童虐待などをめぐって「こうすればいい」あるいは「こう考えればいい」という形で新しい提言が行われる。

　第9章「非正規労働者と社会保障」では，全被用者の3分の1強を占めるようになった非正規雇用に対して社会保障がどう対応すべきかを，自発的・非自発的非正規労働者の双方を視野に入れて考察している。非自発的な非正規労働者に対しては「正規化」が急がれることが説明され，自発的な非正規労働者に対しては，次の①〜⑤が検討されている。①被用者社会保険制度への加入，②生活保護の適用の容易化，③求職者支援制度と生活困窮者自立支援制度を発展的に統合，④給付つき税額控除（タックス・クレジット）や低所得者に対象を限定した BI の導入，⑤住宅手当などの社会手当の導入。

　第10章「生活保護問題の現段階」では，韓国の生活保護の経験を分析することによって，日本の生活保護問題をどうすればいいかの示唆を得ている。韓国の生活保護で注目されるのは，①稼働能力のある人に対しては就労支援プログラムへの参加を条件とする給付であること，②医療扶助，住宅扶助，教育扶助などが，生計扶助の基準よりも所得の高い人が利用できる「個別給付方式」に変わったこと，の2つである。超高齢社会の日本では，すでに第3章でみた介護保険制度をめぐる問題以外にも克服しなければならない多くの課題が目の前に存在している。

　第11章「介護現場の人材不足」はこのうち介護人材の不足問題に焦点を当てる。政府も，現在，ベテラン介護職員の手当の加算制を設けたり外国人労働者

の導入などに取り組んでいるが，なかなか介護人材の不足を緩和できていない。それに代えてここで提案されているのは「業務における機能分化」であり，そのことによって職員の業務負担の軽減とキャリアアップへのモチベーションが高まり，結果として介護人材の不足解消に役立つことが期待されている。

　第12章「エイジズムと福祉政策」は，高齢化の進展する日本において見落としてならない高齢者の人権問題を取り扱う。高齢者の虐待や差別・偏見の基礎にある認識の仕方＝エイジズムやステレオタイプを日本の映画81作品を通して考察している。老いを否定的にとらえる傾向が強いが，その一方でアクティブな高齢者像も新しく生まれつつある。ただし，そうした強みだけが強調されると，介護や支援を必要とする高齢者にとって一種のプレッシャーになることが示される。

　第13章「児童虐待に福祉政策はいかに立ち向かうべきか」は，近年，新聞やニュースで取り上げられることの多い児童虐待問題を扱う。ただ単に児童相談所の対応を非難したり，人手を増やす措置をとるだけでは不十分であり，①発生予防・早期発見，②情報共有と役割分担，③リスクアセスメント，④介入と支援，のステージ毎の総合的対応が必要とされる。それぞれのステージにおける課題ときめ細かい改善策が示されている。

　最後に，第14章「アジアは『福祉後進国』なのか」がアジアを，第15章「中国の社会保障」が中国を扱う。日本は，戦後，西欧諸国が先鞭をつけたような社会保障制度の整備にキャッチアップしようとしたことは歴史的事実から明らかである。しかし，現在，アジアの多くの国・地域はそうした西欧流福祉国家の道とは別の道（「福祉国家的ではないもの」）を模索しているようにみえる。中国では，1978年の「改革開放」以降，急速に社会保険制度を中心にした社会保障制度の再編を行った。その一方で，「中国社会保障の多階層性」を反映して，公的セクターだけでなく，政府や市場，家族あるいはインフォーマルな制度を組み合わせる公私ミックス方式で福祉を供給しようとしている。このようなアジアや中国における新しい傾向が日本に示唆するものはあるのか，あるとしたらどのようなものか，などの興味深い論点が検討される。

　以上の全15章は，福祉政策の多くの領域，トピックスをカバーしているが，それでも全部ではない。本巻で取り上げられなかったテーマを本シリーズの他の巻が扱っている場合がある。例えば就労支援や社会的孤立は第2巻『どうする日本の労働政策』が扱い，子育てや社会的養護，里親家族，認知症介護，メンタルヘルス，女性の貧困問題などについては第3巻『どうする日本の家族政策』が扱っている。

引用・参考文献

阿部彩，2017，「子どもの貧困に対して教育社会学に期待すること」『教育社会学研究』第100集，103-107頁。

埋橋孝文編著，2007，『ワークフェア——排除から包摂へ？』法律文化社。

埋橋孝文，2010，「大河内一男——社会政策の経済理論の確立を」室田保夫編『人物でよむ社会福祉の思想と理論』ミネルヴァ書房。

埋橋孝文・連合総合生活開発研究所編，2010，『参加と連帯のセーフティネット——人間らしい品格ある社会への提言』ミネルヴァ書房。

埋橋孝文，2011，『福祉政策の国際動向と日本の選択——ポスト「三つの世界」論』法律文化社。

埋橋孝文ほか編著，2015，2015，2019，『子どもの貧困／不利／困難を考える』Ⅰ，Ⅱ，Ⅲ，ミネルヴァ書房。

埋橋孝文・同志社大学社会福祉教育・研究支援センター，2018，『貧困と生活困窮者支援——ソーシャルワークの新展開』法律文化社。

埋橋孝文・同志社大学社会福祉教育・研究支援センター，2019，『貧困と就労自立支援再考——経済給付とサービス給付』法律文化社。

大河内一男，1963，『社会政策　総論 改訂版』有斐閣。

大沢真知子，2007，「非正規（非典型）労働の国際比較」埋橋孝文編著『ワークフェア——排除から包摂へ？』第5章，法律文化社。

大沢真知子，2009，「経済のグローバル化と雇用形態の多様化」『社会福祉概論Ⅰ』全国社会福祉協議会。

駒村康平・田中聡一郎編，2019，『検証・新しいセーフティネット——生活困窮者自立支援制度と埼玉県アスポート事業の挑戦』新泉社。

斉藤純一，2004，「社会的連帯の理由をめぐって」斉藤純一編著『福祉国家／社会的連帯の理由』ミネルヴァ書房。

副田義也・樽川典子編，2000，『現代家族と家族政策』ミネルヴァ書房。

武川正吾，1999，『社会政策のなかの現代』東京大学出版会。

武川正吾，2007，『連帯と承認——グローバル化と個人化のなかの福祉国家』東京大学出版会。

所道彦，2012，『福祉国家と家族政策——イギリスの子育て支援策の展開』法律文化社。

ホリディ，I.・ワイルディング，P. 編，2007，埋橋孝文ほか訳『東アジアの福祉資本主義——教育，保健医療，住宅，社会保障の動き』法律文化社。

本田由紀・伊藤公雄，2017，『国家がなぜ家族に干渉するのか——法案・政策の背後にあるもの』青弓社。

三浦まり編，2018，『社会への投資——〈個人〉を支える〈つながり〉を築く』岩波書店。

湯浅誠，2008，『反貧困——「すべり台社会」からの脱出』岩波新書。

（埋橋孝文）

第Ⅰ部

福祉政策の今をつかむ5つのフレーム

第**1**章

年　金

どうする老後の貧困

⎛ グラフィック・イントロダクション ⎞

資料1-1　高齢期の貧困に対する制度的対応の２つの路。年金か生活保護か？

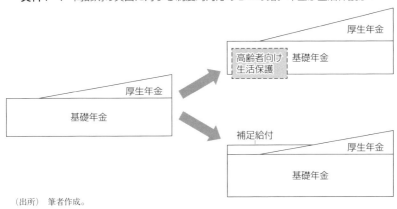

（出所）　筆者作成。

　今後，高齢者の貧困対策として，公的扶助の拡充という選別主義的な制度で対応するのか，基礎年金の拡充という普遍主義的な制度で対応するのか，現在，日本の年金制度は，その岐路に立たされている。

1 何が問題か
公的年金における基礎年金の給付比率の低下

　日本の公的年金制度は，基礎年金制度と報酬比例の厚生年金の２階建ての構造になっている。基礎年金は，20歳以上60歳までのすべての国民を被保険者と

し，65歳から給付される。保険料は定額で所得に応じて減免される。他方，厚生年金は，適用事業所（一部のサービス業を除く５人以上の事業所，１人以上の法人事業所等）に使用される者が対象で，2015年10月からは従来共済年金に加入していた公務員等も被保険者となった。基本的に，年収130万円以上（月収９万8000円），勤務時間・勤務日数がともに一般社員の４分の３（週30時間）以上で，かつ雇用契約期間が２カ月以上あれば，パートタイマーや派遣労働者等の非正規社員も被保険者とするのが妥当とされている。ただし，従業員501人以上の企業に勤務する者については，年収106万円以上，労働時間が正規社員の２分の１（週20時間）以上，勤務期間が１年以上ある場合に加入対象となっている。500人未満の企業については，労使の合意がある場合には，501人以上の企業に準じて適用される。以下では，基礎年金と厚生年金の構造問題について論じる。

1　基礎年金の給付水準の低下と年金構造の変化

　2019年８月の財政検証結果では，基礎年金水準の低下が鮮明になっている。同検証によれば，**資料1-2**の通り，モデル厚生年金（夫婦２人）の所得代替率に比して，基礎年金の所得代替率はより大きく削減されざるを得ないと見込まれている（厚生労働省，2019）。

　このことは従来の報酬比例年金と基礎年金との給付比率に根本的な変化が生じることを意味する。夫婦世帯における2019年の厚生年金は１カ月９万円，基礎年金は13万円であり，男性の手取り収入35.7万円に対する所得代替率は61.7％であった。そして，公的年金合計額に占める厚生年金の割合は41％，基礎年金の割合は59.0％となっていた（**資料1-3**参照）。つまり公的年金の給付構造として，報酬比例年金に対して基礎年金が優位であった。しかし，上記の将来推計によれば，両者の比率はおよそ５：５になることを意味する。なお，単身世帯の場合は，現在すでに，基礎年金が約40％，厚生年金が約60％という給付比率になっており，将来的に，基礎年金は約35％，厚生年金は約65％となり，厚生年金優位の構造がさらに進展する見込みである。こうした将来的な給

資料 1-2　財政検証による将来給付見通し

	給付水準 （2人世帯所得 代替率，％）	2004年 財政 再計算	2009年 財政検証	2014年 財政検証	2019年 財政検証
厚生年金	検証時点給付水準	25.7%	25.6%	25.9%	25.3%
厚生年金	将来給付水準	21.8% （2024年）	23.4% （2019年）	経済再生シナリオ成立・ A～E：24.5%～25.3% （2017年～2020年） 経済再生シナリオ不成 立・F～H：16%～23% （2021年～2055年）	経済成長と労働参加が 進むケース・Ⅰ～Ⅲ： 24.6%～25.3%（2019年 ～2025年） 経済成長と労働参加が一 定程度進むケース・Ⅳ～ Ⅴ：24.3～22.6%（2025 年～2032年） 経済成長と労働参加が 進まないケース・Ⅵ： 18.1%（2053年）
国民年金（基礎年金）	検証時点給付水準	33.7%	36.6%	36.8%	36.4%
国民年金（基礎年金）	将来給付水準	28.4% （2024年）	26.8% （2039年）	経済再生シナリオ成立・ A～E：25.6%～26% （2043年～2044年） 経済再生シナリオ不成 立・F～H：20.1%～ 22.6%（2050年～2058年）	経済成長と労働参加が 進むケース・Ⅰ～Ⅲ： 26.2%～26.7%（2046年 ～2047年） 経済成長と労働参加が一 定程度進むケース・Ⅳ ～Ⅴ：21.9%～23.42% （2053年～2058年） 経済成長と労働参加が 進まないケース・Ⅵ： 19.5%（2053年）

（出所）　厚生労働省による「平成16年財政再計算」，「平成21年財政検証」，「平成26年財政検証」，「令和元年財政検証」を参考に筆者作成。

付見込みが意味するのは，日本の公的年金の構造が，基礎年金部分の給付を中心としたものから厚生年金部分を中心としたものへと転換するということである。老後の基礎的生活を支えるとされた基礎年金の目的やその位置づけが問われている。

② 基礎年金の給付水準の低下要因

①2004年改革による保険料固定方式の導入

　2004年改革では，それまでの5年に1度の財政再計算期に給付と負担を見直して制度を運営するというスタイルから，「保険料固定方式」（スウェーデン方式）という新たな方式が導入された。これは，最終保険料（率）を設定し，そ

資料1-3　2019年財政再検証による夫婦2人世帯に対する給付水準

ケース	時　点	モデル厚生年金の所得代替率（%）	厚生年金部分所得代替率（%）	基礎年金部分所得代替率（%）	厚生年金部分比率（%）	基礎年金部分比率（%）
現　行	2019	61.7	25.3	36.4	41.0	59.0
Ⅰ（物価上昇率2%，賃金上昇率1.6%，実質運用利回り3.0%）	2046	51.9	25.3	26.7	48.7	51.4
Ⅱ（物価上昇率1.6%，賃金上昇率1.4%，実質運用利回り2.9%）	2046	51.6	25	26.6	48.4	51.6
Ⅲ（物価上昇率1.2%，賃金上昇率1.1%，実質運用利回り2.8%）	2047	50.8	24.6	26.2	48.4	51.6
Ⅳ（物価上昇率1.1%，賃金上昇率1.0%，実質運用利回り2.1%）	2053	46.5	23.1	23.4	49.7	50.3
Ⅴ（物価上昇率0.8%，賃金上昇率0.8%，実質運用利回り2.0%）	2058	44.5	22.6	21.9	50.8	49.2
Ⅵ（物価上昇率0.5%，賃金上昇率0.4%，実質運用利回り0.8%）	2053	37.6	19.5	18.1	51.9	48.1

（注）　ケースⅥについては，国民年金が完全賦課方式に移行時の試算。
（出所）　厚生労働省「2019（令和元）年財政検証結果」（出生中位，死亡中位推計）。

の保険料の範囲内で給付額を設定するものである。2004年には，厚生年金の最終保険料率は18.30%，国民年金の最終保険料額1万6900円とされた。そして，保険料に応じて給付を削減するために，「マクロ経済スライド」が導入された。このマクロ経済スライドとは物価や賃金によって年金額を改定する際に改定額から「調整率」を控除することによって給付を削減する仕組みである。「調整率」は公的年金全体の被保険者の減少率（直近3カ年度の実績値の平均値0.6%）と平均余命の伸びを勘案した一定率（0.3%）を合計したものである。ただし，2004年改革の際には，マクロ経済スライドの実施に際しては名目下限措置がとられ，賃金や物価の伸びが小さい場合は，名目額を下限として給付が部分的に調整され，賃金や物価がマイナスの場合には，給付調整はなされないという給付削減に関する歯止めがかけられた。

　さらに，2004年改革では，厚生年金については，マクロ経済スライドによる調整に関して，所得代替率が50％を下回ることが次の財政検証前に予想される場合には，それによる調整を停止することが定められ，給付の下限が設けられた。しかし，基礎年金については何らそうした下限は設定されていない（鎮目，2006）。つまり，基礎年金は事実上の確定拠出年金として，負担水準に応じて減少することとなった。

　②経済の低迷とマクロ経済スライドの適用問題

　2004年改革以降，年金制度では，物価と賃金上昇率が想定よりも低い経済環境のもとで，名目下限措置によってマクロ経済スライドが発動されずに所得代替率が高止まりするという事態が発生した。そうした状況で，保険料固定方式のもとで，約100年のスパンでの収支均衡を図るためには，積立金の少ない基礎年金では，マクロ経済スライドを当初の予定よりも長期間適用して，給付水準の削減を行わなければならない。前掲資料1－2の通り，マクロ経済スライドの適用期間は財政再計算・検証のたびに伸びており，2004年財政再計算時・2004年〜2024年，2009年財政検証時・2009年〜2039年，2014年財政検証時・2014年〜2044年，そして2019年財政検証時には，2019年〜2047年となっている。こうしたことにより，当初の想定以上に基礎年金の給付額が減少する見込みとなっている。

　2016年改革では，こうした給付調整期間のより一層の長期化を防ぎ，より早い段階で給付削減を進め，給付水準の将来的な低下を抑えるための措置がとられた。それは，マクロ経済スライドにおいて，物価や賃金の上昇率が低くマクロ経済スライドが適用できなかった調整分をそれらが上昇した後で上乗せして差し引く「キャリーオーバー」制度の導入や年金のスライドにおいて，物価上昇率よりも賃金上昇率が低い場合には低い方の賃金上昇率に応じて給付を改定する仕組みの導入などである。

　こうした改革は，「将来の年金水準確保法案」「世代間の公平確保法案」などと謳われ（安倍首相による衆院本会議での説明。『朝日新聞』2016年11月2日付），給付削減を迅速に進めれば，将来世代の給付水準をより減らさずに済むという

ロジックで説明された。こうした対応がとられたとしても，2019年財政検証の結果が示すように，現行の給付設計のもとでは，公的年金における基礎年金の一層の比重の低下は不可避となっている。これは，高齢期の貧困というオールドリスクを増加させることにつながる。

2 こう考えればいい
基礎年金の底上げ

　後述するように，現在進行している基礎年金部分を中心とした年金から厚生年金部分を中心とした年金給付の構造転換は，高齢期の貧困問題を深刻化させる恐れがある。それを防止するための改革について以下で論じる。

［1］現行制度の改善

　2012年以降の改革により，基礎年金において低所得者への加算が加わった（年金生活者支援給付金・免除期間加算）。それは，住民税が家族全員非課税で，前年の公的年金額とその他の所得の合計額が約88万円以下の者に対して，①保険料納付済み期間に応じた加算として，最大月額5000円を給付（40年間納付）するとともに，②保険料免除期間に応じた加算として，保険料の免除額に応じて，最大老齢基礎年金の 6 分の 1 相当の月額 1 万700円を給付（40年免除）するものである。また，上記の所得を上回る一定範囲の低所得年金受給者に対して，年金生活者支援給付金を受給する者との所得の逆転現象が生じないように，補足的老齢年金生活者支援給付金が支給される。

　しかし，低所得者加算はそもそも年金保険料の未納・滞納世帯は適用外である。また，加算が行われたとしても満額の基礎年金程度までしか保証されず，基礎年金の水準自体が低いことの問題の解決には至らない。そのため，高齢期の貧困対策は，公的扶助の適用による救済という，年金の外での対策が基本とならざるを得ない。

2 諸外国での低年金対策

　年金の枠の外で，低年金・低所得の高齢者に対応している国の施策としては，イギリスの「ペンションクレジット」，ドイツの「基礎保障」，フランスの「高齢者連帯手当」のように公的扶助において資産制限を緩めて個別化するという手段（公的扶助の個別化政策）をとることも考えられる。これらの扶助は，年金額が低いか無年金の者を対象に，貯蓄・資産について，寛大な控除が認められ，子どもなどによる扶養要件が緩く設定されており，受給権の確保が比較的

資料1-4　日本とイギリスの保険料と給付（2018年）

		所　得		保険料	給　付
イギリス 国家年金	被用者	週116ポンド（約1.7万円）～週162ポンド（約2.4万円）の部分		0％	週164.35ポンド（約2.4万円）×保険料拠出期間／35年（単身世帯）
		週162ポンド超～週892ポンド（約13.1万円）の部分		25.8％（労12.0％・使13.8％）	
		週892ポンド超の部分		15.8％（労2.0％・使13.8％）	
	自営業者	年収6205ポンド（約91.2万円）以上の者		週2.95ポンド（約430円）	
		年収8424ポンド（約123.8万円）以上の者	年8424ポンド（約123.8万円）から年4万6350ポンド（約681万円）の部分について	9％	
			年4万6350ポンド超の部分について	2％	
日　本 国民年金（基礎年金）		[（扶養親族等の数＋1）×35万円＋22万円] 以下		保険料（1万6340円）・全額免除	満額給付（77万9300円）の1/2（2009年3月分までは1/3）
		[78万円＋扶養親族等控除額＋社会保険料控除額等] 以下		3/4免除	満額給付の5/8（平成2009年3月分までは1/2）
		[118万円＋扶養親族等控除額＋社会保険料控除額等] 以下		半額免除	満額給付の6/8（平成2009年3月分までは2/3）
		[158万円＋扶養親族等控除額＋社会保険料控除額等]		1/4免除	満額の7/8（平成2009年3月分までは5/6）

（出所）　筆者作成。

容易である。これらの国の中で，日本と同じように定額を給付する年金があるのはイギリスだが，その定額給付の国家年金（State Pension）では，一定所得以上の者（被用者では週116ポンド・1万7000円以上，自営業者では年6205ポンド・91万2000円以上）を対象に，保険料が所得比例になっており，所得毎に3つの保険料・率が定められている（**資料1-4**）。他方，日本の基礎年金では，保険料は定額であり，所得に応じて保険料が減免されるが，給付の方も免除額に対応して減額される（資料1-4）。つまり，基礎年金では給付と負担の結びつきが強い。こうした制度のもとで，年金制度の枠外で公的扶助を拡大させれば，その対象者が相当数増えるとともに，基礎年金制度に対する保険料納付インセンティブが低下して，その維持が困難になるという矛盾が生じる。また，仮に公的扶助の受給要件が高齢者に対しては緩和されたとしても，受給に伴うスティグマを完全に払拭できるとは限らず，漏救が問題になる。

③ 年金制度の拡充による貧困リスクへの対応

高齢者期における貧困リスクに対処するには，年金の外での対応を基本とする方向ではなく，給付水準の高いデモグラント型の基礎年金＋給付水準の穏当な厚生年金という公的年金の組み合わせを基本とし，これに低所得者向けに補足給付の加算を加えて対応とする方向性が漏救の発生の防止という点から望ましいのではないだろうか。ここでのデモグラント型年金とは，居住年数に応じて，所得水準にかかわらず，一定の年齢に達したことを要件として給付を保障する仕組みの年金制度を意味する。

この制度デザインは基本的にデンマークの年金制度体系である，国家保障基礎的年金（State Funded Basic Pension）と報酬比例年金（ATP）からなる公的年金と年金補助（Pension Supplement）と呼ばれる補足的給付を組み合わせた制度に近い。同制度では基礎的年金と補足的給付の給付水準が高いため，所得再分配効果，経済変動に対する給付の安定性，育児や失業などによる所得の中断に対する補償など複数の点で優れていると指摘されている（Sørensen et al, 2016）。

資料1-5　最低保障年金と標準的年金の所得代替率（2010年）

	単身世帯			夫婦世帯		
	最低保障年金所得代替率（%）	標準年金所得代替率（%）	最低保障年金／標準年金（%）	最低保障年金所得代替率（%）	標準年金所得代替率（%）	最低保障年金／標準年金（%）
カナダ	40.1	56.5	71.0	54.5	76.1	71.6
デンマーク	45.8	58.9	77.8	53.1	65.1	81.6
日　本	23.4	41.1	56.9	53.3	73.3	72.7

（出所）　Comparative Welfare Entitlements Dataset.（2019年11月1日閲覧）

　デンマークの国家保障基礎年金は，居住歴に応じて40年で満額が給付される。年金補助は個人所得（報酬比例年金や職域年金含む）が一定額以上の場合，減額される仕組みとなっている。さらに，特に所得が少ない者にはこれに加えて，資力調査付の特別補助（Special Supplement）が給付される。そのほか，住宅関連費や医療費等を補足するための補足的給付もある。

　カナダの公的年金制度もデンマークの年金制度と類似している。カナダの制度は，10年以上居住歴のある者を対象に40年で満額が給付される老齢保障年金（Old Age Security）と確定給付の報酬比例年金（Canadian Pension Plan/Quebec Pension Plan）によって構成されている。老齢保障年金は収入が一定額以上の場合，15%ほど差し引かれる一方，低年金者には，これらに加えて，老齢保障年金補足所得保障（Guaranteed Income Supplement）が給付される。

　2014年時点でカナダやデンマークの1階部分の基礎的年金と日本の基礎年金について，所得代替率（年金給付の平均所得比）を比較すると，単身世帯では，カナダ13.5%，デンマーク17.8%に対し，日本は，15.8%となっている。また，夫婦世帯では，カナダ27%，デンマーク35.7%に対し，日本は，31.7%となっている。いずれの世帯類型でも，給付額の高さでみると，デンマーク，日本，カナダの順になっている（OECD, 2015）。

　2010年時点でこれらの国について，基礎的年金と補足的給付を合わせた最低保障年金の給付額と，1階部分の基礎的年金給付と2階部分の報酬比例年金給付を合わせた標準年金の給付額の両者の所得代替率をみると，**資料1-5**の通りとなる。カナダやデンマークでは，単身世帯に対する最低保障年金の所得代

替率が40％を超えているのに対し，日本では20％台となっている。単身世帯の標準年金の所得代替率はカナダとデンマークが50％台なのに対して，日本では40％台となっている。他方，夫婦世帯に関しては，３カ国とも最低保障年金の所得代替率は50％台であり，標準年金については，カナダと日本が70％台なのに対し，デンマークでは65.1％となっている。そこで，最低保障年金が標準年金と比べてどの程度の大きさであるのかを把握するために，標準年金の所得代替率に対する最低保障年金の所得代替率の比率をみると，最低保障年金のウェイトは，単身世帯では，カナダとデンマークは70％台なのに対し，日本は56.9％程度と低い。同じ数字を夫婦世帯でみると，デンマークが81.6％なのに対し，日本はカナダと同様に70％台となっている。

　以上をまとめると，日本では，基礎年金以外の補足的給付が基本的に存在せず，最低保障に関して特に問題が生じているのは，単身世帯であることがわかる。上記のように，今後は，基礎年金の水準が一層低くなっていくため，夫婦世帯でも単身世帯と同じような事態が生じるとともに，単身世帯では最低保障上の問題がさらに深刻化する可能性が高い。特に，単身世帯の中でも，厚生年金加入率が低く，基礎年金しか保障手段をもたない女性単身世帯では，貧困問題がさらに悪化することは想像に難くない。これに対処するには，上で述べたように，最低保障を充実させる方向で，年金制度の構造を大胆に転換する必要があるだろう。

④ デモグラント型基礎年金＋厚生年金に補足的給付を合わせた制度構造

　ここで提案する年金形態とは，具体的には**資料1－6**のように，基礎年金として，生活扶助額とほぼ同額の７万円を保障し，それ以外の所得比例の年金等の低い者には地域の経済水準や住宅費などを加味した所得調査に基づく補足的給付を行うというものである（鎮目，2017）。

　デモグラント型年金の受給資格については，日本労働組合総連合会（以下，連合）が2007年５月に打ち出した「政策・制度，要求と提言（2008～2009）」での最低保障年金が参考になる。そこでは，受給要件は18歳以降５年間の日本居

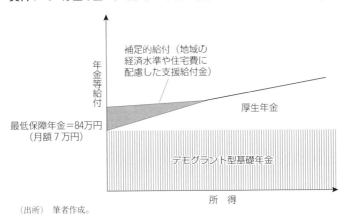

資料 1-6 厚生年金＋デモグラント型基礎年金＋補足的給付の給付体系

(出所) 筆者作成。

住期間があることとされ，満額が給付されるには，40年間の居住が必要と論じられている。また，制度移行に当たり，国民年金保険料未納期間（未加入期間）がある場合には，その期間は居住期間の算定に含めないとされている（週刊社会保障，2008 a）。

3 ここがポイント
デモグラント型基礎年金導入：現行制度改革の方向性と限界

ここでは，前項で提示した新しい年金制度の必要性を考える上で，最低生活保障に関する現行制度の改善策とその限界について，給付と負担の双方に焦点を当てて論じてみたい。

1 基礎年金の給付水準設定の問題

基礎年金の給付に関する改革としては，まずは基礎年金にはマクロ経済スライドを適用せず，給付を維持するということが考えられる。しかし，現在の基礎年金の水準は保険料水準に規定され，生活を営む上での基本的な必要額とは連動していないため，その水準が現行のままで保たれたとしても，最低保障機

能の点からすると問題が残る。そのため，生活において基礎的に必要となる生計費（例えば，生活扶助額）と連動させて基礎年金で最低生活を支えるのに足る給付水準を明確に定め，それを保障する必要がある。また，年金生活者支援給付金・免除期間加算，および，補足的老齢年金生活者支援給付金は前節で述べたように限界をもつものであるため，それに加え，補足的給付を創設することが必要である。基礎年金では，住宅関連費は，基本的に持ち家を前提としてその関連費をカヴァーするよう想定されてきたが，物価水準の地域的な差異や住宅の所有形態の違いまでを考慮して給付を制度化することは難しい。そのため，年金額や稼働所得，居住形態などに応じて，住宅関係費や光熱水費等の費用を補塡する補足的給付を別途制度化する必要がある。ただし，保険料と給付の結びつきの強い現行の基礎年金制度のもとでこうした補足的適用しようとすれば，保険料納付のインセンティブにおいて問題が生じるため，その実施には限界がある。

②　基礎年金の給付と負担の結びつきの問題

　基礎年金のカヴァレッジ（適用範囲）を広げる負担面での改革としては，多段階免除制度の拡大や所得比例保険料（国民健康保険料，介護保険料方式）の導入などが考えられる。後者については，従来，所得捕捉の問題が指摘されてきたが，マイナンバー制の導入などによって，その問題の改善が図られれば，現実的な選択肢になるかもしれない。ただし，多段階免除や所得比例保険料制度を設けたとしても，給付と負担の仕組みが厳格に結びついた構造が保たれるならば，最低保障上の意義は小さいだろう。保険料の納付額が少なければ，給付額も少なくなってしまうからである。

　2008年9月の社会保障審議会年金部会（部会長稲上毅）において，「平成16年改正後の残された課題に対する検討の視点」が出され，そこで「拠出時の対応」として，所得に応じて保険料の一部を軽減し，その分を公的支援する仕組み（年金保険料に対する税補塡）を導入することが俎上に載せられた（週刊社会保障，2008b）。この時，税負担の問題，移行期間の問題，所得捕捉の問題が

取り上げられた。しかし，少なくとも生活保護受給者に対しては，現在の保険料全額免除措置ではなく，年金扶助のような制度を設けて，介護保障と同様に，保険料の公的支援を現行制度で行うことは可能ではないだろうか。これは，生活保護受給者にとって，満額の基礎年金受給の可能性を拓くものであり，現在の全額免除措置と比べると，給付の改善となる。ただし，これでも，給付水準自体が改善されない限り，最低生活保障上の問題が依然として残る。

３　排除原理の問題と制度間の保険料格差の問題

　最後に，基礎年金の財源政策としては，最低生活保障機能の強化という点からすると，財源に占める税の割合を増やすことが考えられる。例えば，かつて連合が1989年の「豊かさを実感できる明るい高度福祉社会」(21世紀高齢社会への総合福祉ビジョン）や1993年の「年金改革基本構想案」などで求めていたように，国庫負担の割合を，当面，３分の２まで拡大することがあげられる。税によって保険料負担を抑制する方策は，すでに税投入割合が５割を超えている国民健康保険でなされているが，それによって，保険料を支払わないことによる「社会保険型選別主義」（里見，2008，156-158頁）による低所得者の制度からの排除を抑え，カヴァレッジを拡大することができる。また，こうした税割合の拡大は，第１号被保険者（国民年金加入者）の保険料負担（月額１万6900円）と第２号被保険者（厚生年金）との間の保険料負担格差解消と厚生年金の適用範囲の拡大にも寄与する。2019年度の厚生年金に加入する第２号被保険者で標準報酬１級（月額８万8000円）の保険料額は月額１万6102円（保険料率18.30％）であるのに対して，第１号被保険者の保険料は１万6410円である。そのため，より低所得のパート従業員も厚生年金の対象としようとすれば，第１号被保険者と第２号被保険者との間で保険料負担格差が広がる恐れがある。基礎年金の国庫負担割合を増やし，それによる保険料の引き下げを第１号被保険者にも適用できれば，こうした問題も解決できる。ただし，保険料の拠出部分が残っている限りは，「社会保険型選別主義」は完全には払拭されない。

4 これから深めていくべきテーマ
財源をどのように確保するのか

　新しいデモグラント型の基礎年金や補足的給付の導入に関してはいうに及ばす，上で論じた現行制度の改善でさえも，税の負担増加が避けられない。基礎年金の税負担を増やせば，その分社会保険料負担が減るが，基礎年金の給付を引き上げたり，補足的給付を導入しようとすれば，社会保険料負担の減少額以上に税負担が増さざるを得ず，それをどのように課すのかが問題となる。これに関しては，既存の制度を大きく変えずに再分配の仕組みを拡充する局面と制度をデモグラント型に近づける局面との２つの場面に分けて考えることができるだろう。

［1］制度内の財政調整と第１号被保険者への国庫負担の増加

　第１の局面は，現行の基礎年金全体への国庫負担割合は大きく変えずに，最低保障機能を担えるように基礎年金給付を厚くし，補足給付を制度化する段階での財源確保についてである。この局面では，厚生年金については，厚生年金勘定から基礎年金勘定への拠出金を増やし，厚生年金勘定からの厚生年金支出額をその分抑制することが考えられる。これにより，厚生年金加入者の基礎年金部分の国庫負担割合は減少することにはなるものの，厚生年金加入者の保険険料負担には大きな増減を生じさせずに基礎年金部分のウェイトを大きくすることができる。第１号被保険者に対する基礎年金給付増額と補足的給付の制度化に関しては，現行の保険料を据え置くとすれば，国庫負担の増額が必要となる。そのための追加財源に関して第１に考えられるのは，公的年金等控除の見直しによる財源確保である。高齢者に対する課税は，2004年に老年者控除（所得が1000万円以下の者に50万円の控除）が廃止され，公的年金等控除の最低保障額が140万円から120万円に引き下げられた。また，2018年の税制改正でも，公的年金等控除の最低保障額が10万円引き下げられるとともに，公的年金等の収

入金額が1000万円を超える場合の控除額に195万5000円の上限が設けられ，年金以外の収入が1000万円を超えた場合には，その額に応じてさらに控除額が削減されるなど，課税が強化された。

　2016年度の OECD の推計によれば，日本では，平均所得を稼いでいる勤労世代の税負担率は22％である一方，平均所得と同じ年金額のある年金受給者の税負担率は，16％である。そのため，年金受給者の税負担は，現役世代の70％程度となっている（OECD, 2017, pp. 104-105）。OECD 諸国の同様の数字をみると，北欧諸国では100％（＝年金受給世帯と現役世帯で税負担率に差はない），ドイツやイタリアでは80％程度，フランスやイギリスは60％程度となっている。日本では，北欧のように医療や福祉サービスに関して高齢者の自己負担が抑えられている状況にはないため，課税最低限度額を一律に引き下げるのには最低生活保障上問題があるが，現役世代の平均所得以上の所得がある年金受給世代に対しては，課税上の公平性という観点から公的年金等控除の縮小は望ましいといえるのではないだろうか。

　なお，これと類似した改革としては，2012年の「年金機能強化法」で検討された高所得者への年金額の調整がある。これは，税制抜本改革の施行時期に合わせて2015年10月以降，所得550万円（年収850万円相当）以上の者から老齢基礎年金額の一部の支給停止を開始し，所得950万円（年収1300万円相当）以上の者については，老齢基礎年金の半額を支給停止する（満額年金額6.4万円のうち国庫負担相当額3.2万円を限度に支給停止）するというものであった。しかし，これは社会保険方式の下で高額所得者に対する給付を排除するという内容であり，高額所得者を中心にして保険料納付のインセンティブを抑制し，制度の空洞化を加速させ，その縮小を導く恐れがある。そのため，年金課税強化の方が有効な財源確保策になると思われる。

　追加財源として次に考えられるのは，生活保護費の削減効果によるその財源活用である。生活扶助基準以上の最低保障がなされれば，生活保護費の削減が可能となるため，その余剰財源は基礎年金や補足的給付に対する追加税財源として活用しうる。生活保護総額・4兆円，生活保護受給世帯における高齢世帯

の生活保護率・50％，生活扶助割合・35％として計算すると，その費用は，概算で7000億円となる。あるいは，生活保護の2級地-2の生活扶助額・約7万円，高齢受給世帯数・83万で計算すると概算で6000億円となる。基礎年金の給付水準を引き上げられるならば，生活保護費の減少分の相当部分を基礎年金や補足的給付等への財源に回す余地が生まれる。

② デモグラント型基礎年金の創設に向けた財源政策

　第2の局面は，年金加入種別を問わず，基礎年金全体の国庫負担割合を当面は3分の2に引き上げて，その後，段階的にデモグラント型の基礎年金に近づける段階である。ここでは，社会保険料負担を税負担に置き換えることが必要になってくる。過去にそうした場合に財源として想定されてきたのは消費税であった。そのため，2012年に基礎年金の国庫負担を3分の1から2分の1に引き上げるための財源として，消費税率を10％に引き上げることが民主党，自民党，公明党の超党派で合意された。こうした経緯で国庫負担の一部などに対してすでに使途が決まっている消費税を規定通りに用いなければ，制度の維持という点で問題が生じるが，今後さらに国庫負担を引き上げていく際には，所得再分配という観点からより公平な税目を考えるべきである。

　そうした財源としては，社会保障関連の目的税の導入，里見が指摘するような，支払い賃金総額を課税ベースとしてそれに一定率を課す賃金税の制度化（里見，2008，211-213頁），法人税の課税強化といったことが考えられる。社会保障関連の目的税に関しては，フランスの一般社会拠出金（CSG：Contribution Sociale Générallisée）が参考になる。CSG は，フランスで社会保険料負担が軽減された際に，勤労者の稼得所得だけを賦課対象とする社会保険料よりも公正かつ雇用促進的であるとして導入された。それは，稼働所得のほか，資産所得，投資益等にかかる目的税として徴収され，老齢年金のほか，家族手当や医療保険の財源に充当されている（柴田，2012）。課税ベースの広い目的税としての CSG のような徴収方法は，公平性の観点からすれば，積極的に導入が検討されてもよいのではないだろうか。

　高齢者向けの公的扶助の創設，もしくは，生活保護の単給化といった選別主義的な制度の強化でも，補足的給付つきのデモグラント型基礎年金の構築といった普遍主義的な制度の強化にしても，高齢者に対して最低生活を保障しようとするならば，マクロな負担は同一である。つまり，公的扶助の個別化の場合は，現行の社会保険料負担とともに，その個別化のための追加的税負担が発生するが，後者の場合には，社会保険料負担の一部が税負担に置き換わるとともに，公的扶助のための税負担が基礎年金や補足的給付のための税負担に置き換わるだけである。しかし，公的扶助の個別化は前項で述べたように社会保険の基礎年金の空洞化を加速させる可能性がある。また，その給付に伴うスティグマタイズも旧来の公的扶助より弱くなる可能性があるとはいえ，皆無ではないため，漏救の恐れもある。そのため，現行制度を税方式の年金に近づけつつ，最終的にはデモグラント型基礎年金が実現できるように税財源を投入した方がより望ましい効果が期待できるであろう。

手にとって読んでほしい5冊の本

鎮目真人・近藤正基編，2013，『比較福祉国家——理論・計量・各国事例』ミネルヴァ書房。

　　制度論に基づいて，先進福祉国家が経済のグローバル化や少子高齢化のもとでどのように制度的対応を図っているのかということを解明している。

新川敏光・ボノーリ，ジュリアーノ編著／新川敏光監訳，2004，『年金改革の比較政治学 経路依存性と非難回避』ミネルヴァ書房。

　　やや古いが，世界各国の年金制度の改革の要因を分析とともに，各国比較を通じて日本の年金制度改革の特色が明らかにされている貴重な本である。

松田亮三・鎮目真人編，2016，『社会保障の公私ミックス再論』ミネルヴァ書房。

　　年金，医療，介護分野におけるセーフティネットの構築における市場・政府・家族の役割を，国際比較を通じて明らかにしている。

宮本太郎編著，2017，『転げ落ちない社会——困窮と孤独をふせぐ制度戦略』勁草書房。

　　様々なリスクを抱えた人々が貧困や孤立に陥らないための処方箋を，年金，住宅，子育て・教育支援などの観点から幅広く論じている。

吉原健二・畑満，**2016**，『日本公的年金制度史——戦後70年・皆年金半世紀』中央法規出版。

　　公的年金制度の創設から2014年年金改正までの歴史が簡明にまとめられている。

引用・参考文献

厚生労働省，2019，「国民年金及び厚生年金に係る財政の現況及び見通し（詳細結果）——2019（令和元）年財政検証結果（財政見通し等）」https://www.mhlw.go.jp/content/12601000/000540584.pdf.（2019年8月27日閲覧）

里見賢治，2008，『新年金宣言——基礎年金を公費負担方式（税方式）へ』山吹書店。

鎮目真人，2006，「国民年金制度と基礎的生活保障——2004年公的年金改革による生活保障のゆくえ」『社会福祉学』47（1），5-17頁。

鎮目真人，2017，「第8章 脱貧困の年金保障——基礎年金改革と最低保障」宮本太郎編著『転げ落ちない社会——困窮と孤独をふせぐ制度戦略』勁草書房，255-285頁。

柴田洋二郎，2012，「フランス社会保障財源の租税化（fiscalisation）——議論・帰結・展開」『海外社会保障研究』179，17-28頁。

週刊社会保障，2008a，「基礎年金の財政方式に社会保険と税の各種提案——政党・関係団体・報道機関等の提案をみる」『週刊社会保障』2480，72-77頁。

週刊社会保障，2008b，「低所得者への年金加算や保険料軽減など複数案を提示——社保審年金部会が16年改正後の課題で『選択肢』を議論」『週刊社会保障』2501，6-11頁。

Organisation for Economic Co-operation and Development, 2015, Pension at a Glance 2015: OECD and G20 indicators, Paris; OECD.

Organisation for Economic Co-operation and Development, 2017, Pension at a Glance 2017: OECD and G20 indicators, Paris; OECD.

Sørensen, OleBeier., Billig, Assia., Lever, Marcel., Menard, JeanClaude., Settergren, Ole, 2016, "he interaction of pillars in multi-pillar pension systems: A comparison of Canada, Denmark, Netherlands and Sweden", *International Social Security Review*, 69 (2), pp. 53-84.

（鎮目真人）

第2章

医　療
財政を維持しつつ質とアクセスを改善する

資料2-1　医療政策の3つの目標

医療のコスト（医療費）

医療の質　　　　　　　医療へのアクセス
（出所）　筆者作成。

　医療政策には様々な目標があるが，日本では①コスト（医療費）の抑制，②医療の質の向上，③医療へのアクセスの保障の3つがしばしばあげられる[*]（島崎，2015，119頁；印南編，2016，206-208頁）。

　　*　他には，健康状態，患者満足度，効率性などがある（OECD 編，2005；ロバーツほか，2010）。

　日本では国民皆保険制度のもとで質の高い医療に誰でもアクセスすることができ，しかも国全体としての医療費の規模が他の先進諸国と比べて比較的うまくコントロールされてきた。日本の医療は3つの目標のすべてにおいて概ね好成績を誇ってきたのである。

　とはいえ，問題がないというわけでは決してない。むしろ3つの政策目標それぞれについて課題を抱えている。本章では，日本の医療が直面する課題と解決の方向性についてみていこう。

1 何が問題か
医療費の伸び・医療の質・アクセスの保障

1 日本の医療制度の概要

　まず，日本の医療制度の概要・特徴を手短にみておこう。日本では1961年以来，国民皆保険制度が実現している。就職すると職場を通じて健康保険（雇用されている人々の保険であり，被用者保険とも呼ばれる）に加入することになり，原則として保険料の半分は会社（事業主）が負担する。他方，会社や役所勤めではない農業従事者・自営業者・無職者らは市町村の国民健康保険に加入する。こうした2本立ての体制により，誰でもいずれかの公的医療保険に加入できることになっている。なお，保険料のみでは足りない財源は国と地方自治体の税金によって補われている（第2節 4 ）。

　公的医療保険の給付率は現在7割が基本であり，保険証をもって医療機関にかかれば治療費の3割のみ支払えばよい。ただし，就学前児童は2割負担であり，高齢者も年齢・所得によっては2割または1割に負担が軽減される[*]。さらに，高額療養費制度といって，1カ月の自己負担が限度額（所得・年齢により異なる）を超えると，超えた部分については自己負担率が1％に減る仕組みがある。したがって，公的医療保険が適用される限り，治療費で破産することはまずない（ただし，長期入院時の室料や，公的医療保険の適用が未承認の医薬品などに関して，患者負担が高額に及ぶことがある）。

　　[*]　子どもに関しては，中学生まで医療費を助成するなどの地方自治体による上乗せ給付が一般化している。

　治療費には全国一律の料金体系が採用されている。公的医療保険の適用対象の治療には診療報酬と呼ばれる公定価格が細かく設定されており，同じ治療であればどの医療機関でも同じ価格を請求する（金額の上乗せは認められていない）。医薬品にも同様に公定価格（薬価）が設けられている。診療報酬・薬価制度によって，政府は価格の高騰を抑えることができ，この制度は国民皆保険制度を

維持する上で大きな役割を果たしてきた。

　国民皆保険，診療報酬公定価格制と並ぶ日本の医療制度のもう1つの特徴は，医療機関を自由に選択できることである（フリーアクセス制）。日本では当たり前になっていることだが，先進諸国においてもこれは当たり前のことではない。イギリスではまずかかりつけ医を受診することが原則であり，アメリカでは加入している医療保険によって利用できる医療機関に制限がある。

[2] 今日の課題

①医療費の伸び

　日本の医療保険の歴史は赤字との戦いの歴史でもある。なぜ赤字が生じるかというと，医療費（医療機関に支払われるお金）が伸びていくのに対して，医療保険制度の収入が停滞するためである。

　では，そもそもなぜ医療費は伸びるのだろうか？　第1の要因は経済成長である。国民の所得水準が向上すれば医療サービスの利用が旺盛になるし，他の産業部門と同様に医療の世界でも物価と人件費の上昇が起こる。いわば，経済成長に伴って医療費も当然増加するのであって，問題は増加が過剰とならないようにコントロールすることである。その他の要因として，医療技術の進歩や人口の高齢化などがあげられるが，日本の場合，医療機器・医薬品の価格はすでに説明した公定価格制によって巧みに抑え込んできた。そこで，厚生労働省（旧・厚生省）が長年にわたって問題視してきたのが，人口の高齢化に伴う高齢者医療費の増加である。厚生労働省の「平成29年度国民医療費の概況」によれば，65歳以上の高齢者が1年間に用いる1人当たり医療費は65歳未満の場合の約4倍である。

　1970年代までは，医療保険制度の赤字問題は税金を投入することで対処されてきたが，1973年の第1次石油危機以降，国家財政の赤字が蓄積されるにつれて，税の追加投入は困難になっていった。そこで代わりに重視されるようになったのが医療費の抑制である。厚生省は1980年代から医療費抑制を政策課題として掲げ（『昭和56年版厚生白書』から「医療費適正化」が明記），診療報酬・

薬価の抑制，病院・病床の拡大の抑制，医学部入学定員の削減，患者自己負担の引き上げなどの施策がとられた。これらの医療費抑制政策を追求することで，健康保険の財政はなんとか維持されてきた。

　しかしながら，急速に高齢化が進むのに対して，日本経済の成長率は停滞しており，経済に対する医療費の割合は上昇してきた。医療費の対 GDP 比は2000年の5.7％から2017年には7.9％へと伸びている（厚生労働省「平成29年度国民医療費の概況」）。今後も，医療費対 GDP 比は増大していくことが見込まれ，医療保険の財政を維持していくには，一方では医療制度の効率化，他方では新規財源の開拓に努める必要がある。

　②医療の質

　日本では平均寿命が長く，乳児死亡率が低いなど健康に関する基本的な指標は好成績を収めている。ただし，これらは医療制度だけではなく，生活・教育水準や衛生・栄養状態などの医療制度外の要因にもよる。医療の質のより直接的な指標として，「構造」（医療機関のスタッフや設備），診療の「プロセス」（過程），「アウトカム」（結果）に着目したドナベディアンの研究が有名である（Donabedian, 2007）。日本の場合，がん手術後の生存率などをみてもやはり好成績である（真野，2017）。こうした個々の疾患の治療成績は医療の質のものさしの1つになるが，医療の質の評価基準は治療の局面だけに限定されるわけではない。医療機関に迅速・適切にアクセスできることや，治療後のリハビリや慢性期医療の質も医療の質に含まれる（島崎，2015，121-122頁）。ここでは日本の医療の質における課題を医療提供体制のあり方からみていこう。

　日本の医療の質を脅かしかねない第1の課題が医師・看護師の不足・偏在である。偏在には地理的なものもあるが，産科医・小児科医の不足のように診療科間の偏在といった問題もある。偏在の問題には，単に医師の総数を増やせば解決するわけではないという難しさがある。

　第2の課題は医療機関同士の連携，そして医療機関以外の介護施設などとの連携である。医療と福祉（介護）には別々に発展してきた歴史があり，民間医療機関中心の日本では医療機関同士の連携も自明のものではない。

　第3に，医療機関などに適切にアクセスできることに加えて，当然ながら診療の質が高いものでなければならない。保険証1枚で好きな医療機関を受診できるのが日本の医療制度の特徴の1つだが，その意義が十分なものとなるには医療機関によって診療の内容にバラツキがないことが求められる。ところが，日本にはプロフェッショナル・フリーダムの名のもとに医師の裁量が重視されてきた歴史があり，全国的に診療を標準化する取組みが遅れてきた。

　以上をまとめると，日本の医療においては医療スタッフの偏在，多機関の連携，診療の標準化などにおいて課題がみられ，いずれも解決が模索されている。

③アクセスの保障

　法律上，日本は国民皆保険の国のはずだが，実際には相当数の無保険者がいると推定されている。ただし，厚生労働省は無保険者の人数を公表しておらず，間接的にしか知ることができない。同省の『国民生活基礎調査』（2007年）を用いた研究によれば，調査対象者の1.3%が課税対象となる所得を有しながら公的医療保険に加入しておらず，ここから未加入者数は160万人と推計されている（池上，2017，40頁）。

　1990年代以降，経済の低成長と雇用の不安定化に伴い，年金や健康保険への継続的な加入が困難な人々が増加していった。職場を通じて健康保険（被用者保険）に入ることができない失業者や非正規労働者は市町村の国民健康保険（国保）に加入することになる。当初，農業従事者・自営業者の医療保険のはずだった国保は低所得者の保険へと変容してきた（『平成23年版厚生労働白書』98-99頁）。実際，国保の保険料を払えない人々が多数存在している。

　国保の保険料を滞納している世帯は，ピーク時の2006年には約481万世帯にも達した。滞納が1年以上続いた世帯には保険証に代えて「国民健康保険被保険者資格証明書」が交付され，医療機関を受診した際にはいったん全額自己負担で支払いを行わなければならない（事後的に市町村に対して国保による7割給付分を申請することができるが，滞納した保険料が差し引かれることがある）。近年，滞納世帯数は減少傾向にあるものの，2018年にはなお約267万世帯あり，資格証明書交付世帯も約17.2万世帯ある（以上の世帯数は，厚生労働省「国民健康保

険（市町村）の財政状況について」）。

　生活保護の受給者は税財源によって患者自己負担が免除されるのだが（これ
を医療扶助という），生活保護と公的医療保険の狭間で無保険状態となっている
人々が実数の把握は困難なものの存在している。制度の枠組みとしては，被用
者保険に入れない人は国保に加入することになっているのだが，国保の保険料
負担の重さがセーフティネットとしての機能を損なっている。

　会社員の健康保険（被用者保険）では，保険料は報酬に対して定率である。
一方，国保の保険料は収入に応じて課される所得割，固定資産税に応じて課さ
れる資産割と呼ばれる部分に加えて，世帯ごとに課される平等割と世帯人員に
応じて課される均等割といった部分があり，平等割・均等割は低所得世帯に
とって負担が大きい（阿部，2010，194-195頁）。また，保険料負担の上限額が
設けられているため，高所得者に有利な逆進的な負担となっている（この点は
被用者保険でも同様）。

　確かに，全国的な仕組みとして保険料の軽減措置があり，さらに市町村が定
める減免措置があるのだが，それでも低所得世帯ほど負担が大きく，強い逆進
性があることが多くの研究によって指摘されている（池上，2017，40-41頁；阿
部，2010，195-196頁）。保険料の滞納，国保からの脱落の背景にはこうした低
所得者にとって重い保険料負担の仕組みがある。

　さらに，同じ所得水準でも国保の方が被用者保険よりも保険料が高い。扶養
家族の人数が増えても被用者保険では保険料が増額されることはないが，国保
では世帯人員に応じた均等割部分があるため保険料が高くなるという制度間格
差がある。国保は低所得で人数の多い世帯にとって非常に負担の重い制度と
なっている。

　保険料負担に耐え切れず，無保険者となった人々が医療機関へのアクセスに
困難を抱えることは想像に難くない。また，公的医療保険の加入者でもあって
も，患者負担を理由に受診回避，受診抑制をしていることが知られている（阿
部，2010，197-199頁）。

　無保険者・保険料滞納者が出ないように医療保険制度を再構築することが必

要である。さらに，経済的な理由による受診回避を解消するためには，患者負担額を軽減する措置をとることが望まれる。そしてそのためには，財源の確保が重要な課題として浮かび上がってくる。そこで次に，これまで検討した医療を取り巻く問題への対策について考えていこう。

2　こう考えればいい
医療改革の方向性

［1］医療費抑制には限界がある

　日本では人口減少が始まっているとはいえ，今後も医療費は伸びていき，経済に対する医療費の規模が増大していくと予測されている（例えば，2018年に内閣官房などが公表した「2040年を見据えた社会保障の将来見通し（議論の素材）」）。そこで，医療保険の財政を維持していくために考えられる方向性の１つはなるべく支出を抑制すること，医療費抑制に取り組むことである。実際，1980年代以降，厳しい診療報酬の抑制（引き下げ）や患者自己負担の引き上げをはじめとした医療費抑制政策がとられてきた。

　しかしながら，診療報酬を引き下げ過ぎれば医療機関は経営難に陥り，患者自己負担の拡大や病床・医師数の削減も過度になればアクセスの困難を生み出しかねないなど，1980年代以来の医療費抑制政策には適用の限界がある（なお，OECD の Health Statistics によれば，日本の人口当たり医師数はＧ７諸国中最少である）。また，医療費抑制について，一挙に問題を解決するような「魔法の杖」はないことが指摘されている（印南編，2016，120頁および同書の分析を検討したものとして二木，2019，214-227頁）。効率化の努力が不要というわけではないが，医療費抑制政策に過度に期待するのは禁物である。

　ここで注意してほしいのは，医療保険財政を維持するためには，財源の拡大というもう１つの方向性があることである。この点については後述するとして，次に日本の医療の質をどのように高めていくべきかについて論じたい（尾玉，2020）。

2　医療の質を改善する

　国民皆保険，フリーアクセスを誇ってきた日本の医療だが，その質が問われることもある。2002年・2006年に診療報酬を全体として引き下げることが決められると，医療費抑制政策の行き過ぎを指摘する声が高まった。医療現場（病院）の疲弊が問題視され，また，妊婦のたらい回しのような日本の医療提供体制の機能不全が大きく報道された。こうした状況への対策として，医学部入学定員の拡大（2008〜2019年度）や病院を中心とした診療報酬の引き上げ（2010年度）などが行われ，医療提供体制の強化が図られた。とはいえ，提供体制の問題は解消されてはいない。団塊の世代全員が後期高齢者となる2025年に向けて，必要な医療・介護体制の確保が喫緊の課題となっている。

　今後，日本の医療の質を維持・改善していく上での第1の課題は医師・看護師などの医療職者の確保，適正な配置である。医師や看護師は増員傾向にあるものの，地域的な偏在が顕著で不足に悩まされている地域が少なくない。歴史的に日本では自由開業医制がとられ，開設基準を満たしていれば好きな場所で医師の開業が可能である[*]。このため医師は偏在しやすく，医学部や県庁のある都市に集中しがちである。どこにいても適切な医療を受けられる仕組みづくりが必要となっている。また，医学部生がどの診療科を専門とするのかも各学生に任せられてきたことで，一部の診療科における医師不足も生じてしまった。

　＊　ただし，病院と有床診療所の開設（および増床）には地域ごとに病床数の上限
　　規制が設けられている。なお，日本では医療法によって，入院用のベッドを20床
　　以上有する医療機関が病院，19床以下であれば診療所と定義されている（第1条
　　の5）。

　しかし，政府が医師不足地域での勤務・開業を強制したり，専門診療科の選択に制約をかけるのは歴史的な経緯からすれば日本では馴染みにくく，強制よりも誘導が望ましいと考えられてきた。具体策をあげると，2008年度から医学部入学定員の増員とともに地域枠が拡大され，卒業後に一定の地域や診療科で勤務することを条件に奨学金が支給されている。こうした経済的な誘導に加えて，医師不足地域では，そこで働くことが医師のキャリア形成にとって魅力

的・有益なものとなるよう環境の整備に努める必要があるだろう。

　地域における医療の確保と自由開業医制の維持という 2 つの目標の間で，なかなか議論がまとまらなかったのだが，2018年の医療法・医師法改正によってようやく医師偏在対策の枠組みができあがった。都道府県に医師確保計画を策定させ，医師少数区域で勤務する医師を将来病院管理者になる上で優遇する一方，外来医師多数区域での開業を望む医師に対しては，在宅医療や初期救急医療などへの従事を求めることになった。今後の動向が注目される。

　第 2 の課題は病院と診療所という医療機関同士の連携，そして医療・介護・保健・福祉といった多機関・多職種の連携である。超高齢社会の日本においては，1 人の高齢者がかかりつけ医の診療所，急性期・回復期の入院を担う病院，退院後のリハビリや療養を担う施設といった多機関に関わることになり，これらの間で連携がとれていることが患者や家族にとっての生活や安心の基盤になる。

　とりわけ課題となるのが，制度や教育体系が異なる医療と福祉の連携である。診療報酬上，医療機関が介護施設などと連携することを経済的な評価の対象（要するに，収益）とすることが 1 つのポイントになるだろう。また，教育課程での医療・福祉の交流を強め，相互理解を深めることも重要である（二木，2019，32-34頁）。

　第 3 に，医療機関による診療の質に関する課題として，診療の標準化があげられる。日本の医師の診療は医学部内の医局によって異なるともいわれてきたが，1990年代から英・米に影響を受けつつ，「根拠に基づく医療」（Evidence-Based Medicine）が提唱されるようになった（石垣，2017）。現在では，専門医学会ごとに臨床研究のエビデンスに基づいた診療ガイドラインを作成している[*]。

　　＊　ただし，EBM における診療ガイドラインは画一的な治療を行うためのものではなく，個々の状況において医療職者と患者の意思決定を支援するものとされる（中山，2018）。

　また，病院では新たな診療報酬の支払い方式が導入されたことで入院医療の標準化が進んでいる（池上，2017，4 章）。2003年から急性期病院では DPC

（Diagnosis Procedure Combination：診断と処置の組み合わせ）と呼ばれる診断群分類が普及するようになり（例えば，胃癌の全摘手術），この分類に従って1日当たりの包括払いで病院に報酬が支払われるようになった。従来であれば，入院患者に投薬を行うたびに病院には報酬が発生したが（出来高払い方式），DPCでは包括払い方式が導入されたことで，投薬や検査の数を減らした方が病院にとっては利益となる。このため，病院間で投薬や注射の回数のバラツキが減り，入院医療の標準化が進んだ。また，DPC に基づくデータは公開されており，各病院の診療が比較可能となることで，医療の質の向上に向けた取組みが加速することが期待される（松田，2013，106-109頁）。

　日本では，超高齢社会に適した医療制度の再デザインが必要となっている。今後の医療提供体制を考えていく上で，費用や資源の制約を考慮する必要があるのは確かだが，同時に医療の質や医療制度のパフォーマンスの評価基準を考え，それに沿って政策を立案・評価していくことが重要である。

③ 強い医療保険を構築する

　次に強い医療保険の構築方法について述べたい（菅沼，2010；阿部，2010）。無保険者対策については，まず雇用されて働く人の被用者保険への加入を徹底することがあげられる。現状では，失業者（求職者）・派遣労働者・日雇労働者・パート労働者は被用者保険・国保・無保険のいずれかとなっているが，被用者保険への加入に統一する。未届事業所については，マイナンバー制度を活用し，社会保険の適用状況を確認することで洗い出すことが考えられる。加入が徹底されれば，給与から定率の健康保険料が源泉徴収されることとなり，保険の未加入・保険料の滞納はなくなる。

　国保については，保険料を被用者保険と同様に所得に対する定率徴収に改めることで，低所得者に対して重い負担のあり方を改善することができる（世帯に対する平等割，世帯人員に応じた均等割は廃止する）。

　以上の対策によって，無保険者の減少，制度間格差の是正が大きく進むはずである。

さらに，患者自己負担を理由とする受診回避を減らすためには，公的医療保険の給付水準を改善することが望まれる。例えば，世帯所得が生活保護の保護基準未満の場合に，自己負担率を1割に下げるといった案が出されている（阿部，2010，211頁）。また，第1節の**1**で触れた高額療養費制度の改善もあわせて検討することが必要であろう。いずれにしても，財源あっての給付であり，財源について検討しないわけにはいかない。

4　必要な財源の確保に向けて

日本の国民医療費（1年間に医療機関に支払われた治療費の合計）の財源は大きく分けて社会保険料が5割，国と地方自治体の税金が4割，患者の自己負担が1割となっている（**資料2-2**）。かなりの税金が投入されているものの，社会保険料が主財源である。厚生労働省は所管している社会保険料を財源として重視しており（税は財務省の管轄），引き上げの度に政治問題化する消費税に比べて，必ずしも法律を改正せずに引き上げることのできる社会保険料が今後も医療保険の財源確保手段として重視されていくだろう。

とはいえ，第1節**2**の③で述べたように日本の社会保険料のあり方には問題があり，現状の制度設計のままで保険料率を引き上げ続けるのは好ましくない。以下では，社会保険料に関する改善の方向性を示したい。

第1に，国保の保険料を被用者保険と同様に所得に対する定率負担に改めることで低所得世帯の負担を緩和する（本節**3**）。第2に，国保・被用者保険とも保険料が賦課される所得の上限を取り払

資料2-2　国民医療費の財源構成（2017年度）

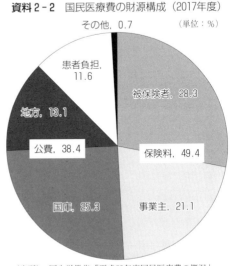

（出所）厚生労働省「平成29年度国民医療費の概況」より作成。

うことで，高所得者の定率負担を徹底する。これらの措置をとることで，場合によっては消費税よりも強い社会保険料の逆進性を緩和するのである。賦課上限の撤廃による保険料収入の増加額は数千億円程度に限られるが（日本医師会『グランドデザイン2009』79-82頁），公平な負担のあり方を確保することは社会保障負担に対する納得・支持を高める上で重要である。第3に，保険者間の保険料負担の格差を縮小する。市町村が運営する国保では，保険料負担の地域格差が大きい。被用者保険にも，中小企業の従業員が加入する協会けんぽの方が大企業の健保組合よりも保険料率が高いという格差がある。国保に関しては，2018年から都道府県が財政責任を担うようになり，保険料格差の縮小が目指されている。被用者保険では財政力のある健保組合から他制度への財政移転を増やすことが考えられる。[*]

　＊　さらに踏み込んだ提案として，国保・被用者保険ともそれぞれ県単位で統合し，
　　　さらに両者を県ごとに1本化するというものもある（池上，2017，45頁）。

　ところで，社会保険料は，会社員であれ自営業者であれ，主として勤労所得から徴収されるものである（ただし，退職者も医療保険料を負担している）。社会保障の財源を資産所得にも求めることはできないのだろうか。そこで最後に，フランスの一般社会拠出金（CSG：Conribution Sociale Généralisée）という1990年に導入された社会保障目的財源を紹介したい（CSG については，本書第1章も参照）。これは社会保険料の徴収対象を勤労所得のみならず，年金や失業手当などの社会保障給付，投資運用益，資産性所得，賭博益にまで拡張したものである。当然，従来の社会保険料よりも収入が多い。また，一般勤労者だけではなく高所得者にも社会保障負担を求めている点で公平であることも注目される。

　以上のように，社会保険料ひとつとってみても様々な改善の余地がある。さらに，消費税やその他の税も含めて多様な社会保障の財源確保策を考えていく必要がある。本章冒頭で紹介したコストの抑制，質の向上，アクセスの保障に加え，必要な財源の確保もまた医療政策の重要な目標である。

3 ここがポイント
医療研究のおもしろさ

　日本国憲法の第25条には生存権が，第13条には幸福追求権が規定されており，医療は生命・健康の維持と幸福追求にとって欠かせないものである。また，誰しもが人生のどこかで医療機関の受診経験があり，それぞれに意見や物語をもっている。高度に専門的な知識が発達した領域であると同時に，多様な人々に対して開かれていることも医療の特徴だといえよう。以下では，関係者と視点の多様性という観点から，医療研究のおもしろさを紹介してみたい。

1 複雑ゆえにおもしろい

　医療が住民に提供されるには，医師・看護師・薬剤師・放射線技師など多くの専門職を養成する必要があり，医療機関も整備しなければならない。また，医薬品や医療機器を製造・販売する研究機関や民間企業も存在する。こうした医療の供給側の整備に加えて，需要側に対する取組みとして，治療費の負担を軽減する医療保険のような制度が必要となり，これらの制度の運営者も医療の世界の重要な参加者である。もちろん，患者自身も医療の主役の 1 人である。

　このように，医療の世界は多種多様な関係者が登場する複雑な世界である（医師に限っても，大病院の外科医から診療所で軽症の患者を担当する医師まで様々である）。だが，そうした複雑性こそが医療を研究する上でのおもしろさでもあり，そこに取組み甲斐がある。

2 多様な着眼点・研究のアプローチがあり得る

　医学がなければ医療は成り立たないが，医療は医学（および関連自然科学）のみで成り立っているわけではない。関係者の多様性を反映して，医療に対しては多様な着眼点・研究のアプローチがあり得る。この章では，日本の医療費が増加する一方で医療の質やアクセスの保障に課題が存在することを指摘して

きたが，こうした問題は医療政策学（公共政策学）や医療経済学などにおいて研究されてきた。次節で述べるように，近年日本では医療に関するマイクロ・データの整備が進み，研究の発展が期待されている。

　ただし，データからあらゆる医療政策を自動的に決定できるわけではない。例えば，公的医療保険でどこまでの治療費をカバーするのか，どの程度までの社会保障負担（税・保険料）が許容されるのかといった問題は政治的な問題であり，議論と合意形成が必要である。医療制度（社会保障制度）の改革には，政府・政党や医療専門職の団体，患者団体，そして一般市民が関わっており，政治学による研究が行われてきた。

　他にも，医療の世界には医師法，医療法，健康保険法など多くの法律が関わっており（医事法学），政府・自治体にとっての重要政策分野でもある（行政学）。また，医療は最先端の科学技術が活躍する分野であると同時に，それに伴う倫理上の問題が議論されてきた分野でもある（医療倫理学）。脳死・臓器移植・安楽死・生殖補助医療・再生医療などテーマは多岐にわたっている。医療社会学，医療人類学など，医療に関する学問領域をあげれば枚挙にいとまがない。

３ 協働の必要性とおもしろさ

　大切なのは多様な専門分野をもった研究者たちが協働することである。医学に限っても多くの専門分野があり（日本専門医機構は内科・小児科など19の基本領域に加えて，さらにそれらの下位分野を設定している），また上述のように医療は医学を超えた広がりを有している。このため，1人の人間が医療の広がりの全体像と多岐にわたる細部の現実に精通することは難しく，医療の実態と課題を把握し，改善策を提案していく上では，異なる専門を有した人々（そして専門家ではない患者や一般の人々）が協働することが不可欠である。

　いいかえれば，医療について学びを深めていくと，自ずと様々な学問分野の発想・方法論・概念などに触れることになる。そうした意味で，医療は知的刺激に満ちた研究分野であるといえる。

4 これから深めていくべきテーマ
根拠に基づく政策提案

1 データに基づいた医療政策立案

　近年，日本では現状分析や政策立案にとって重要なデータが以前よりも整備されるようになった。例えば，医療機関が保険者（公的医療保険各制度の運営者）に対して診療報酬の支払いを請求するために用いるレセプト（診療報酬明細書）が2008年からデータベース化され，患者の健康や診療に関するデータを（匿名化した上で）統計的に分析できるようになった。どのような患者がいつどこでどのような治療を受けているのかがわかるようになったのである。

　レセプトデータからは患者の受診行動が，第 2 節 2 で触れた DPC データからは各病院の診療実績がわかり，これらを用いて地域ごとに行政と医療関係者が協力しつつ，きめ細かい医療提供体制の改善策（例えば，不足している医療や病床の特定と対策）を立案していくことが望まれる（松田，2013，214-223頁）。また，保険者にはレセプトや健診のデータを用いて効果的な保健事業（疾病の予防に向けた取組みなど）を打ち出していくことが期待される。

2 医療財源に関する研究

　医療費の伸びの要因や医療費抑制政策の効果といった医療費に関する研究には豊富な蓄積がある一方，その医療費を賄う財源のあり方については相対的に研究が乏しい。日本では医療費の伸びの抑制が特に重視されてきただけに，財源のあり方に関する検討が後回しにされてきた。本章では，社会保険料に関する改善案を示したが，税財源についても検討が必要である。諸外国の医療財源確保策の比較研究を行うことで，日本にとっても参考になる部分がみえてくるのではないだろうか（例えば，モシアロスほか編，2004参照）。

③ 医療改革の政治過程に関する研究

　財政持続性の確保，質の向上，アクセスの保障など医療改革の課題は多い
が，改革が挫折したり中途半端なものに終わることも少なくない。財源が不足
して思い通りに改革を進められなかったり，そうかといって増税しようとすれ
ば広く世論の反発を招くことがある。なぜ，どうやったら改革は実現するのか，
どのように進めていけばいいのかを考えることも大切である（ロバーツほか，
2010）。政策決定のベースとなるデータの整備が進められてきたが，制度設計
を決めるのは人間である。つまり，医療改革においては政策担当者が明確なビ
ジョンを持って医療専門職や一般住民の理解を得ながら進めていく必要がある。
医療改革のプロセスの国際比較研究，あるいは比較政治研究を通じて，望まし
い医療改革の進め方について学ぶことも重要である。

　　[付記]　2020年に世界的に広がった新型コロナウイルス危機では，保健所や病床の不足な
　　どにみられたように，長年の医療費抑制政策を背景とした日本の保健医療制度の脆弱さ
　　が露呈した。保健医療制度の強化が求められるとともに，深刻な経済危機としての側
　　面も考えれば，医療保険へのアクセスの保障，経済的な理由による受診抑制への対策が
　　いっそう重要になろう。短期的には公債発行によって費用を賄うことになるとしても，
　　医療や社会保障の強化に必要な安定した財源を確保していく方法について議論すること
　　も忘れてはならない。

手にとって読んでほしい５冊の本

池上直己，2017，『日本の医療と介護——歴史と構造，そして改革の方向性』日本
経済新聞出版社。
　　日本の医療・介護問題に関する良書を発表してきた著者による近著。踏み込ん
　　だ改革案も提示。
島崎謙治，2015，『医療政策を問いなおす——国民皆保険の将来』ちくま新書。
　　小泉内閣時代に厚生労働省の保険課長を務めた著者が，今後の人口構造の変容
　　を考慮しながら手堅く改革の方向性を論じる。
二木立，2019，『地域包括ケアと医療・ソーシャルワーク』勁草書房。
　　医療経済・政策学の大家による最新刊。近年の日本における医療・社会保障改
　　革の動向を分析しつつ今後を展望。
松田晋哉，2013，『医療のなにが問題なのか——超高齢社会日本の医療モデル』勁

草書房。

　　DPC の開発に携わった著者が日本の医療の問題を広く見渡し，欧米の医療制度改革を参照しながら解決の方向を探る。

真野俊樹，2017，『日本の医療，くらべてみたら10勝５敗３分けで世界一』講談社＋α新書。

　　国際比較によって日本の医療の長所・短所を示し，トータルで見れば優れた医療制度であると主張。

引用・参考文献

阿部彩，2010，「医療費軽減制度」埋橋孝文・連合総合生活開発研究所編『参加と連帯のセーフティネット――人間らしい品格ある社会への提言』ミネルヴァ書房，191-214頁。

池上直己，2017，『日本の医療と介護――歴史と構造，そして改革の方向性』日本経済新聞出版社。

石垣千秋，2017，『医療制度改革の比較政治――1990〜2000年代の日・米・英における診療ガイドライン政策』春風社。

印南一路編，2016，『再考・医療費適正化――実証分析と理念に基づく政策案』有斐閣。

OECD 編／阿萬哲也訳，2005，『世界の医療制度改革――質の良い効率的な医療システムに向けて』明石書店（原著2004）。

尾玉剛士，2020，「日本の医療政策の方向性を考える――医療の質向上のための財源確保へ」『生活協同組合研究』533，5-12頁。

島崎謙治，2015，『医療政策を問いなおす――国民皆保険の将来』ちくま新書。

菅沼隆，2010，「参加保障型社会保険の提案」埋橋孝文・連合総合生活開発研究所編『参加と連帯のセーフティネット――人間らしい品格ある社会への提言』ミネルヴァ書房，77-102頁。

Donabedian, Avedis／東尚弘訳，2007，『医療の質と定義と評価方法』健康医療評価研究機構（原著1980）。

中山健夫，2018，「診療ガイドラインの今・これから」『東京女子医科大学雑誌』88（Extra1），E2-E9頁。

二木立，2019，『地域包括ケアと医療・ソーシャルワーク』勁草書房。

松田晋哉，2013，『医療のなにが問題なのか――超高齢社会日本の医療モデル』勁草書房。

真野俊樹，2017，『日本の医療，くらべてみたら10勝５敗３分けで世界一』講談社＋α新書。

モシアロス，エリアスほか編／一圓光彌監訳，2004，『医療財源論――ヨーロッパの選択』光生館（原著2002）。

ロバーツ，マークほか／中村安秀・丸井英二監訳，2010，『医療改革をどう実現すべきか――実践ガイド』日本経済新聞出版社（原著2008）。

（尾玉剛士）

第**3**章

介護保険

人生100年時代への対応

グラフィック・イントロダクション

資料3-1　地域包括ケア時代（介護保険下）の高齢者福祉サービス供給

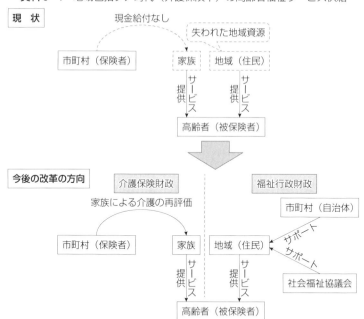

ポイント：・（介護保険）家族による介護の再評価と支援が必要。
　　　　　・高齢者の生活支援における福祉行政の役割分担が必要。

（出所）　筆者作成。

　日本は，世界で最も高齢化が進行した超高齢社会となったが，やがて誰もが100歳程度まで生きる「人生100年」時代が到来するともいわれている。長寿は，

人類の勝利であるとともに様々な課題を生み出している。本章では，その先頭を走っている日本において，施行後18年の歳月が経過した介護保険制度が深刻化する高齢者介護問題に対して今後うまく対応できるようにするにはどうすればよいかについて，考えてみたい。

1 何が問題か
拡大する保険給付

〔1〕 介護保険制度の概要

2000年 4 月から施行された介護保険は高齢者の介護を社会全体で支え合う仕組みであり，給付と負担の関係が明確な社会保険方式を採用した。加入者が保険料を出し合い，介護が必要なときに要介護認定を受けて，必要な介護サービスを利用する制度である。財源は，税金50％（国25％，都道府県12.5％，市町村12.5％）と保険料50％により構成されている。

介護保険制度の仕組みとしては，制度運営を担う保険者は市区町村であり，被保険者は介護保険料を払っている40歳以上の者である。主に要介護認定を受けた65歳以上の高齢者は指定サービス事業者からサービス提供（現物給付）を受け，その費用の90％（所得によっては80％，70％）は保険者が支払う。

〔2〕 国際比較からみた課題

日本以外に，ドイツと韓国も介護保険単独の社会保険方式による制度を創設している。日本は，介護保険制度の検討に当たってドイツの介護保険制度を参考にしたが，異なっている部分も多い。ここでは保険給付から日本とドイツの制度を比較してみる（**資料 3 - 2**）。

日本とドイツの介護保険の給付のあり方を比較すると，日本の介護保険は「必要十分給付型」である。すなわち，要介護度ごとに必要な介護サービス量を想定して，それを賄う保険給付額を設定している。一方で，ドイツの場合は「部分給付型*」であり，「必要かつ十分なサービス」を保障しているわけでは

資料3-2　日本とドイツの保険給付についての比較

	日　本	ドイツ
給付のあり方	必要十分給付型	部分給付型
保険給付の対象	要支援1から要介護5	要支援1から要介護1，要介護2の一部の者は，対象外となる
保険給付の内容	在宅・施設サービス，地域密着型サービス，予防給付	在宅・施設サービス
		介護手当，代替介護手当
保険給付の水準	例：要介護3の場合	例：要介護3の場合
	在宅介護　26万9310円／月	在宅介護　16万160円／月
	施設介護　22万8600円／月	施設介護　18万6200円／月

（注）　要介護度は日本の要介護度の段階にドイツの要介護を便宜的に合わせたものである。
（出所）　増田（2016）142頁を参考に筆者作成。

ない（増田，2016，138頁）。保険給付に対して利用者負担はないが，保険給付の範囲を超える部分はすべて自己負担となる。特に施設サービスの場合は，自己負担が大きくなる。また，日本の介護保険は，保険給付の対象者範囲が広い（要支援者や要介護1のような軽度の人も対象），保険給付の額の水準が高い，サービスの種類が豊富で，要介護者のニーズに幅広く対応しているという特徴をもっている。

　＊　ドイツの介護保険は実際の介護費用の一部をカバーし，残りの部分は保険外の利用者負担という仕組みをとっている。

　日本のこのような給付のあり方は保険財政の肥大化につながるため，制度創設当初から保険財政上の問題が多くの研究者に指摘されていた。増田は「こうした構造的問題にメスを入れない限りは，財政問題からくる制度の持続可能性の不安が常につきまとうことになる」（2016，100頁）と断言している。

③ 介護保険の財政問題と今後のサービス供給システム

①拡大する介護保険の給付対象と範囲

　介護保険財政は，保険料と税金の折半で構成されており，保険財政が膨らむと介護保険料が上昇する。この課題に対して，政府は保険料上昇緩和の努力をしていることが3年ごとの制度改正からわかる。例えば，施設の食費・居住費

が自己負担になった（2005年改正）こと，一定所得のある利用者の負担が 1 割から 2 割（2014年改正），3 割まで引き上げられた（2018年改正）こと，サービス提供時間を見直したこと，介護報酬をマイナス改訂した（2015年改正）こと，などがある。利用者負担の引き上げやサービス利用の制限などの努力はしているが，一方で，保険給付の範囲についての変更はなく，なおかつ，その都度の制度改正において給付対象と範囲をさらに広げた。

　2005年の制度見直しでは，要介護度の軽度者の増加により，予防重視型システムへ転換し，新たに「予防給付」を加えた。介護予防を推進するために，市町村が実施する地域支援事業を創設し，要介護認定非該当高齢者をその対象に含めた。そして，行政によって提供されていたサービス（総合相談支援事業・権利擁護事業）が，介護保険制度内に取り込まれた。つまり，介護保険制度で扱う対象者の範囲とサービスの内容が拡大されたのである。その後の2014年の改正において，生活支援サービスの必要性が強調され，予防給付と生活支援サービスを一体化し（「介護予防・日常生活支援総合事業」創設），これまで介護保険で提供されていなかった高齢者の生活支援サービスが市町村の判断によって，介護保険制度内で実施可能となった（森，2016，42頁）。すなわち，介護保険制度で扱う対象者をさらに広げたのである。

　政府は財政を節約するため，予防給付の実施などの努力はしたが，うまく効果は発揮せず，逆にその結果，利用者の拡大につながった。2018年までに介護保険のサービス利用者数は2000年より約3.2倍増加した。保険財政に負担をかけずに，これからの介護問題にどのように対応していくかについて，政府から出された解決策の 1 つは，地域包括ケアシステムの構築である。

　②地域包括ケアシステム構築の課題

　地域包括ケアに関する議論は，2011年の介護保険法の改正に先立って出された「2009年度地域包括ケア研究会報告書」においても展開され，そこには地域包括ケアシステムの定義が出されている。続く2011年に出された「地域包括支援センター運営マニュアル」には次のように書かれている。「地域包括ケアとは，地域住民が住み慣れた地域で安心して尊厳あるその人らしい生活を継続す

ることができるように，介護保険制度による公的サービスのみならず，その他のフォーマルやインフォーマルな多様な社会資源を本人が活用できるように，包括的および継続的に支援すること」（長寿社会開発センター，2010，1頁）。ここでは，自助や互助といったインフォーマルな支援も，地域包括ケアの要素として重視されていることに注目することが必要である。具体的には，自助に当たる提供主体の「家族」と互助に当たる提供主体の「地域（住民）」を活用することが推測される。

　しかし，前掲資料3-1の「現状」部分に示すように，介護保険では家族への現金給付（評価）の制度化がなされなかった。また，保険給付範囲の広い介護保険は，介護の社会化につながったが，本来地域に根ざしていたケアの資源（近所付き合いなどの互助）の振興には貢献してこなかったのではないか。例えば，介護サービス提供（特に，在宅サービス）を民間企業に任せきりとなり，多様なサービス提供主体の確保は，地域発の資源の創設を抑制してきたのではないか。一度失われた地域にあるケア資源を活用することは相当に難しいと思われる。さらに，一部の過疎地域では，地域包括ケアシステムの前提である「地域」が成り立たないところも少なからず出てくることが予想される。財政難を乗り切ろうとするために，地域に十分な資源投入が行われない場合，地域包括ケアシステムは，地域により多くの負担を強いる結果となる（猪飼，2011，32頁；永田，2013，17頁）。そのため，地域包括ケアシステム構築に当たって，家族による介護の維持と地域資源の再活用をするための具体的な手段を考えなければならない。

2　こう考えればいい
地域包括ケアシステム構築策

　18年に及ぶ介護保険制度の存在により，公的介護保険で親の介護負担が行われるという意識は定着しつつあり，介護保険は高齢者の介護になくてはならないものとして定着・発展している。しかし，増え続ける介護保険のサービス利

用者の介護問題を対応するために，制度の持続可能性を考慮に入れながら地域
包括ケアシステム構築の具体策を考えなければならない。その具体策として，
家族による介護の再評価と支援および高齢者の生活支援における地方自治体福
祉行政の役割分担が考えられる。

［１］　家族による介護の再評価と支援

　制度化に当たって，家族への介護手当（現金給付）に関する検討が大きな争
点となっていたが，「家族介護固定論」や「介護費用増大論」が強調されたこ
とにより，最終的に，「介護はプロが，家族は愛情を」というスローガンのも
と介護手当の制度化は見送られた。現金給付を導入すると介護費用がさらに大
きく増大する恐れがあるという消極的な意見が強まっていたため，現金給付の
制度化がその後の改正でも審議の俎上にあがることはなかった。しかしながら，
介護保険制度の創設により，家族介護者の負担感は軽減されたのだろうか。統
計データと先行研究の結果を通してみてみたい。

　まず，統計データを通して家族介護者の数についてみる。厚生労働省の統
計によると，2018年4月末に要介護（要支援）認定者は644万人，介護サービ
ス利用者は474万人（うち在宅サービス利用者366万人）である。つまり，要介護
（要支援）認定を受けたが，サービスを利用していない高齢者は170万人もいる。
これらの高齢者の多くは家族や親族によって介護が行われていると予測される。
また，在宅サービス利用者の介護の一部は家族によって担われている。また，
総務省の「社会生活基本調査」（2016年版）によると，15歳以上で普段家族を
介護している人は698万7000人で，2011年と比べ15万8000人の増加となってい
る。つまり，介護保険制度の創設により介護の社会化につながったが，依然と
して相当数の高齢者の介護は家族によって行われている。

　次に，家族介護者の介護時間の変化について，先行研究の検討の結果を用
いて説明する。鈴木（2017）は国民生活基礎調査が3年に1度の大調査年で調
べている介護票から，同居している主な介護者における介護時間（ほとんど終
日）の構成割合をみたが，介護保険制度発足直後の2001年（27.4％）より2004

年（21.6％）の介護時間が減少したが，その後，この割合は再び増加し，2013年には25.2％，2016年では22.1％であり，ほぼ横ばいとなっている。また，菅・梶谷（2014）は，「社会生活基礎調査」を用いて，1996年と2006年のデータを比較分析した結果，女性の高学歴グループのみで介護時間の短縮効果が認められたが，その他のグループ，特に男性では介護時間の短縮は認められていないと指摘した。すなわち，介護保険制度の創設により，一部の人（高学歴女性）に限って，介護時間減少の効果が観察されたが，他のグループの介護時間は短縮されていない。いいかえると，家族介護による長時間介護はあまり改善されていないのである。

　そして，介護家族の「介護疲れ」「介護殺人」などの課題も取り上げられている。2016年７月３日放送のNHKスペシャル「私は家族を殺した〜“介護殺人”当事者たちの告白〜」によると，日本では「２週間に１件」の頻度で「介護殺人」が起きているという。番組の中で，11人の当事者の事例のうち４分の３が介護保険等のサービスを利用していたにもかかわらず，社会的孤立状態に陥っていることが紹介された。加害者である介護者の多くが不眠，抑うつ状態などの精神疾患を呈するような状態に陥り，正常な判断が困難な状況にあったと報道されている（金子，2018，62-64頁）。

　家族介護者の増加，保険制度による家族介護者の長時間介護の未改善という現状，家族介護者の介護疲れや虐待問題などを踏まえて，家族等によるインフォーマルケアを社会的に評価する必要がある。また，在宅介護を促進するために，家族介護者への支援策を検討しなければならない。その支援策の１つとして，家族介護者に現金給付を行うことが考えられる。現金給付を行うと，財政支出が増えるという意見はあるが，家族介護者への支援を通して，家族ケアの活発化につながり，全体的にみれば財政支出は減る可能性もある。

　実際に家族介護への現金給付を導入したドイツの状況をみよう。ドイツの介護保険法では，インフォーマルケアを前提にした上で，フォーマルケアと組み合わせて，要介護者の介護保障を行う考え方を明確にしている。そして，インフォーマルケアを社会的に評価，推進する手段の１つとして現金給付がある。

ドイツでも，現金給付は介護サービスの普及を阻害するといった批判があったが，しかし，現金給付の利用者が多いことが，サービス基盤の整備に悪影響を与えることはなかったため，現金給付が介護サービスの利用に結びつかないといった批判は当たらない。二木（2007）は日本の介護保険は，ドイツの場合と同じく，家族介護を前提としてそれを社会的に支援することを目的としているため，現金給付を導入すべきであると主張している。介護サービス供給体制が整い，供給量の確保が十分達成された今はまさに現金給付を再検討する好機でもある。

　ドイツでは，在宅介護給付額の約6割は現金給付[*]となっている。家族介護者による介護労働を社会的に評価し，社会保険の適用，介護講習会の実施など，総合的に支援していく仕組みがとられている。このようなドイツの介護保険制度の理解が不十分であったことが，現金給付の制度化に当たって否定的な結論が導かれた要因の1つになったと増田（2016）は指摘している。上記の現状や自助を求める地域包括ケア時代においては，自助を維持するあるいは活用するためには，その提供主体の「家族」への評価と支援が必要であろう。

　　＊　2017年新制度移行後の現金給付の支給月額は，要介護度2：316ユーロ（4万2451円），要介護度3：545ユーロ（7万3215円），要介護度4：728ユーロ（9万7800円），要介護度5：901ユーロ（12万1040円）。（2020年時点換算）

② 地域による高齢者の生活支援における行政の役割分担

　2005年の介護保険法の改正から介護保険の対象者とサービス範囲が拡大されている。現在の介護保険給付として，要介護者に介護給付，要支援者に介護予防給付がある。2005年の改正で地域支援事業が創設され，要支援・要介護になるおそれのある高齢者を対象とした介護予防事業が制度に位置づけられた。その後，地域支援事業の事業内容に，包括的支援事業，任意事業が追加された。これらの保険給付の財源構成として，介護給付，介護予防給付と地域支援事業の新しい介護予防・日常生活支援総合事業は国25％，都道府県12.5％，市町村12.5％，1号保険料22％，2号保険料28％である。地域支援事業の包括的支援

事業と任意事業は国39％，都道府県19.5％，市町村19.5％，1号保険料22％である。

　重ねられた制度改正の内容に対して，高齢者の介護問題はただ介護サービスを提供すればよいというのではなく高齢者の生活全体を支援すべきという視点からみれば評価できるが，一方で，介護保険財政が膨張する中，ここまで給付対象者，給付内容を拡大することは，制度の持続可能性に影響を及ぼす可能性が大きい。地域のインフォーマルな資源を活用して，介護保険財政問題を緩和することが理想的であるが，第1節で述べたように，地域住民同士の互助が弱体化している中，その困難さがうかがえる。また，法改正で地域支援事業の中に住民参加型福祉サービスが位置づけられているが，その担い手は高齢化と人口減少という問題を抱えている。

　さらに，地域包括ケアシステムは地域の実情に合わせて，それぞれの市町村単位で工夫して構築するシステムであり，それを考えていくのは市町村の役割である。また，高齢化の進行に伴い，地域で生活している高齢者の人数は増えていく。介護あるいは常時の生活支援を必要としていなくても，生活の中の困りごとを抱える人が地域の中に数多くいると考えられる。したがって，多様な生活支援ニーズに応える地域包括体制の構築は，介護保険の範囲を越えた地域全体の課題と理解すべきであろう。

　そして，介護保険制度導入時からであるが，利用者の実際のサービス利用状況の把握や生活状況についてはケアマネジャーに任せきりで，市町村における要介護者の自立支援に対する公的責任が縮小され，その意識も薄れてきているのが現状である（森，2018，8頁）。また，2005年に創設された地域包括支援センターは社会福祉法人や医療法人等への委託（委託が全体の約7割）が可能となっており，高齢者のニーズを直接把握する相談業務から行政が距離をおく危険性もはらんでいる。

　そのため，地域住民による互助を再活用するためには，行政の力（財政と人材）により地域における互助を喚起する必要がある。具体的には，前掲資料3-1の「今後の改革の方向性」で示したように，地域における自立高齢者向

けの生活支援について介護保険制度ではなく，地方自治体福祉行政で担うこと
が考えられる。つまり，各自治体で進められている地域支援事業の財源につい
て，本来，福祉行政で担うべき分野の経費は，介護保険から一般行政経費に移
行することにより，保険財政の負担を緩和することができる。それと同時に，
地域住民はただ押し付けられただけの活動主体にならないように，まず行政と
民間の力を借りて，市町村や社会福祉協議会のサポートを得ながら，地域によ
る高齢者の生活支援を支える。具体的に考えられるのは，行政職員や社会福祉
協議会職員による活動の担い手確保や専門職による専門的な活動の企画などが
ある。社会福祉協議会を取り上げた理由は，地域包括ケアシステムが目指して
いる地域づくりや社会資源開発の機能は，地域福祉の目的と重なるところがあ
り，地域福祉を推進する機関としての社会福祉協議会の力も借りられるのでは
ないかと考えたからである。

　本節は「こう考えればいい」というテーマのもと一貫して議論を展開してき
たが，最後にその内容をまとめる。地域包括ケアシステム構築において，第
1に，家族介護者は依然として，これからも重要な介護主体になるため，自
助（家族）によるインフォーマルケアを社会的に評価する必要がある。その手
段の1つとして，介護保険における「現金給付の制度化」がある。第2に，地
域にある資源（互助）が弱まっている中，市町村は介護保険制度の保険者機能
より地域マネジメントの行政機能を再確認する必要がある。行政の力を発揮し，
財政面や人材面から地域をサポートすることを通して地域における互助を喚起
する，などの具体的方法が考えられる。

3　ここがポイント
地域づくりにつながる

1　地域づくりにつながる介護

　一見すると介護とは，高齢者の生活支援を周囲で負担するだけの単純なもの
に思える。しかし介護問題を考えることは高齢者のためだけにとどまらず，例

えば，高齢者を援助する行為を通じて，地域社会の結びつきを強めることができる。本章で説明している地域包括ケアシステムの構築はその例になる。また，老後の暮らしの問題は誰にでも当てはまることであり，自らと切り離すことはできない。現在，介護保険を通して高齢者問題の対応方法を検討することは，現役世代にとっても，自らが高齢者となったときに，介護保険を利用することによって生活と活力を保っていられる安心感を得られることにつながる。

［2］課題先進国の視点

　日本は高齢社会を迎え，経済成長も緩やかなペースになってきた。グローバル社会における立ち位置が変化していく中，日本はこのまま失速していくしかないのだろうか。しかし，視点を変えると，そんな状況だからこそ日本にできることがある，それは課題先進国としてその対応を発信することである。日本はすでに超高齢社会に入り，高齢化問題への対応については課題先進国として世界をリードする立場にある。つまり，今後先進国やアジア諸国が直面する高齢化問題にいち早く取り組まなければいけないのが日本であると考えられる。高齢化に関する課題が山積みとなった日本の状況は必ずしも楽観視できないが，こうした課題を最初に解決しなければいけないという意味では，「課題解決先進国」にもなれると考えられる。

　厚生労働省では，2013年より「国際的な Active Aging（活動的な高齢化）における日本の貢献に関する検討会」を開催し，日本が優先的に協力すべき高齢化の課題を整理した。また，2016年7月に日本の内閣府は「アジア健康構想に向けた基本方針」を取りまとめ，介護事業者のアジア進出を全面的に後押ししようとしている。その後，アジアの高齢化への対応として，日本の医療サービス，介護サービスの国際展開はすでに行われている。高齢者介護市場として見込まれる中国，韓国などの東アジア国と東南アジア国では「日本式介護」は話題になっている（みずほ情報総研株式会社，2017）。

　このような課題先進国の視点はアジア諸国の高齢者介護問題の解決に貢献ができるとともに，日本の介護事業者の国際事業化も促進できる。これまで多く

のノウハウや実践を蓄積してきた日本の介護サービスは，日本国内に留めておくべきではなく，グローバルな規模で高齢者の福祉向上に寄与するという大きな意義を有する。

4 これから深めていくべきテーマ
質評価と人材確保

1 介護の質評価に関する研究

　高齢者ケアに限らず，ケアサービスというのは提供するだけではなく，その評価も重要である。しかし，これまでの日本におけるケアの質評価を振り返ってみると，実際に導入されたケアの質評価事業による評価は必ずしも高いとはいえず，多くの課題が指摘されている。例えば，施設入所待機者が多いため，評価自体がうまく機能してこなかったこと（伊藤・近藤，2012），質の評価結果にかかわらず介護サービスの価格が一定であるため，事業所は質を改善するインセンティブが乏しいこと，介護サービスのアウトカム評価の難しさ（筒井，2001），などがある。

　残されたこれらの課題は非常に重要であり，引き続き掘り下げていく必要がある。評価の結果を現場へフィードバックする仕組みをどのようにつくるか，介護の質評価と介護報酬を関連づける選択肢はあり得るか，何をもって介護の質のアウトカムとするか，実用性のある介護の質評価指標の開発などの研究テーマがあげられる。

　また，本章の第3節で述べた日本式介護と関連するが，日本の介護事業の海外進出を促進するために，「日本式介護」の定義を提示することが重要である。その際，客観的に日本式介護の質の高さと意義を示すために，国際的に共通する介護サービスの質評価指標の開発研究も必要である。

2 介護人材の確保に関する研究

　高齢化問題が進行している日本では，介護人材不足の状況は深刻である。そ

のため，介護人材確保のため，介護労働の供給増加をいかに進めるか，現在の介護労働生産性をいかに向上させるかについての議論を進めることが望まれる。本書の第11章でこのテーマを扱っている。

手にとって読んでほしい５冊の本

イノウ編著，2018，『世界一わかりやすい　介護保険のきほんとしくみ　2018-2020年度版』ソシム。

> 介護保険制度の基礎と改正のポイントについて図解形式で非常にわかりやすく解説している。辞書的な使い方もできる。

岡本祐三，2009，『介護保険の歩み──自立をめざす介護への挑戦』ミネルヴァ書房。

> 介護保険制度の実施から10年を経った時点で評価を行った著書である。制度の現状から課題をさぐり，医療と福祉の統合の視点から制度を展望した。

金子努，2018，『「地域包括ケア」とは何か──住み慣れた地域で暮らし続けるために必要なこととは』幻冬舎ルネッサンス新書。

> 医療や介護のサポートを行政の支援だけに頼るのではなく，地域全体で取り組むという新しい形の高齢者ケアが目指すものをわかりやすく説明している。

二木立，2007，『介護保険制度の総合的研究』勁草書房。

> 介護保険制度創設，改革の節目節目に書かれた「生きた」研究であり，介護保険の「歴史の証言」になっている。

増田雅暢，2016，『介護保険の検証──奇跡の考察と今後の課題』法律文化社。

> 15年が経過した介護保険の全軌跡を振り返り，制度改正の展開と果たしてきた役割を検証する。

引用・参考文献

猪飼周平，2011，「地域包括ケアの社会理論への課題──健康概念の転換期におけるヘルスケア政策」『社会政策』2（3），21-38頁。

伊藤美智予・近藤克則，2012，「ケアの質評価の到達点と課題──特別養護老人ホームにおける評価を中心に」『季刊社会保障研究』48（2），120-132頁。

郭芳，2019，「高齢者福祉サービス供給の発展経路とその特徴──歴史的展開から考える」『評論・社会科学』第130号，23-43頁。

金子努，2018，『「地域包括ケア」とは何か──住み慣れた地域で暮らし続けるために必要なこととは』幻冬舎ルネッサンス新書。

菅万理・梶谷真也，2014，「介護保険は家族介護者の介護時間を減少させたのか？──社会生活基本調査匿名データを用いた検証」『経済研究』65（4），345-361頁。

鈴木亘，2017，「介護保険施行15年の経験と展望──福祉回帰か，市場原理の徹底か？」『学習院大学経済論集』54（3），133-184頁。

総務省「社会生活基本調査」（2016年度版）http://www.stat.go.jp/data/shakai/2016/pdf/gaiyou2.pdf（2019年9月28日閲覧）。

長寿社会開発センター，2010，『地域包括支援センター業務マニュアル』長寿社会開発センター。

筒井孝子，2001，『介護サービス論──ケアの基準化と家族介護のゆくえ』有斐閣。

永田祐，2013，『住民と創る地域包括ケアシステム──名張式自治とケアをつなぐ総合相談の展開』ミネルヴァ書房。

二木立，2007，『介護保険制度の総合的研究』勁草書房。

増田雅暢，2016，『介護保険の検証──奇跡の考察と今後の課題』法律文化社。

みずほ情報総研株式会社，2017，「介護サービス等の国際展開に関する調査研究事業」平成28年度老人保健事業推進費等補助金老人保健健康増進等事業報告書。

森詩恵，2016，「高齢者の生活支援サービスからみた介護保険改正とその変遷──介護保険制度導入時から2014年介護保険改正まで」『大阪経大論集』67（2），29-46頁。

森詩恵，2018，「介護保険制度の変遷とその課題──高齢者介護保障政策の今後に向けて」『個人金融』13（1），2-12頁。

（郭　　芳）

第**4**章

住　宅

脱商品化による保障

資料 4 - 1　仏・英との比較に見る日本の住宅保障の手薄さ

フランス	イギリス	日　本
住宅は社会権	住宅は商品 だから社会住宅は必要	住宅は商品 でも社会住宅は手薄

フランス		イギリス		日　本	
持ち家[1]	62.0%	持ち家[1]	64.7%	持ち家[3]	61.2%
民間賃貸住宅[1]	20.1%	民間賃貸住宅[1]	16.3%	民間賃貸住宅[3]	28.5%
公的賃貸住宅[2]	14.0%	公的賃貸住宅[2]	16.9%	＞ 公的賃貸住宅[3]	5.0%
住宅手当受給率[4]		住宅手当受給率[4]		住宅手当	
低所得層	55.7%	低所得層	31.5%	＞ 生活保護における住宅扶助	
中所得層	22.2%	中所得層	10.8%		

（注）　1)　Compare Your Country by OECD, Affordable Housing, Housing tenure distribution, 2018.
　　　　2)　Compare Your Country by OECD, Affordable Housing, Social housing, 2018.
　　　　3)　総務省統計局「H30年住宅・土地統計調査基本集計」表40より算出。
　　　　4)　OECD Affordable Housing Database, PH 3. 3. Recipients and Payment Rates of HousingAllow-
　　　　ances, 2019. 低所得層は所得第 1 五分位，中所得層は所得第 3 五分位。利用可能な日本のデータな
　　　　し。
（出所）　筆者作成。

　　住宅保障は，何らかの理由で仕事が減るなどし，収入が少なくなった場合で
も，人間らしい環境の住居に住むことを保障する社会の仕組みのことである。
　　先進諸国では国や自治体が財源を投入し，家賃をおさえた公的賃貸住宅の供
給や住宅手当（家賃補助）により住宅保障を行ってきた。例えばイギリスは住
宅商品の売買，賃貸市場からはじき出される人々の受け皿として公的賃貸住宅
（社会住宅と呼ばれる）を供給しており，住宅ストックの16.9％（2018年）を
占める。その供給量は削減傾向にあるものの，足りない分は住宅手当でカバー
する仕組みである。一方，住宅を社会権としてとらえるフランスでは，住宅ス

トックに占める公的賃貸住宅の割合は14.0％（2018年）で，社会住宅はもちろん，民間賃貸住宅にも補助金や税控除，低利融資があり，幅広い階層が住宅保障政策の受益者となっている。住宅手当も幅広い階層を対象としており，低所得層の５割以上，中所得層でも３割の世帯が受給している。英仏は持ち家政策を軸とするかどうかで方向性を異にするが，両国とも，住宅手当が社会保障制度の重要な一部となっている。

　それに比べ，日本の公的賃貸住宅（公営住宅，UR・公社住宅）は住宅ストックのわずか5.0％（2018年）に過ぎない。日本はイギリス同様住宅を商品として扱い，持ち家を推奨する政策体系をとってきたが，イギリスと決定的に異なるのは，社会住宅も住宅手当制度も整備してこなかったことである。

　「住宅は社会権」という住宅保障の定理を踏まえ，「住宅の脱商品化」政策を開発することが，日本における社会保障の再構築の火急の課題である。本章では，社会住宅や住宅手当により住宅の脱商品化を図り，住宅保障を充実させるための提案を試みる。

1 何が問題か
住宅保障施策の不在

［1］入居拒否と住居喪失

　自分と家族の身の安全と健康を守り，社会生活を営む上で，住宅は必要不可欠だということに異議を唱える人はいないだろう。ところが，相対的貧困率が2006年以降16％前後で推移（国民生活基礎調査）しており，低所得問題が社会保障政策の重要課題になる中，低所得者が住むことのできる住宅を保障する政策は，残念ながら現在のところ，うまく機能しているとはいえない。

　福祉政策において住宅保障を考えるに当たって２つの問題状況をとらえておく必要があるだろう。１つは，民間賃貸住宅における入居拒否（入居制限）の問題，もう１つは，最も深刻な状態である住居喪失の問題である。

　①入居拒否（入居制限）

　入居拒否（入居制限）の問題とは，例えば非正規労働者が転職を機にアパート探しをする際に，収入が不安定であることや低収入を理由に入居を断られ，

賃貸契約に至らず，住宅確保が難航する問題である。高齢者や障害者，母子世帯，外国人，非正規労働者などがアパートの入居契約や契約更新を断られることがよくある。

　高齢者の場合は特に孤独死のリスク，連帯保証人や緊急連絡先がない，低所得といった点が家主に不安を抱かせ，長期入院先からの退院や転居を難しくしている。障害者は，実家や施設，病院等を出て，地域での自立生活に向け，アパート契約をしようとする際に入居を断られ，不動産屋を数十軒当たらなければならないこともある。母子世帯の場合は，収入が低いことなどが不安材料となり，入居を断られることが多く，子どもの保育施設や学校，医療機関等を勘案した生活しやすい地域でアパートを確保することが難しい。外国人の場合は，文化の違いによる近隣トラブルの不安や家主との意思疎通が難しいといったことを理由に入居を断られる傾向がある。

　このように，民間賃貸住宅の入居契約は家主の意向に大きく左右されるために，家主が懸念する点に対処する制度や仕組みを構築することにより，家主による入居拒否（入居制限）を解消することが政策課題となっている。

　②住居喪失

　その延長線上にあるのが住居喪失の問題である。住居喪失者というと野宿生活をする人々が連想されがちだが，終夜営業の店や貸しスペースを転々とする人々も住居喪失者である。野宿生活者の数は減ってきており，2019年の全国調査では5000人を割った。その一方で，定まった住居がなく，ネットカフェで寝起きせざるをえないネットカフェ難民や，オフィスビルや倉庫などを細かく区切った部屋（脱法ハウスあるいは違法貸しルームと呼ばれる）に住む人々の存在は無視できないものになっている。ネットカフェ難民は，2007年に全国で5400人，2017年には東京都で約4000人が確認され，その大部分は非正規雇用であった。非正規雇用労働者の増加により，低賃金で流動的な働き方に適合した賃貸住宅の需要が特に都心部で増えた一方，それに対処する公的な住宅保障施策はなく，ネットカフェや脱法ハウスなどが受け皿となってきた。住居喪失問題は低所得者が賃貸住宅から排除されているにもかかわらず，住宅保障施策が不在

であるために起こっていると筆者はみている。

[2] 住宅保障政策の系譜

　なぜ日本の住宅保障政策はこうした深刻な住宅問題に対処してこなかったのだろうか。その理由は，戦後の住宅政策が持ち家政策に偏重しすぎた結果，住宅保障が軽んじられてきたためではないだろうか。そこで，本節では，日本の住宅政策と住宅保障政策の来歴をふりかえってみる。

　①住宅の商品化政策

　1950年代に打ち出された戦後の住宅政策の主軸は，中間層の持ち家取得に対して長期・固定低利の住宅ローンを供給する住宅金融公庫法（1950年），大都市に集合住宅団地を開発する日本住宅公団法（1955年），そして低所得者向けの低家賃の公営住宅の建設，供給を定めた公営住宅法（1951年）の3本柱であった。大量に分譲住宅を建設し，中間層を住宅金融市場に誘導する政策は，住宅の商品化の根幹をなす政策であった。さらに，終身雇用，年功序列という雇用慣行が中間層の住宅購買力を下支えし，住宅の商品化政策は社会システムの中に組み込まれることとなったのである。

　そして，企業による社宅や社員向け住宅手当は，若年世代の住宅支援として機能し，政府による住宅保障施策の代替的役割をになった。1億総中流といわれた世相の中で，持ち家取得路線から外れた人々を対象とする住宅保障施策は縮小されるようになっていった。

　②限定的な公営住宅政策

　住宅保障の中核である公営住宅は収入分位25%以下の世帯を対象に一定の質を備えた低家賃住宅を供給するものである。2018年の公営住宅戸数は192万戸で住宅ストック全体の3.6%を占めるにすぎず（平成30年住宅土地統計調査），その多くは老朽化が進んでいる。

　相対的貧困率が増加傾向であるにもかかわらず，公営住宅は減少傾向にあることからも容易に想像できるが，公営住宅の応募倍率は驚くべき高さである。全国平均倍率が過去最高の9.9倍に達した2006年，東京都の倍率は34.3倍

にもなった。倍率の高まりに際して，2003年に打ち出された対策は，公平性，効率性を保つため，「真に住宅に困窮する者に的確に供給」するとして，対象を高齢者，障害者，DV被害者や母子世帯などのカテゴリーで絞り込み，カテゴリーに当てはまらない者については所得基準を引き下げる（2007年）ことであった。そのため，低所得世帯の中でもごく限られた世帯しか公営住宅に応募，入居できないのが現状であるが，それでも2014年の応募倍率は全国5.8倍，東京都22.8倍である。

　公営住宅の入居要件を満たしているものの運悪く落選した人々，そして対象カテゴリーから外されてしまった低所得世帯の多くが，高家賃負担に苦しみながら，民間賃貸住宅に住んでいるのが現状である。

　③就労支援に付随する住宅手当

　民間賃貸住宅の高い家賃が生活を圧迫しすぎないようにするのは住宅手当制度の役割である。ところが，日本における低所得世帯向けの住宅手当は生活保護制度の住宅扶助しかなく，普遍的な住宅手当制度が欠落している。普遍的な住宅手当が欠落していることによる借家人の支払い能力の低さは，賃貸住宅建設費の切り下げを招き，民間賃貸住宅全体の水準を狭小，低質なものに押し下げることにつながっているとの見方もある（佐藤，2009）。

　ネットカフェ難民の発見と2009年末の年越し派遣村の衝撃は，住居を喪失しネットカフェ等で起居する不安定就労の若者を対象とするチャレンジネットや，就労支援を必要とする生活困窮者を対象とする生活困窮者自立支援制度（住居確保給付金）など，融資型あるいは短期給付型の住宅手当を伴う就労支援施策に結び付いた。しかしながら，これらは各就労支援事業の対象者要件に合致する人のみが利用できる極めて限定的な施策である。

　ただし，このうち住居確保給付金はCOVID19の感染拡大に伴う収入減少により家賃支払いが困難になった人の急増に対応するため，2020年4月末より要件が緩和された。従来の対象は離職・廃業後2年以内で誠実かつ熱心な求職活動が要件とされていたが，離職していなくても収入が減少し生活保護受給世帯と同程度の世帯に対象が拡大され，ハローワークでの求職活動を証明する書類

の提出は不要となった。これは，就労支援を前提とせず，従来から望まれていた生活保護制度の住宅扶助の単給制度が実現した形といえよう。感染症拡大に対応する時限的な措置ではなく，恒久的な制度として運用されることが望まれる。また，2020年4月の要件緩和時点では最大9カ月との受給期間が定められているが，収入が回復しない場合は継続あるいは生活保護への移行につなげることが望まれる。

　④住宅セーフティネット制度

　高齢化を背景に，高齢者が民間賃貸住宅への入居を拒否されるケースの増加と，空き家増加の問題が浮上してきた。これらを同時に解決する方策として，民間の空き家，空き室と高齢者をはじめとする住宅確保が困難な人々をマッチングする住宅セーフティネット制度（2007年）が進められるようになった。マッチング機能が期待されたのは，自治体と不動産関係団体，そして，福祉関係団体が参加する居住支援協議会であった。しかしながら，居住支援協議会の設立はなかなか進まず，設立しても，入居拒否されがちな人々を賃貸借契約につなげるには課題が多かった。

　課題の克服を目指して2017年10月に始まった改正住宅セーフティネット制度は，(1)住宅確保要配慮者の入居を拒否しない民間賃貸住宅の登録制度，(2)登録住宅に対する改修費の補助・融資と家賃低廉化制度，(3)入居マッチングや家賃債務保証，入居後の見守りといった居住支援がその内容である。これらは，(2)と(3)について住宅供給側の民間家主が納得し，損失にならないと判断したときにはじめて(1)が進むという関係にある。

　しかし，制度開始から2年たっても，肝心の登録住宅数は伸び悩んでいる。このことは，(2)改修費補助と家賃低廉化制度，(3)居住支援の仕組みについて，民間家主から合格点を得られていないことを意味する。とりわけ家賃低廉化補助は自治体が予算化しなければ使えない制度であるが，予算化が進んでいない。

　以上を鑑みれば，就労支援に付随する住宅手当も改正住宅セーフティネット制度も，住宅の商品化政策の延長上にあるといえる。低所得層をはじめとする住宅困窮者の住宅保障は極めて限定的なものにとどめられてきたのであり，今

後にむけては抜本的な転換を図る必要がある。

2　こう考えればいい
日本の住宅保障

⬜1　住宅保障政策のネクストステージ

①持ち家政策偏重からの脱却

　住宅保障政策の転換に当たっては，第1に，持ち家政策が成立要件としてきた社会システムが崩れていることを前提としなければならないだろう。すなわち，非正規雇用労働者が増え，持ち家を取得せず，貯蓄が少ないまま高齢期を迎える人々も増えるという社会の変化を踏まえ，賃貸住宅居住者支援，低所得世帯の家賃負担軽減を主軸とする住宅の脱商品化が必須要件となる。

　第2に，高齢者や障害者，外国人等，福祉的な支援を必要とする人々の入居を拒否する問題の解消に向け，福祉的ケアと住宅供給の連携体制の改善が求められる。

　そこで，本節では，ネクストステージの前提条件を踏まえた上で，住宅の脱商品化と福祉的ケアとの連携体制による解決策を考えてみたい。

②賃貸住宅居住者支援への転換

　まず，**資料4-2**をご覧いただきたい。これは年齢ごとの持ち家率の推移を示した表であるが，過去20年で稼働年齢層の持ち家率は総じて低下傾向にある。特に注目したいのは，1993年に団塊世代が40代前半，および後半のときの持ち家率がそれぞれ64.5%，70.4%であったのに対し，2018年の40代前半，後半の団塊ジュニア世代の持ち家率はそれぞれ55.0%，60.5%にとどまり，賃貸住宅に住む割合が増えていると推測される。団塊ジュニア世代は地価が高い都市居住が多いほか，非正規雇用が多く，貯蓄率が低いことがその背景にある。

　また，国民年金で生活する賃貸住宅居住の高齢者が家賃を支払うのに貯蓄を切り崩さなければならない現状があるが，団塊世代に比べて年金加入率も貯蓄率も低い団塊ジュニア世代は高齢期になってからも賃貸住宅の家賃支払いに不

資料 4 - 2　団塊世代および団塊ジュニア世代の持ち家率の推移

(単位：%)

	1993年	1998年	2003年	2008年	2013年	2018年
全　体	59.8	60.3	61.2	61.1	61.7	61.2
25歳未満	3.1	2.7	2.7	2.5	3.4	3.1
25〜29歳	13.1	12.7	12.6	11.6	11.3	9.1
30〜34歳	31.7	29.2	29.1	30.0	28.8	26.3
35〜39歳	52.2	49.1	47.3	46.4	46.3	44.0
40〜44歳	64.5	62.9	61.4	58.1	56.2	55.0
45〜49歳	70.4	70.0	69.5	67.2	63.0	60.5
50〜54歳	74.0	73.4	73.5	72.7	69.2	64.8
55〜59歳	77.4	76.9	76.8	76.1	74.2	71.1
60〜64歳	80.2	79.4	79.0	79.0	77.7	76.3
65〜69歳	80.2	81.5	79.8	80.0	79.8	78.9
70〜74歳			80.7	80.3	80.4	80.6
75歳以上	78.0	79.9	80.7	81.2	81.7	82.1
団塊 Jr.	19〜22歳	24〜27歳	29〜32歳	34〜37歳	39〜42歳	44〜47歳
団塊	42〜46歳	47〜51歳	52〜56歳	57〜61歳	62〜66歳	67〜71歳

（出所）　総務省統計局「住宅・土地統計調査」各年確報集計（2018年は基本集計）より筆者算出。

安を抱えるリスクが高いことが予想される。

　このような社会の変化を踏まえ，賃貸住宅居住者支援を主軸に据えた住宅保障が求められる。

　③高家賃負担の緩和

　住宅は，収入に関わらず，家族人数に合った広さを確保する必要があるため，収入に占める家賃の割合すなわち家賃負担率は，収入が低いほど大きくなる。したがって，家賃が低所得世帯の家計を過度に圧迫しないようにすることは住宅保障の主要課題である。

　資料 4 - 3 は年収ごとの家賃分布を示したもので，家賃負担率が20％以上にのぼる世帯を太線で囲んだ上，その割合をグラフの右端に示した。年収700〜1000万円層で収入の20％以上を家賃に充てているのは5.1％に過ぎないが，年収300万円未満層では83.1％にのぼり，収入の20％という負担感は，高所得層

資料４‐３　年収階層別家賃額の分布と家賃負担率20％以上の世帯割合（右端）

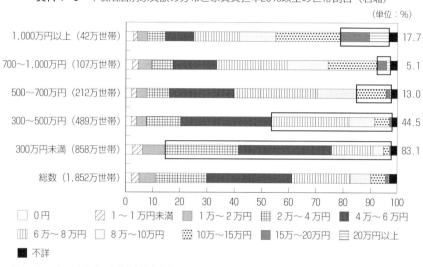

（単位：％）

（注）　カテゴリー中間値で家賃負担率を算出。
（出所）　総務省統計局「平成25年住宅・土地統計調査確報集計」（2013年）より筆者作成。

よりも低所得層の方が大きいはずである。家賃負担率が大きくなるとその他の支出が圧縮され，低所得世帯では，最低限必要な費用を賄えない事態に陥ることがある。貯金する余裕がなくなることにもつながる。

　川田・平山（2015）は1989～2004年の全国消費実態調査のデータ分析から，住居費控除後所得（可処分所得から家賃を差し引いた額）を基準に貧困率を算定すると，貧困率は２％程度上昇することを明らかにしている。このことは，住居費を支払うことにより，相対的貧困に陥る世帯が一定程度あることを意味している。

　また，家賃を抑えるため，低所得世帯は最低居住面積水準を下回る狭小な住宅を選ぶ傾向がある。年収100万円未満の世帯の12.6％，200～300万円未満の世帯の14.1％，300～400万円の世帯の11.9％が最低居住面積水準の住宅に住んでいる。最低居住面積水準は単身世帯で25㎡，２～４人世帯は（10㎡×世帯人数＋10㎡）という式で求められ，例えば３人世帯の場合，40㎡が最低限必要と定められている。最低居住面積水準を満たさない狭小な住宅を選ぶことで家賃

を抑えようとしてもなお，低所得層では生活に必要なものを買うことができない実態があることを示す研究もある。

　住宅保障はそもそも，このような低所得世帯が家賃支払いにより貧困に陥ることを予防し，負担可能な家賃の住宅を確保できるようにすることがその政策課題であり，住宅の脱商品化が求められる。

２ 住宅の脱商品化

①脱商品化とは

　脱商品化は，労働を商品として提供することで得られる稼働収入が少なくなったときに社会保障給付や社会保険などにより所得が保障されることを意味する労働力の脱商品化に由来する表現である。労働力の脱商品化は福祉国家の国際比較をする際の比較軸としてエスピン・アンデルセンが用いたことで知られるようになった。したがって，これを応用した住宅の脱商品化とは，稼働収入が少なくなったときでも家族に必要な大きさと質を備えた住宅を，市場価格ではなく本人にとって負担可能な額で借りられるよう，住宅保障制度による支援を受けられることを意味する。具体的には，所得に応じた家賃減額を受けられる公的な賃貸住宅を供給すること，および社会給付や社会保険により住宅手当を支給することを意味する。

②公的賃貸住宅の供給

　公的賃貸住宅とは，政府が住宅を直接供給する公営住宅や，一定の住宅水準と入居者の居住の安定を保障する目的で政府が建設費や運営費を補助する住宅のことである。オランダ，デンマーク，ドイツなどの国々では，中央政府は住宅そのものを供給せず，住宅供給を担う公社のような団体や NPO 等に政府の補助金を出すことにより一律的な住宅基準の充足を図っている。また，これらの住宅を幅広い階層に開くことで，賃貸住宅が持ち家よりも魅力的に映る社会環境を生み出している。

　日本においては，住宅供給公社あるいは都市再生機構（UR）といった公的賃貸住宅の家賃減免制度の拡充により低所得世帯への住宅供給を拡大するほか，

既存の民間賃貸住宅を活用する方向性を踏襲しつつ，それらを住宅保障のために公的賃貸住宅化する制度を検討すべきである。後者には大きく３つの方法が考えられるだろう。

　１つ目は，民間賃貸住宅を自治体や政府が借り上げ，入居者に低家賃で貸すことで当該物件を公営化するものである。借り上げ公営住宅は資金を回収できないとして，禁じ手だとする考え方もあるが，最低生活保障のための社会支出と考えるべきであろう。２つ目は，政府から補助や税控除を受けて民間非営利団体が民間賃貸住宅を借り上げ，低家賃住宅として管理運営するものである。各団体の特色を活かしたコミュニティづくりや入居者支援が期待される。３つ目は，家主に補助金給付や税額控除をすることで，入居拒否の禁止や家賃低廉化など運営の仕方に規制を設け，非営利化するものである。現行の住宅セーフティネット制度はこれに類するが，補助金，家賃低廉化，税額控除による改善が不可欠であるほか，民間家主の協力を取りつけるためには，入居者の生活支援を含む様々な環境整備が条件となる。

　③住宅手当

　住宅手当による低所得世帯の家賃負担の軽減は，住宅の脱商品化の最大の要件である。住宅手当制度は先進国では一般的な制度で，住宅手当制度がないのは OECD 28カ国中，日本を含む７カ国のみである。とりわけ，公的賃貸住宅供給政策により一定水準以上の賃貸住宅供給量を確保した国々では，住宅手当重視にシフトしてきている。

　日本においても，所得や世帯構成に応じて低所得世帯に直接支給する住宅手当の導入が求められる。最低生活保障の観点から，最低居住面積水準以上の住宅の家賃が賄える水準の支給額を実現することが望まれる。

　住宅手当の利点は，現在住んでいる住宅の家賃支払いに充てることができるため，居住の安定性が守られる点である。また，転居する場合に，世帯人数に合った広さの住宅を選ぶことを可能にするとともに，家賃滞納の不安を払拭できるため，賃貸借契約がしやすくなる。まともな水準の住宅を選べる人が増えると，賃貸住宅市場全体の水準を向上させることにもつながると期待される。

さらに，住宅手当は家賃による家計の圧迫を緩和するので，困窮家庭の衣食やその他の生活の質の改善にも寄与する。

また，頼れる身寄りがいない低所得者にとって連帯保証人を立てたり家賃債務保証会社と契約したりといった条件は非常に大きな障壁になっているが，住宅手当が整備されれば，家賃滞納リスクが減るため，理屈上は，連帯保証人や債務保証契約は不要になる。

資料4-4　住宅保障の要件：住宅の脱商品化と福祉的ケアとの連携体制

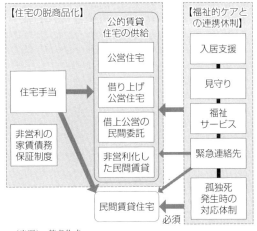

（出所）　筆者作成。

しかしながら，住宅手当が不備の現状にあっては，家賃滞納発生に備え，非営利の債務保証の仕組みが望まれる。

次のステージに求められる賃貸住宅重視の住宅保障は，住宅の脱商品化が主たる要件となる。しかし，住宅供給者が民間家主の場合は，さらに福祉的ケアとの連携体制が要件となる（**資料4-4**）。

3　福祉的ケアとの連携体制

入居拒否の背景には，入居者の孤立死や近隣トラブル，家賃滞納といったリスクを回避する家主の判断があることがわかってきている。「何かが起こったときに自分1人で対処するのは無理」というのが家主の感覚である。したがって，高齢者等，福祉的なケアが必要になりがちな人々の緊急連絡先となり，見守りやサービス提供をする関係者や団体の連携体制が整っていることは，本人が安心して地域で生活するのに必要な条件であると同時に，家主が安心して部屋を貸すのに必要な条件でもある。

地域での単身高齢者の見守りや障害者の地域生活支援はこれまで地域福祉の

領域で取り組まれてきたことだが，低所得の高齢者や障害者などの住居確保に際してそういった活動が十分に機能しているのか，今，問われているのではないだろうか。とりわけ，生活困窮者や地域社会から排除されがちな人々への個別アウトリーチを含む地域生活支援の体制づくりが，住宅保障においても必須条件となる。

　新たな住宅セーフティネット制度にて家賃債務保証を行う居住支援法人の登録制度ができたことにより，「居住支援」という支援枠組みが誕生し，家賃債務保証，入居支援，居住継続支援を包括的に担う支援団体やそれらを分担，連携して担うネットワークが先進地域で形成されてきている。また，もしも孤立死に至ってしまった場合の対応について生前から入居者と取り決めをし，関係団体が連携して対処する仕組みを構築した先進地域もでてきた。

　居住支援は萌芽期ということもあり，地域や団体によって異なるスタイルで取り組まれている。福祉サービス制度のように画一的な形での実施は想定されていないため，地域差が大きくなることが課題である。見方を変えると，居住支援を行う団体がないか，とても手薄な地域では，民間家主との賃貸借契約による住宅保障は困難であるとみてよい。したがって，そのような地域では，入居拒否をしない公的賃貸住宅による住宅保障が不可欠となる。居住支援も公的賃貸住宅も双方不在という現状を早急に打開すべきである。

　また，福祉的なケアは必要ないが，賃貸借契約に際して緊急連絡先確保の支援を必要とする人々に対応する仕組みの構築も求められている。

3　ここがポイント
脱商品化イニシアティブ

　住宅保障は，高額な建設費を必要とする住宅の供給を行う点で，現金給付制度とは異なる性質や課題をもつ。ここでは住宅保障の重要ポイントを3つ示しておきたい。

　1つ目は，政府による脱商品化イニシアティブである。住宅は不動産商品，

投資対象としての側面と，人間が生きるのに最低限必要な人権としての住居という二面性をもっている。2019年5月に住宅保障の充実を求める市民団体がTwitterにて，住宅政策に関する要望をツイートするよう呼び掛けたところ，初めの数日は敷金，保証人，更新料，入居差別など賃貸契約に際して困った出来事や家賃が大きな負担であることなどがツイートされた。ところが数日後，それを見た家主側の人々から，そんな困りごとをいう人たちに部屋を貸さないのは当然だ，家賃や更新料の値上げが投資商品としての価値を高めるのだからそれを安くしろなど論外といった論調が続いた。住宅はそもそも不動産商品として投資，建設されている日本の現状で，脱商品化を図るには，政府による相当強力なイニシアティブが必要とされる。

　2つ目は，ソーシャルミックスの観点である。アメリカではかつて住宅政策により貧困層の集住地域を作ったことで社会問題を生み出した反省から，様々な所得階層の世帯を1つの集合住宅あるいは地域に入居させるミックスト・インカム住宅が用いられている。ところが，日本の公営住宅は住宅困窮世帯の中でも高齢者と母子世帯など特に困難が多いと考えられるカテゴリーの人々にほぼ限定されており，ソーシャルミックスの観点をもたないところがほとんどである。公的賃貸住宅の供給量を増やし，多様な世帯形態の低所得層が入居できるようにするとともに，住宅手当を整備し，低所得であっても適切な環境の民間賃貸住宅に住めるようにすることが必要である。

　3つ目は，低所得世帯の家賃負担率を多くても20％程度に抑えることである。低所得世帯が最低居住面積水準以上の住宅に住むには家賃負担が大きくなりすぎて，日常生活に必要なその他の支出を圧迫してしまう。逆に，日常生活に必要な家賃以外の支出を優先すれば住宅の水準を犠牲にしなければならない。困窮家庭の子どもがおかれている困難，不利な状況が問題にされているが，子どもたちの不利を解消するには，その他の支出を確保するために家賃支出をある程度の水準に抑えなければならない。その水準は低所得世帯の場合，せいぜい収入の20％程度だろうと筆者は考えている。

4　これから深めていくべきテーマ
住宅保障による困窮者包摂

　公営住宅が足りていない上に民間賃貸住宅では入居差別の慣行があるため，住居喪失者が生活保護を受ける場合，住宅を確保することが難しく，無料低額宿泊所をあっせんされることが多い。この節では，多くの問題が指摘され，改編が図られつつある無料低額宿泊所について，住宅保障，生活保護，高齢者福祉，障害者福祉の観点も踏まえつつ，いくつかの論点を示しておきたい。

［1］無料低額宿泊所の底上げ

　無料低額宿泊所は現行の社会福祉，社会保障制度により対応できなかった場合に短期間の利用を想定した宿泊施設で，第２種福祉事業に分類される。第２種社会福祉事業は「利用者への影響が小さいため，公的規制の必要性が低い事業（主として在宅サービス）」（厚生労働省）とされている。ところが，実際には，普遍的な住宅保障制度が欠如しているため，一時的な利用ではすまず，無料低額宿泊所に１年以上の長期にわたって入所する人も多い。

　また，劣悪な環境（部屋，設備，食事，サービス），施設による強制的な金銭管理，生活保護費から利用料等が差し引かれ，わずかの額しか本人に残らないなどの貧困ビジネスが問題になってきた。困窮する住居喪失者を隔離収容する施設との印象もぬぐえない。

　そのような状況を改善すべくガイドラインが設置されたが，問題は改善されず，2019年にいよいよ厚労省令による最低基準が設定されることになった。最低基準を満たした無料低額宿泊所は社会福祉住居施設と称され，個室の確保など物理的環境の改善に加えて，早期退所支援が行われることになる。省令の発令後，実際に改善が進められ，劣悪な施設が淘汰されるのか，注目しなければならない。

　ただ，無料低額宿泊所の入所者が短期間で退所するには，本章で述べてきた

住宅保障施策が実現していなければ困難であろう。無料低額宿泊所の利用者の動向は住宅保障政策がうまくいっているかどうかをみる指標になりえるだろう。

［2］ 新たな施設は必要か

　また，2019年6月に，無料低額宿泊所に入居している人の約半数は認知症あるいは知的障害，2～3割は発達障害が疑われることが明らかにされた（辻井，2019）。単独での生活が難しく，日常的なケアを必要とするこれらの入所者に適切なケアを行う無料低額宿泊所を日常生活支援住居施設と称して生活保護施設の1つに位置づけ，運営する事業者が委託費を得る新たな制度が施行される予定である。これまで公的な支援が得られない中，無料低額宿泊所の現場で，目の前にいる人をどうケアするのか，試行錯誤により実践されてきたケアサービスを制度化する動きであり，歓迎すべき側面もあるが，逆に慎重に検討すべき側面もある。

　障害者手帳をもたないが障害が疑われる身寄りのいない困窮者を受け入れる施設として，そもそも救護施設があるのではないか。救護施設は無料低額宿泊所に比べて社会福祉制度の基幹部分に位置づけられる。なぜ，無料低額宿泊所の一種として新たな施設を創設するのか。

　また，無料低額宿泊所で生活する高齢者はなぜ高齢者福祉制度にのっとった地域のサービス事業者による支援を受けることができないのだろうか。これは住居を喪失した低所得の高齢者を一般的な制度，サービスから排除することを促す結果になるのではと懸念される。

手にとって読んでほしい5冊の本

稲葉剛・森川すいめい・小川芳範編著，2018，『ハウジングファースト——住まいからはじまる支援の可能性』山吹書店。

　　ハウジングファーストと呼ばれるホームレス支援の考え方と欧米，日本における取組みを紹介している。

葛西リサ，2017，『母子世帯の居住貧困』日本経済評論社。

　　子育てと仕事の両立，高い家賃支払いが課題になることが多いシングルマザー

の住生活の難しさを克服するシェアハウスという住まい方に注目している。

平山洋介，2009，『住宅政策のどこが問題か──〈持家社会〉の次を展望する』光文社。
　　持家社会を作り出した政策の問題点を指摘するとともに，雇用，家族，住宅を
　　めぐる困難の原因を性別，年代別に解き明かしている。

藤田孝典，2016，『貧困世代──社会の監獄に閉じ込められた若者たち』講談社。
　　住宅困窮に陥った若者との出会いや統計データをとおして，雇用環境の変化な
　　どにより構造的に作られた貧困リスクを解き明かしている。

日本住宅会議，2016，『深化する居住の危機（住宅白書2014-2016）』ドメス出版。
　　居住貧困の背景とその諸相，災害と居住復興，グローバル競争と居住問題の関
　　わりなど様々な観点からとらえた論考が集められている。

引用・参考文献

小田川華子，2013，「住宅困窮問題と生活保護および住宅政策」埋橋孝文編著『生活保護』（福祉＋α4）ミネルヴァ書房，109-120頁。

小田川華子，2014，「不安定な住まいに滞留する生活困窮者──狭小・窓なしシェアハウス調査から見えるもの」『貧困研究』13，66-75頁。

小田川華子・村上英吾・松木宏史，2017，「働く貧困層の住まいの実態──首都圏における聞き取り調査から」鉄道弘済会『社会福祉研究』130，110-116頁。

川田菜穂子・平山洋介，2015，「所得格差と相対的貧困の拡大における住居費負担の影響：住居費控除後所得（After-housing income）を用いた実証分析を通じて」『住総研研究論文集』42（0），215-225頁。

国土交通省住宅局，2014，『シェアハウス等における契約実態等に関する調査報告書』。

佐藤岩男，2009，「『脱商品化』の視角からみた日本の住宅保障システム」東京大学『社會科學研究』60（5，6），117-141頁。

篠原二三夫，2019，「欧米の住宅政策の現況──英米独仏の住宅計画・予算等にみる政策動向」（比較住宅都市研究会）2019年5月24日資料。

辻井正次，2019，「無料低額宿泊所等において日常生活上の支援を受ける必要がある利用者の支援ニーズ評定に関する調査研究事業」第7回 社会福祉住居施設及び生活保護受給者の日常生活支援の在り方に関する検討会資料，2019年6月4日。

平山洋介，2009，『住宅政策のどこが問題か──〈持家社会〉の次を展望する』光文社。

Kemeny, J., 1992, *Housing and Social Theory*, Routledge.（祐成保志訳，2014，『ハウジングと福祉国家──居住空間の社会的構築』新曜社）

Lowe, Stuart, 2011, *The Housing Debate*, The Policy Press.（祐成保志訳，2018，『イギリスはいかにして持ち家社会となったか──住宅政策の社会学』ミネルヴァ書房）

（小田川華子）

第**5**章

貧　困

反貧困のための貧困理解

（グラフィック・イントロダクション）

資料 5 - 1　「所得の平等」と「自由の格差」

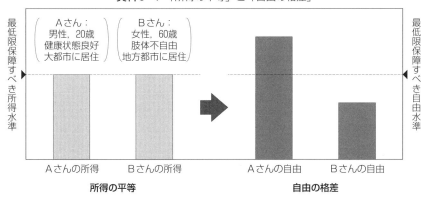

最低限保障すべき所得水準

Aさん：
男性，20歳
健康状態良好
大都市に居住

Bさん：
女性，60歳
肢体不自由
地方都市に居住

最低限保障すべき自由水準

Aさんの所得　Bさんの所得　　　　Aさんの自由　Bさんの自由

所得の平等　　　　　　　　　　　**自由の格差**

- 最低所得保障が最低限度保障すべき自由の平等と常に両立するわけではない。
- 同時に，最低所得保障が実質的権利を常に保証しているわけでもない。
- 所得を使用して獲得できる自由の広さは，個人的差異性や社会環境の違いによって変化する。
- 所得の平等が自由の平等を保証するわけではない。
（出所）　筆者作成。

　資料 5 - 1は，本章の主張において最も重要な論点を説明したものである。しばしば「貧困＝お金がないこと（所得・資産の欠如）」であると理解されてきたが，そのような理解だけでは不十分である。このような従来の貧困理解に対し，本章では「貧困＝自由の欠如」という理解の重要性を説明している。

　前者に基づけば，貧困対策は「最低限度の所得の平等」の保障を目指すものだと理解できるが，所得の平等は自由の平等と一致するわけではない。重要なのは，どのような人であっても，「最低限度の自由の平等」が保障されること

である。ただし，後者の重要性の主張は最低所得保障の必要性を排除するものではない。最低所得保障は貧困対策の必要不可欠な条件であるが，十分条件までみたすものではないということである。

　　＊　ここで論じている「最低限度」ということばの意味は，「最低でもこれだけは保障せねばならない，という水準」を指すものである。この「最低限度」を人間の尊厳が維持できる水準にまでどうすれば向上させていけるのかについても，あわせて問われなければならない。

1 何が問題か
貧困をどう理解するか

　貧困問題を議論するに当たっては，多様な問題設定のあり方が考えられる。本章で設定する問題は，次の2点である。

　まず第1に，そもそも「貧困とは何か」という本質的な問いである。この問いの重要性は，「貧困とは何か」がわからなければ，制度・政策もどのようなものとして形成すべきかがわからないという理由に拠る。

　そして第2に，「貧困＝所得・資産の欠如（つまりお金がないこと）」という理解だけで十分なのであろうか，という問いである。この問いは，貧困対策の軸としてどのような「最低限度の平等」の保障が目指されるべきであるのかという問いでもある。

　第1の問いをより具体化すると第2の問いになる。第1の問いは福祉哲学的な次元のものであり，第2の問いは政策理論的な次元のものである。

1 「貧困とはなにか」という問いの重要性

　貧困とは，「あってはならない生活状態」のこと，つまり他者が放置しておくことが適切ではないと判断した生活状態のことである（岩田，2007；青木，2010）。もしも，社会が「そのような問題は放置しておいても差し支えない」と判断すれば，いかに厳しい生活状態を余儀なくされている人々が存在していたとしても社会問題としての貧困問題にはなりえない。貧困問題とは，「あっ

てはならない生活状態」が発見（または再発見）されたり，そうした生活状態を余儀なくされている人々が増加した際に，社会の人々がこれを問題視することを通して成立し顕在化した社会問題のことなのである。

　貧困問題が成立すれば，貧困対策が要請される。社会問題に対して個人的対応でこれを解決することはできない。だからこそ，社会問題としての貧困問題には，社会的な対応である政策的対応が必要となるのである。

　政策的対応としての貧困対策は，「最低生活の保障」を目標とするものである。この「最低生活の保障」は，「あってはならない生活状態」を超える水準の生活状態の保障である。

　それでは，「あってはならない生活状態」とそれを超える水準の生活状態を画す境界線はどこにあるのだろうか。この貧困と非貧困の境界を見定める議論こそ，「貧困の定義」をめぐる議論である。この「貧困の定義」を言語化せねば，貧困問題の規模や程度を測定することは不可能である。貧困問題の規模や程度を測定することができない場合，貧困対策の形成も不可能となるだけでなく，既存の貧困対策の評価や対策の効果測定もできない（志賀，2016）。「貧困とは何か」という問いをめぐる議論は，これらの貧困の定義の議論を含み，政策形成とその効果測定の議論にまで影響を与えるものである。

２ 「貧困＝お金がないこと」という理解の不十分性

　それでは，現代の貧困をどのように理解すればいいのか。貧困とはそもそも何かという前段の問いは，かなり抽象的な議論であったが，現代の貧困をどのように理解するかというこれからの議論は，政策の形成と密接に関係する具体的な議論である。

　前述のように貧困とは，しばしば「お金がないこと」であると理解されている。しかし，そのような理解だけでは十分ではない。このように問うてもいいだろう。「お金を給付してしまえば，貧困は解消されるのか」と。このシンプルな問いに対する回答は，否というべきであろう。その理由について，以下に説明していく。

　前段で論じたように，貧困問題の成立は貧困対策を要請する。中でも最低
生活保障が重要になる。この最低生活保障は，「最低限度の平等の保障」を旨
とするものである。そこで目指される平等をどのように考えるかということに
よって，当該政策・制度がもつ生活保障機能の有効性の程度が左右される。

　例えば，「貧困＝お金がないこと」だと単純に考えると，「貧困対策＝最低所
得保障」の提案につながる。これは，あってはならない生活状態を消費生活の
側面から理解するということである。だが，社会の人々の生活は何も消費生活
の側面だけがすべてではない。貧困とは生活のすべての局面において人々を悩
ませ，苦しめる「全生活」的なものである。

　さて，「貧困＝お金がないこと」という理解は，「最低所得保障」の理解につ
ながるが，基本的にそれは最低限度の「所得の平等」の保障を意味するもの
となる。ここで生じる深刻な問題の1つは，「所得の平等」は「自由の格差[*]」
をまねくということである。これは，アマルティア・センが論じているような
「ケイパビリティの欠如」としての貧困という理解に重なるものである（Sen,
1992＝1999；2009＝2011）。

　　＊　ここで説明している「自由」は，草原に1人で降り立った際の自由ではなく，
　　　他者との関係性の中でその広がりが決まってくる自由である。つまり，人間の共
　　　同的本質に基づく自由である。

[3] 具体例による説明

　前段の議論をよりわかりやすくするために，具体例を示しながら説明してい
こう。ここでは2人の人物，AさんとBさんに登場願おう。

　Aさん（男性，20歳）は，健康そのものであり，障害もない。Bさん（女性，
60歳）は，喘息があるだけでなく，肢体不自由の状態である。AさんとBさん
は，毎月約13万円の所得がある。この例によって，所得の平等が「個人的差異
性」によって自由の格差を生じるということを説明する[*]。

　　＊　「個人的差異性」とは，生物的・社会的な性別（自認する性別も含む），障害の
　　　有無，年齢，病弱かそうでないか，能力形成の有無，得意なこととそうでないこ

と等々，一人一人の能力や属性の違いのことである。なお，この個人的差異性は，「違いがある」という事実を指示することばであり，そこに価値規範は含まれていない。

　ここでは，２人ともに所得の平等が達成されている状態である。この所得が雇用を通じて獲得されたものなのか，なんらかの現金給付制度を通じて獲得されたものであるのかについてはここでは問わない。ただし，いずれの場合も，公的扶助制度における現物給付を現時点では利用していないという前提は課しておきたい。

　この２人を比較すると，所得が平等であっても，例えば，Ｂさんは日常的なケアを必要とし，そのための費用も負担せねばならない。その一方で，Ａさんは医療もケアも現時点では必要としていない。したがって，ＡさんはＢさんよりも生活の中で自由に使えるお金が多くなる。自由に使えるお金が多くなるということは，生活における自由の広がりの程度（さらにわかりやすく表現するならば，「実質的に選び取ることができる選択肢の数」と考えてもいいだろう）がＢさんよりもＡさんのほうが大きいということである。つまり，所得の平等だけでは看過できないほど大きな「自由の格差」が生じてしまうかもしれないのだ。＊これは，最低所得保障が無意味であり，貧困対策として妥当性を欠くものであるということをいっているのでは決してない。最低所得保障は貧困対策の必要条件である。だが，十分条件まで常にみたすわけではない。

　＊　最低限度の自由の平等は，生活における必要経費を差し引いた可処分所得の平等で近似できると考えられるかもしれない。だが，可処分所得の平等という理解は以下の４つの現実的な問題に直面する。まず第１に，可処分所得を算出するための技術的方法に困難が伴うこと，第２に，仮に技術的課題をクリアしたとしても，その算出は国民一人一人に対して行うことになりコストがかかりすぎてしまうこと，第３に，一人一人で保障される最低所得額が異なること（可処分所得は平等でも，必要経費には差があるので保障される当初の所得は平等ではない）によって国民の不平等感を助長し支持を得ることに困難を伴うこと，第４に，可処分所得の平等という理解は特定の強い人間モデル（可処分所得を合理的に使用できる人間）を想定しており，そうでない人間に対する自己責任論を必ずしも相対

化できないことである。

　次に，ＡさんとＢさんが居住している地域が異なり，それゆえに社会環境が異なっている場合を考えてみよう。Ａさんは大都市に居住しており，Ｂさんは地方に居住しているとする。大都市は，公共交通機関が発達しているだけでなく，公共交通機関を利用してアクセスできる施設（医療施設，教育施設，文化施設など）も非常に充実している。一方で，地方ではそうではない。仮にＡさんとＢさんに同じだけの所得があったとしても，居住している地域の社会環境によって，獲得できる自由には大きな格差が生じる可能性がある。

　議論を整理しておこう。上記の具体例から，ＡさんとＢさんの自由の広がりの程度を規定するものは，各々の所得・資産，個人的差異性，社会環境の３つであることがわかった。また，それら３つはいずれか１つだけで自由の広がりを規定するのではなく，相互の組み合わせが規定するようである。

　私たちが自分自身でやりたいことをやったり，なりたいものになったりするためには，まず大抵の場合はお金が必要だが，それに加えて能力や属性などの個人的差異性への配慮や支援が必要であり，社会環境の整備が必要な場合が多いのである。これらのうち，いずれが欠けても人々の自由は十全に保障されない。

　本節の議論から得られる１つの結論は，貧困問題に対応する政策理論の核心が「最低限度の自由の平等」の保障だということである。

2　こう考えればいい
最低限度の自由の平等という考え方

　本節で主張したいことは，非常にシンプルである。すなわち，自由と権利の側面から貧困対策を再検討すべきであるということである[*]。この主張は，貧困問題に対する経済的対応を投資の一契機へと変容させようとする企図に対する批判であると同時に，人間の尊厳ある生存と生活の保障を正面から論じていこうとする試みの表明である。

　　＊　最低生活が権利として保障されているということは，どこに住んでいても，ど
　　のような人であっても，最低限度の自由の平等が保障されているということであ
　　る。この自由の保障を社会全体でルール化（法律化）し，空間だけでなく時間も
　　超えて保障することを約束したものが権利である。すなわち，権利とは自由の法
　　的形態であると考えることができる。これに鑑みれば，現代の市民社会において
　　保障すべき実質的な自由の範囲とは，権利に示されていると理解できる。

① 自由の欠如，権利の不全という生活状態から理解する貧困

　現代社会では，貧困ということばと並んで「社会的排除（Social Exclusion）」
ということばが使用されるようになってきている。貧困とは「あってはならな
い生活状態」のことであると説明したが，そうであるならば，現代の「貧困＝
あってはならない生活状態」は「社会的排除」という概念から定義づけられる
ものとなっているということである。

　「社会的排除」の対義語は，「社会的包摂（Social Inclusion）」あるいは「社会
参加」であるが，日本においても，単に動物としての生存の維持を保障するの
みならず，「社会参加」を「自立」の名のもとに支援しようという可能性が（フ
ランスやイギリスからみると相対的に遅いのではあるが，徐々に）形成されてきて
いる。

　　＊　「人間」として生きていくというのは，動物的生存を維持すればそれで良いと
　　いうことではない。自分自身がなりたいものになったり，やりたいことができた
　　りなど，自己決定しながら生きていくということである。自己決定できるという
　　ことは，追求したいと考える幸福の形を自分自身で決めることが可能となってお
　　り，同時にその幸福追求のための自由の広がりが保障されているということでも
　　ある。ときに実質的自由が保障されないまま自己決定を迫られることがあるが，
　　自己決定ができるということと自己決定が迫られるということは決定的に異なる
　　ものであると強調しておきたい。自己決定ができるということは，自分がなりた
　　いものになることや，やりたいことができるための所得支援，個人的差異性に対
　　する配慮，社会環境の整備等の準備ができているというのが前提条件である。

　　＊＊　もちろん，社会参加や自立が，就労自立などのような限定された意味で使用

されることが多いのは事実だが，一方で「社会参加」「自立」をめぐる新たなア
イデアや取組みも展開されている。例えば，「自立」をめぐる新たなアイデアに
ついては，2005年に導入された日本の生活保護制度の「自立支援プログラム」に
おける自立概念の拡張という制度的変化をあげることができる。その中では従来
の「就労自立」以外に，「日常生活自立」「社会生活自立」という自立概念が提示
された。ただしこれらの諸概念は，埋め込まれた理念そのものは当事者にとって
積極的な前進であるとみられる部分もあったが，制度運用段階になって，充当せ
られる予算と人員の不十分さにより，就労自立を第1に考えるワークフェアへと
換骨奪胎されてしまっているという側面が大いにあるということも言及しておく
必要があるだろう（大川，2018）。こうした予算と人員の不足と制度のネガティ
ブな変容は，別次元のテーマとしてさらに追究していく必要があり，本章では第
4節で示す第2の課題と関係している。

　この社会的排除概念や社会参加概念によって定義づけられる貧困は，市民が
市民としてもっている権利（シティズンシップの諸権利）との連関から議論され
ることが多い。つまり，市民としての自由と権利を全うできないことが「あっ
てはならない生活状態」であるという理解が強調されるようになってきている
のだ。

　日本における貧困問題の深刻さを示すものとして，しばしば参照される概念
は「相対的貧困」であるが，これは基本的に「所得・資産」の不足から貧困を
理解するものである。この貧困理解の深刻な問題の1つは，相対的貧困ライン
以上の所得があったとしても自由が制限されている状態や，所得が向上したと
しても自由が縮小してしまうという事態を看過してしまう可能性をはらんでい
るということである。

　「所得・資産の欠如」から理解する貧困と，「自由・権利の不全・欠如」から
理解する貧困の各々に基づいて形成された2つの政策があったと仮定して考え
てみるとその差は明らかである。

2 仮定された2つの政策の比較

　やや極端な仮定だが，「所得・資産の欠如」こそが貧困であると理解する社

会があったとする。このとき，貧困問題に対応する政策は金銭給付が中心となる。また，貧困対策が前進したかあるいは後退したかという政策評価の基本軸は，所得の向上や相対的貧困率の改善ということになろう。

　だが，ここで深刻な問題が生起する。このような理解に基づく貧困対策では，所得が減少しなくても，場合によっては所得が向上したとしても，一定の決して少なくない人々の生活困窮状態に対応できないのである。これはどのような事態が想定されているのだろうか。

　例えば，Cさんには所得が20万円ある。だがある日，体調が悪化し，病院に行くと，難病の診断がくだされた。Cさんはその後，通院し，毎月1万円の医療費を支払いながら生活をすることになった。このとき，所得は変わっていないにもかかわらず，Cさんの生活における自由は縮小してしまった。それは生活費から医療費に割くお金が必要になったことに加え，体調の変化という理由もあるだろう。

　またあるとき，何らかの事情で，Cさんの所得が1万円増加し，21万円になった。だがその一方で，医療費に関する制度改正により，医療の市場化が進展した。そのせいでCさんの医療費自己負担額が増加し，毎月3万円を支払うことになってしまったのである。Cさんは，所得が増加したにもかかわらず，自由が以前よりも縮小してしまった。

　この具体例の他にも，保育，教育，医療，介護などのサービスの市場化が進展した場合，世帯所得に変化がなくても（ときには増加したとしても），自由が極端に縮小するという事例は多くある。

　ここで示したのは，「所得・資産の欠如」から理解する貧困概念に基づく政策の不十分性を証明するほんの一例に過ぎない。実際は，所得・資産，個人的差異性，社会環境の3要素の組み合わせによって個人の眼前に広がる実質的な自由の広がりの程度が規定されるため，事態はさらに複雑である。

　次のような例もみてみよう。母子世帯の母親Dさん（27歳）の事例である。

　Dさんは子どもにはなんとか食べさせてあげたいと奮闘し，パートをかけもちすることで，世帯所得はなんとか相対的貧困ラインを超えた。だが，Dさん

は毎日の過酷な労働に疲弊してしまい，帰宅すると，子どもの養育に手がまわらないことが続いている。これは子どもに対する意図せざる虐待である。Dさんとその子どもは，世帯所得という数値をみれば経済的困窮を回避できているとみなされる。しかし，子どもの自由は極度に制限されてしまっている。Dさん自身も幸福追求のための自由が制限されている。

　Dさんにとっては休息している時間こそが，どこかで後ろめたさを感じつつも，唯一安らげる時間だったかもしれない。それがときにはDさんにとっては，「幸福な時間」と感じられるものだったかもしれない。しかしそれは抑圧的な生活を余儀なくされる中で消極的に感じたものである。注意しておくべきことは，抑圧的な生活を余儀なくされている人々にとっては，抑圧からのほんの少しの解放や逃避が大きな効用をもつことがしばしばあるということである。そこで得られる大きな効用は，他者からみて極めて不合理で不道徳的な行動や生活習慣へつながる契機となることがある。

　喉がカラカラにかわいているときに水分を摂取すれば一時的に得られる満足感は高まるが，それは動物的な反射であり，人間としての幸福追求以前の問題領域に含まれるものである。このような状況の中で得られる大きな効用は本章で論じている「幸福」には必ずしも重なるものではない。そこには自由に基づいてなされる自己決定による幸福追求の過程が欠落しているからである。

　Dさんの子どもについて考えてみよう。その子どもは，Dさんの不在や休息のために1人で過ごす時間が多かったり，孤食・固食が増加するなど，保障されるべき権利が保障されていなかった可能性がある。子どもの社会的能力の形成は，共同的な生活の中でなされていくものだが，その能力形成の阻害も生じていたかもしれない。

　ここで示した2つの具体例は，現代における貧困問題が「資産・所得」のみならず「自由・権利」という視点からも理解する必要があるという主張の妥当性を示している。これに鑑みれば，相対的貧困率に示される貧困とは，貧困問題の深刻さを示す1つの指標であって，そのすべてを表現しているわけではないことも理解できよう。

3 ここがポイント
政策の効果をどのように測定するか

　貧困対策を政策として形成する場合，所得・資産の欠如だけでなく，権利の不全・自由の欠如という視点が重要であることは，これまで述べてきたが，重要な論点がまだ残されている。それは，政策の効果測定（評価）をどのように行っていくのかということである。政策理論において，政策形成の議論とその効果測定の議論はセットである。

1 投資アプローチと well-being アプローチ

　効果測定の議論を行う前提として，**資料5-2**を参照しながら2つの対立的なアイデアを示しておこう。第1のアイデアは，近年の貧困対策をめぐってしばしば提示される「投資アプローチ」と呼ぶべきものである。そして，「投資アプローチ」に対抗的な第2のアイデアは「well-being アプローチ」と呼ぶべきものである。筆者は第2のアイデアを支持している。「well-being アプローチ」における well-being とは，「幸福」「福祉」という訳があてられることが多く，いかにして人々の「幸福」と「福祉」に貢献していくかというアプローチを表現するものとなっている。

　これら2つのアイデアを比較説明するための具体例としてわかりやすいのは，子どもの貧困対策をめぐる議論である。子どもの貧困対策については，その効

資料5-2　「投資アプローチ」と「well-being アプローチ」の違い

	投資アプローチ	well-being アプローチ
政　策	選別主義的	普遍主義的
目　的	経済的リターン（子どもは手段）	子どもの人格・幸福
期待される人間モデル	強い個人	多様な個人
社会に対する影響	排除型社会（分断）	包摂型社会（連帯）

（出所）　志賀（2018）を一部改変。

果測定を「経済的収益性」という側面から理解しようというものがある（阿部,
2014＊：中川，2015：日本財団子どもの貧困対策チーム，2016）。

＊　阿部（2014）は「子どもの幸福を政策課題に」という主張をしていることにも
　　留意が必要である。この点では阿部の主張と筆者の主張は共通している。しかし，
　　政策の効果を測定する議論については，両者の間に大きな見解の違いがある。政
　　策の効果測定の議論は，政策の修正や変更の方向性を規定するものだということ
　　を念頭におくならば，この議論をめぐる見解の違いは政策の根本的な理念をめぐ
　　る大きな違いであると考えられる。

　つまり，投資したお金がどれだけの収益としてリターンされたのかというこ
とをもって，政策の効果を検証しようというものである。これは，先に述べた
「投資アプローチ」に当たるものである。
　この「投資アプローチ」は，その政策や取組みに携わる人々の動機がいかに
善意に満ちたものであったとしても，「投資に値する子ども」と「投資に値し
ない子ども」の選別を行う動機を与えるものである。「投資アプローチ」の本
質は，子どもの成長と幸福を目的とするものではなく，子どもを手段とすると
いう点にも着目してほしい。子どもを目的でなく手段としていくという事態は，
そのような価値規範をすでに一般的に受容している側面があるからこそ可能と
なるものである。人々が相互に手段となる社会では，共同性は破壊され，万人
の万人による闘争が助長されることになり，排除型社会につながる可能性を含
んでいる。
　日本における子どもの貧困問題に対する取組みや政策の中には，成績が良
い子ども，既存の価値規範に従順な子ども，利殖のために有利な子ども（将来，
たくさんお金を稼ぎそうな子ども）等，すなわち「意欲と能力がある」とみなさ
れる子どもへの投資に偏重している傾向がみてとれるものがある＊。

＊　例えば，2014年4月に内閣府に設置された「子どもの貧困対策会議」では，第
　　7回会議までの議事録を閲覧できるが，下村博文文部科学大臣から「意欲と能力
　　のある全ての子供」（第1回会議），「学ぶ意欲と能力のあるすべての子供」（第2
　　回会議）という発言がなされている（ただし第3回会議では「すべての子供」

となっている)。また，内閣府に設置された「子供の貧困対策に関する有識者会議」では，末冨芳構成員から大学等の給付型奨学金について「メリットベースに偏った運用になっているのではないか」と指摘されている（第4回会議）。木戸寛捺構成員からも「給付型奨学金を受けるに当たって，評定平均が4.5以上という成績要件」および高校の教諭に推薦書を書いてもらうための評価に値すると思われる学外活動を行わなければならず，ハードルがかなり高いという指摘がなされている（第4回会議）。これらは，能力主義的人間モデルが子どもに対して要請されている事実に対する懸念の表明である。

　これに対して，「well-being アプローチ」はすべての子どもが目的となっている。子どもが目的であるということは，子どもの幸福や健全な成長を目的としているということである。またそれは，人格の発達・展開を人々が相互に支えていくことが自身の人格の発達・展開の条件になるような社会への可能性を含んでおり，排除型社会ではなく包摂型社会につながるものである。詳論はしないが，そのための具体的な政策としては，保育，教育，医療，介護などのサービスの実質的な低額化・無償化（＝普遍主義的政策）があるだろう。

　もちろん，この対照的な2つのアプローチは現実の貧困対策の中では混在している。したがって，子どもの貧困対策が同床異夢的に進められつつも，子どもの貧困対策は「未来に対する投資である」と一括して（レトリックとしての表現と実際の目標・目的の言明が一体となって）表現されることが多い。だが，これまで主張してきたように，人々の生存と生き方を無条件に肯定するわけではない投資の論理と，貧困対策に経済的対応を行うという論理の区別は行っておくべきである。貧困問題を投資の一契機とすることと，貧困問題に対して経済的対応を行うということは，全く意味が異なるものなのである。

［2］効果測定の基本軸

　それでは，ここまでの前提を踏まえ，両者の効果測定のあり方をみていこう。効果測定から貧困対策を検討することは，展開される政策が劣悪なものであるにもかかわらず「その政策で救われている人が存在するのだから，良しとすべ

きである」「一歩でも前進させたのだからいいじゃないか」というエクスキューズに対する異議申立てを行うことだと筆者は考えている。

貧困対策の効果測定の軸に「経済的収益性」を据えるのか，本章で一貫して主張してきたように幸福追求のための「自由」を据えるのかということがここでの議論の核心である。政策の効果測定次第で，測定後の政策の軌道修正が図られていくため，この論点は回避すべきではない。

経済的収益性が効果測定の軸となる場合，効果測定がなされるたびに，より効率的に収益を向上させようと企図されるだろう。その企図の本質は，経済的収益性を見込める対象，すなわち資本の要請に沿う対象の選別方法の洗練である。同時に，資本の要請に沿うような能力主義的人間モデルに基づく価値観の全面展開である。この価値観は，資本の要請に沿わない人々の生存を軽視することにつながる。

自由が効果測定の軸となる場合，当該社会における不利性を被っている人々（当事者）の自由が拡大したか否かで政策が評価される。貧困研究や政策研究においては，しばしば「当事者の声」の重要性が主張されるが，当事者の声を重要視するのであれば，その声は政策形成だけでなく効果測定に反映させねば一貫したものにはなり得ない。形成された政策をよりよいものにしていくためには，この効果測定のあり方をめぐる当事者イニシアチブをどのように図っていくかが非常に重要なポイントなのである。もしも，当事者の声を真摯に受け止め，包摂型社会の理想に突き進もうとするのであれば，人間の生存を無条件に肯定することができない投資アプローチを生活保障の中に位置づけていくことは許容できるものではない。

当然ながら，政策に必要な財政的問題も関係してくるという批判もあるだろう。だが，少なくとも現時点の日本における財政問題は，予算の不足問題というよりも，再分配のあり方の問題であり，それは諸事項に割り当てられる予算の優先順位の問題なのである。日本では，投資アプローチの傾向が強いため，再分配や予算の優先順位はその傾向が反映されたものとなっている。再分配のあり方の問題は，政策を支える理念とその理念をめぐる人々の社会的力の強さ

がもたらす 1 つの帰結であって，その逆ではないのだ。すなわちそれは，資本
家階級と労働者階級の間の葛藤の帰結だということである。

 4 これから深めていくべきテーマ
貧困理論発展への 2 つの課題

　筆者がこれまで説明してきた理論と主張については，当然ながら残されたい
くつかの諸課題がある。本節では，その中の 2 つの課題について整理しておき
たい。

　まず第 1 に，そもそも「自由」と「権利の実質性」をどのように測定するか
ということをあげることができる。貧困測定の指標として「自由」「権利」を
考慮するならば，貧困対策が前進したか後退したかを測定するものとして，当
事者の自己決定に貢献する自由が拡大したか否かという視点を含めるべきであ
ろう。自由の拡大は，所得・資産，個人的差異性，社会環境という 3 要素の組
合せによって規定されるため，その 3 要素を構成するさらに細かな要素を分析
していく必要がある。

　　＊　自己決定が重要なのは，一人一人が追求したいと考える幸福の形が異なるから
　　　である。ある個人の幸福の形を他者が勝手に決定することはできない。各人が追
　　　求したいと考える幸福の形が異なるならば，社会が個人にできることは，それぞ
　　　れの幸福を追求するために必要な手段と様々な選択肢を実質的に保障するという
　　　ことである。

　第 2 の課題は，本章第 3 節で論じたような 2 つのアプローチのうち，「投資
アプローチ」が優勢となっている原因のさらなる追究である。「投資アプロー
チ」よりも「well-being アプローチ」がよりよい社会の実現に貢献するのだと
主張することは重要であるが，そもそもなぜそうしたアプローチが十分な支持
を得られていないのかを追究することもまた重要である。この課題の追究は，
日本の貧困研究や格差問題に関する研究が「資本—賃労働関係」を射程に入れ
てなされない限り，永遠に未完のものとなるだろう。

　なぜならば，格差と貧困はそもそも，「資本─賃労働関係」から現象した側面が大いにあり，それらは原因に対する結果だからである。本章でも論じたような「投資アプローチ」の優勢も，資本の要請に沿うような人間モデルの称揚も，この「資本─賃労働関係」から現象するものである。現象の原因を追究することなく，現象形態にばかり目を奪われるのならば，貧困研究から提示されるアイデアはこれからも「べき論」の水準を超えることはできないだろう。

手にとって読んでほしい5冊の本

アマルティア・セン／池本幸生・野上裕生・佐藤仁訳，1999，『不平等の再検討──潜在能力と自由』岩波書店。
　　貧困をめぐる理解に関する新たなアイデアを提示している。本章の理論は，センの理論をヒントにしている。
稲葉剛，2016，『貧困の現場から社会を変える』堀之内出版。
　　「当事者性」「権利」「自己決定」等の諸概念がなぜ現場で重要であるのか，現場のリアルな状況からわかりやすく説明している。
佐々木隆治，2016，『カール・マルクス──「資本主義」と闘った社会思想家』ちくま新書。
　　貧困や格差が「資本─賃労働関係」から現象していることを理解するためには，マルクス『資本論』を読むべきである。だが，その難解さゆえにひとりで読破するのは難しいのでこの本をお勧めしたい。この本は，『資本論』を読み進める上での理解を助けてくれるだけでなく，この社会の構造を知るための基礎知識も提供してくれる。
高田実・中野智世編著，2012，『福祉』（近代ヨーロッパの探求⑮）ミネルヴァ書房。
　　自由と権利が人間相互の助け合いの関係性から生じてきた歴史過程が論じられている。貧困問題だけでなく，社会保障論理解を深めるためにもお勧めしたい。
ルース・リスター／松本伊智朗監訳・立木勝訳，2011，『貧困とはなにか　概念・言説・ポリティクス』明石書店。
　　貧困問題を理論的に理解するための出発点となる著書である。「貧困概念」「貧困の定義」「貧困の測定」の3つの説明から始まっているところがお勧めしたい理由の1つである。

引用・参考文献

青木紀，2010，『現代日本の貧困観——「見えない貧困」を可視化する』明石書店。

阿部彩，2014，『子どもの貧困——日本の不公平を考える』岩波新書。

岩田正美，2007，『現代の貧困——ワーキングプア／ホームレス／生活保護』ちくま新書。

大川昭博，2018，「『自立支援プログラム』で福祉事務所はどう変わったか」『大原社会問題研究所雑誌』717，3-13頁。

志賀信夫，2016，『貧困理論の再検討——相対的貧困から社会的排除へ』法律文化社。

志賀信夫，2018，「社会福祉と子どもの貧困——投資アプローチと well-being アプローチ」日本教育政策学会編『教育政策学会年報第25号』115-125頁。

中川雅之，2015，『ニッポンの貧困——必要なのは「慈善」より「投資」』日経 BP。

日本財団子どもの貧困対策チーム，2016，『徹底調査　子供の貧困が日本を滅ぼす——社会的損失40兆円の衝撃』文藝春秋。

Sen, A, K., 1992, *Inequality Reexamined*, Oxford University Press.（セン，A.／池本幸生・野上裕生・佐藤仁訳，1999，『不平等の再検討——潜在能力と自由』岩波書店）

Sen, A, K., 2009, *The Idea of Justice*, Penguin Books.（セン，A.／池本幸生訳，2011，『正義のアイデア』明石書店）

（志賀信夫）

第Ⅱ部

福祉政策のこれからを読み解く10のイシュー

第**6**章

福祉サービスの「協働モデル」構想

制度的支援の「狭間」を埋める

グラフィック・イントロダクション

資料6-1 制度的支援の「狭間」と「協働」

（出所）筆者作成。

　昨今，福祉サービスの実践分野においても政策分野においても，「協働」が強く求められる理由は非常にシンプルである。すなわち，これまで制度化されてきた福祉サービス（制度的支援）だけでは，新たに出現したニードに対応しきれなくなっているのである。**資料6-1**に示すように，社会福祉の研究文脈において，このような制度的支援が失敗する現象は，制度，あるいは支援の「狭間」といわれ，また，「狭間」を埋めるものとして，「単一の機関・組織では対応が難しくてもさまざまな関係者が協働することで，その問題状況を緩和／軽減しようというアプローチが必要」だと考えられている（平野，2015）。

　しかしながら，「協働」の重要性が先行研究では頻繁に強調されている一方，問題解決における協働の意義を真剣に思考したものが意外と少なく，また，それをめぐる理論の体系化がほとんど展開されていない。この点に対して，本章は，制度的支援の「狭間」問題が必ず発生するメカニズムを説明し，その解決

に求められる「協働」の意義を明確にしつつ，「狭間」問題に対応するための新たな支援戦略＝「協働モデル」を一種の概念仮説として理論的に提示したい。

1 何が問題か
制度的支援の原理から

　制度的支援の「狭間」問題，またはそれを解決するための「協働」の意味を明確にするためには，ひとまず従来の制度的支援の原理を確認する必要がある。具体的にいえば，私たちの日常生活における様々な問題／ニードが，どのような支援戦略でどのように対応されているのか，という点である。ここでの支援戦略とは，具体的に特定された個別の支援制度ではなく，問題解決を遂行するため試作される制度的支援の論理，あるいは問題介入のための基本となる考え方のことを指す。

　猪飼周平（2015：2016）は，岡村理論の「社会関係の二重構造」を批判的に考察した上で，ニードに対応するための制度的支援を2つの対立支援戦略に定義している。そのうち，1つは「社会保障モデル」といい，「①生活問題に影響する要因を可能な限り単純なものとして取り出し，②可能な限り簡素な手段によって（定型性），③可能な限り多くの人々を支援することを目指す支援戦略」である。もう1つは「生活モデル」である。前者に対して，このモデルは，「①支援対象を基本的に個人に据え（臨床性），②生活問題の複雑性を無限定に把握（エコロジカルアプローチ）し，③個人ごとに必要な支援をテーラーメイドで構築する支援戦略」と定義されている。*

　＊　猪飼（2015）で書かれているように，この「社会保障モデル」と「生活モデル」は，それぞれ岡村重夫のいう「社会制度」とソーシャルワークを翻案したものである。猪飼（2015）の中で，「制度的支援」という言い方は「社会保障モデル」のことのみを指している。しかしながら，本章ではそれを「社会保障モデル」と「生活モデル」の総称として使うことにする。その理由は，ソーシャルワークをはじめとする「生活モデル」の支援アプローチは，とりわけ日本の実践

資料6-2　制度的支援の2つの支援戦略

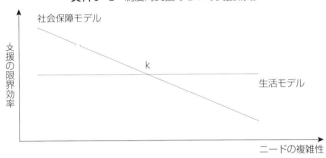

（出所）　猪飼（2015：2016）より筆者が一部修正。

　の中で，常に制度化されつつ実施されているからである。

　2つのモデルが扱う「ニードの複雑性」の範囲と，それぞれによる「支援の限界効率」との関係性を示すのが，**資料6-2**に示す「制度的支援の限界効率逓減理論」である。「ニードの複雑性」とは，ニードの個別性（個人によってばらばらである），複合性（個人が複数のニードを抱えている），構造性（本人の生活問題を構成するエコシステムの個別的構造にある）の総称を指す。これはやや抽象的であるが，その具体的な指標として，支援によって要援護状態から脱出する人数，あるいは支援対象集団の規模があげられている。それに対して，支援効率とは，「施策に要するコスト」に対する「支援によって要援護状態から脱出する人数」（ニードの複雑性）の比である。この理論の一般仮説について，猪飼周平は以下のように説明している。

　「通常，このモデル〔社会保障モデル：引用者注〕に基づく支援は，生活問題が単純であるほど，また多様となる集団が大きいほど支援効率が高いということができる。他方で，生活問題が複雑にあるほど，また対象となる集団が小さいほど，支援効率は低くなってゆくだろう。このモデルに基づく行政サービスを実施する政府があるとして，この政府は，支援効率がトータルとして最大になるようにさまざまな施策を実施するとする。このとき，政府は，合理的に行為するかぎり，もちろん予算の範囲内で政策効率が高い順番に施策を実施することになる。その結果，施策を順々に実施してゆくに従って，追加的（限界

的）な施策の効率は逓減して行くことになるはずである」（猪飼，2015）。

　理論の根幹に大きな影響を与えない前提として，話を単純にするために，猪飼は前者の社会保障モデルに対立する生活モデルの支援効率を，生活問題の複雑性，対象人数にかかわらず，一定であると規定している*。このような設定を踏まえて，2つの支援戦略の一般的な関係性について，猪飼は以下のように説明している。

　　＊　猪飼が自覚しているように，「生活モデルは，個人の問題を集団的に解決したり，社会資源を整備したりする方向での発展によって支援効率が上昇する可能性があり，そこにはグループワークやコミュニティオーガニゼーションの意義などを検討する余地がある」（猪飼，2015）。

「生活課題を抱える個人からなる社会において，マスに働きかける単純な施策が残っているうちは，社会モデルの支援効率は高い。だが，支援を支援効率の高い順に実施してゆく過程で，次第に社会保障モデルの支援効率は下がってゆき，やがて生活モデルの支援効率を下回ることになる。いいかえると，社会保障モデルと生活モデルの間には，その支援モデルとしての優位が逆転する閾値〔資料6-2ではk点を指す：筆者注〕が存在するということである」（猪飼，2015）。

　このように，猪飼の「制度的支援の限界効率逓減理論」では，すべての生活問題（ニード）は，社会保障モデル，もしくは生活モデルのいずれか1つにカバーされることとなる。制度的支援に触れられない生活課題は存在しないのである。しかも，2つのモデルの間には，「その支援モデルとしての優位が転換する閾値（k）が存在する」ため，その両者が支援の限界効率性を最大とする状態のとき，相互に代替可能なものであると考えられる。つまり，いわゆる「狭間」は本来，制度的支援設計の理論上存在しないのである。

　以上の議論からみれば，ここで問題となったものとして，以下の2点があげられる。すなわち，第1に，そもそも理論上存在しない「狭間」は，なぜ現実の中で必ず発生するのであろうか，第2に，そもそも制度的支援でも解決できない「狭間」問題が，なぜ「協働」を通して解決されなければならないのか，

という点である。次の節では，この2点の問題それぞれに対して回答していきたい。

2 こう考えればいい
新たな支援戦略の理論構想

1 「狭間」が必ず生じる理由

　現実的には，制度的支援だけによっては，すべてのニードがカバーされることは難しい。「狭間」の発生は，実に避けられないことである。その理由は，**資料6-3**に示すとおり，以下の3点があげられる。

　第1に，社会保障モデル，生活モデルの「支援の限界効率」曲線の交差された閾値（k）は，理論上のみ存在するが，実際，実証的には特定できるようなものではない。それは，猪飼（2016）が自覚しているように，そもそもそれらの媒介変数としての「ニードの複雑性」は数量化することができる概念ではないからである。つまり，社会保障モデルの施策者である政府にとっても，生活モデルの実施者であるソーシャルワーカーなどの生活課題の支援者にとっても，どのようなタイミングで両モデルを転換するのか，という問題は実に不可知である。その間には，必ずグレーゾーンが残されてしまう。

　第2に，仮にこの閾値（k）が確定できるとしても，両モデルが，それぞれそこに到達する現実性はほぼゼロに等しい。社会保障モデルの場合，政府は「合理的に行為するかぎり，予算の範囲内で政策効率が高い順番に施策を実施する」（猪飼，2015）。しかし，その「予算の範囲」が常に社会経済の状況に制約されているため，閾値に到達するために，無制限に投入するのはほぼ不可能である。その一方，生活モデルの支援が閾値（k）に達するのは，あくまで「個人ごとに必要な支援をテーラーメイドで構築する支援」（猪飼，2015）に従事する支援者が，無限定な規模で配置されることを前提とした理想的な話にすぎない。現実には，それに相当する規模の支援者（あるいはそれによる支援能力）が，それほど備えられるわけがない。つまり，いずれの支援戦略でも閾値

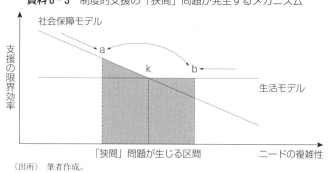

資料6-3　制度的支援の「狭間」問題が発生するメカニズム

(出所)　筆者作成。

（k）までのニードをカバーするのは非現実的である。

　第3に，現実的に可能なのは，公的財政投入を増加し社会保障モデルの支援施策をできるかぎり充実し，また，ソーシャルワークなど，個別支援に従事する人材をできるかぎり多く育成することによって，両方向からこの閾値（k）により接近すること（→a：→b）である。ただし，社会の少子高齢化，経済的不況，グローバリゼーションによる国際競争の激化などといった社会背景の複雑化の中，従来の2つの支援戦略においてどちらも対応したことのない新たな生活問題が次々に出現している。つまり，生活問題の個別性，複合性，構造性が増長している中，「ニードの複雑性」自体も「伸ばされている」（a↔b）のが否定できない事実である。両モデルの間の距離を縮めることはおろか，そのさらなる拡張を制御すること自体も難しい。

　要するに，社会保障モデルと生活モデルという2つの制度的支援戦略は，機能的に互いに補完できるように，理論上想定されていたものの，公的財政の緊縮，支援の人手不足，社会情勢の変化などの現実的な原因によって，すべてのニードがこの2つのモデルによってカバーされるのは実際には困難である。それらがカバーできない区域は，「問題／ニードを抱えた対象が，その問題解決／ニード充足に必要な手段・方法がない」状態，すなわち，制度的支援の「狭間」になるであろう。つまり，制度的支援の「狭間」問題は本来，構造的に必ず発生する現象である。

　ある意味で,「狭間」問題は「かつては存在せず, 新たに生じてきた現象」ではないかもしれない。しかしながら, 近年, この現象が行政, 研究者, ないし一般人衆に問題視されるようになったのは, 社会の少子高齢化が深刻化している中, 生活困窮, 相対的剥奪, 社会的排除, 社会的孤立などといった「新たな社会的リスク」が徐々に可視化されるようになっているからである（阿部, 2007）。これは, マスコミ, SNS といったコミュニケーション技術の発達によって, 私たちの生活問題が, 従来より知られやすくなったためであろう。

[2] 第3の支援戦略の理論構想

　制度的支援の限界効率逓減理論からみれば, 社会保障モデルおよび生活モデルだけによってカバーできないニード区域, いわゆる支援の「狭間」は, 構造的に必ず存在する。それゆえ, この区域のニードに対応するために, 両モデル以外の「第3の支援戦略」が必然的に求められてくる。この新しい支援戦略に対する厳密な概念構築は膨大な研究作業であるものの, ここで, 猪飼（2015）が定義している従来の2つの支援戦略, すなわち社会保障モデルと生活モデルの内容から,「狭間」区域のニード対応に望まれる第3の支援戦略の「輪郭」は, 少なくとも1つの仮説群として, 以下のように描き出すことができよう。

　まず, 第3の支援戦略は, 既存の制度的支援に排除され, 比較的不利な立場にいる「社会的弱者」（socially vulnerable）と呼ばれる人々を対象とする。その中には, 個人あるいは一集団がもつ特徴（人種, 宗教, 民族など）による一般的な社会的少数者（マイノリティ）だけでなく, 一社会集団の中で身体および身体能力, 健康, 学歴, 年齢, 生活形態, 社会的スキル等の有無により, その発言力が限定され, 生活上の利便を図ることも難しく, 他の多くの人々に比べて, その生活の質において, 著しく不利で傷つきやすい立場に置かれている人々のことも含める。彼らの生活問題に影響する要因は, 一定の個別性・臨床性と普遍性・定型性が同時にあるため,「単純に取り出す」ことが難しい一方,「個人ごとに無限定に把握する」のも非効率である。

　次に, 第3の支援戦略の実施には, 必ず何らかの新たなサービスの創出が伴

う。従来の制度的支援に排除されたということは、いうまでもなく、その生活課題に対応する「福祉サービス」はこれまで存在していないということである。それゆえ、彼らの生活課題を解決するに当たっては、従来の制度的支援と異なる、少なくともまだ定型されていないサービスが必ず新たに作られると想定できる。ここでの「新たな福祉サービス」は、伝統的な一元的援護関係（支援者―利用者）以外に、課題を抱える人々が自らの力を生かし問題解決に取り組むこと（利用者―利用者）、また、このような活動、既存の制度的支援に対するさらなるサポート（支援者―支援者）などの場合も考えられる。

　さらに、第3の支援戦略は、固有の「原理アプローチ」をもたず、既存の制度的支援を媒介することによって支援を実現する。そもそも「狭間」問題は、前掲資料6-3に示すように、横軸の「ニードの複雑性」の両極端の間にある一部の連続体（a↔b）であり、別段この軸から離れているわけではない。それに対応する支援戦略も、両極端からの支援戦略と対立できるような、固有の「原理アプローチ」も存在するはずがない。とはいえ、第3の支援戦略は、社会保障モデルのような「可能な限り簡素な手段」ではなく、生活モデルのような「テーラーメイドで構築する支援」でもない。それに求められるのは、既存の制度的支援のしくみ・援護手段、あらゆる利用可能な資源、ないし困難を抱える人々自らの力などを、柔軟的かつ創造的に組み合わせることである。つまり、「つながり」から排除された人々を、新しい「つながり」の再構築を通して再び包摂するようにしていく戦略である。

　最後に、第3の支援戦略が成り立つために最も肝心な必須条件は、「協働」である。既存の制度的支援のしくみ・援護手段を組み合わせ、困難を抱える人々自らの力を含む、あらゆる利用可能な資源を積極的に発見・開拓・活用するのは、この支援戦略を遂行するための方法になる。しかし、これは決して個人、あるいは1つの組織だけに完結できることではない。できる限り多くの主体が相互に作用しながらともに働くこと、いわゆる「協働」が必ず求められてくる。それは、支援に関与する主体と資源が多いほど、施策と支援の能力が向上するため、扱う課題（ニードの複雑性）が一定である場合、支援の遂行可能

性と効率が高くなるからである。つまり,「協働」があってはじめて,この支援戦略が成り立つのである。

　要するに,制度的支援の「狭間」に陥った社会的弱者の生活問題は,単なる1つか2つの支援制度・支援技術によって完結されることが難しい。対象課題の具体性に応じて,様々な資源を有機的かつ柔軟に組み合わせる力,すなわち「協働」の姿勢が必ず必要だと考えられる。それも,そもそも制度的支援でも解決できない「狭間」問題が,なぜ「協働」を通して解決されなければならないのか,その最大の理由となる。

3 ここがポイント
「協働モデル」の真実

　本章は,従来の制度的支援を補完する新たな支援戦略のことを,社会保障モデル,生活モデルと並び,「協働モデル」とする。以上の想定から,次のように仮に定義しておきたい。すなわち,「協働モデル」とは,①従来の制度的支援から排除され,比較的不利な立場にいる社会的弱者の集団が抱える困難に焦点化し,②既存の制度的支援のしくみ,方法,または,あらゆる利用可能な資源,ないし当事者自らの力を柔軟的かつ創造的に組み合わせることによって,③新たなサービスを創出・実施をすることを通して実現する支援戦略である。いうまでもなく,「協働モデル」による支援の限界効率が,従来の2つの支援戦略がカバーできない部分(資料6-3に示すa↔b),いわゆる「狭間」問題が発生する区域では,他の支援戦略より高くなると期待できる。

　日本の社会福祉サービス実践において,「協働モデル」という考え方によって駆動された事例は実は少なくない。それらの実践は,必ずしもこれまでの研究で何らかの理論として明確に定式化されていないし,「協働モデル」のような概念用語にネーミングされていないかもしれない。ただし,それらは確かに「協働」を通して,「狭間」問題の解決に効果的にアプローチしていると考えられる。その具体的な事例として,本章では3例の支援現場の協働実践を簡潔に

紹介しておきたい。

　1つ目は，京都自立就労サポートセンターによる「ステップアップ就労」の支援事業である。この事業は，京都府の委託事業から発足した若者就労支援の活動であり，伝統的な「支援者―利用者」の一元的な援助関係から拡張した活動として，他の一般的な若者自立就労支援（生活困窮者自立支援）と特に違いがないと考えられる。ただし，京都自立就労サポートセンターは，対人相談援助を一方的に実施するという伝統的意味の「支援」というより，若者たちと事業所の両方をサポートするという特徴がある。つまり，本来繋がっていない資源を発見・開拓・コーディネートし，異なる資源と資源の間の交換といった「反応」ができるように促す「触媒」のような機能（マッチング支援）をもつのが，彼らの支援遂行のやり方である。

　2つ目は，大阪にある NPO 法人暮らしづくりネットワーク北芝による「コーヒー焙煎プロジェクト」という，生きづらさを抱える若者主体の社会的居場所づくりの取組みである。この事例に登場する「支援者」は，社会的居場所が喪失された地域の若者たちに何らかの「空間」を直接的に提供するものではなく，利用者による自発的な活動を間接的に支援する，いわゆる「中間的支援」を行う者となる。ただし，インキュベート（育成），インターミディアリー（仲介），ファンド（資金調達）などといった「活動の進行に求められる機能」のみならず，コーヒー焙煎という具体的な活動を通して，当事者の若者たちと協同し，また，それによりもたらされる社会的居場所が，若者たちの生活課題に確実に結びつけられるのが，大阪事例の支援の流儀である。つまり，こうした中間的支援を通して，さらに福祉的な社会価値を創出しているのが，この協働実践の特徴である。

　3つ目は，滋賀の縁創造支援センターが取り組んでいる「ハローわくわく仕事体験」という，社会的養護の子どもたちの退所後の生活自立支援である。社会的養護の子どもの自立問題に関しては，先行研究（佐藤・永田，2019）が指摘しているように，国からの「アフターケア」といった一律的な支援策は機能しておらず，従来の社会的養護の現場にも固有の限界性があるため，うまくア

プローチしていない現状である。「ハローわくわく仕事体験」はその名の通り，社会的養護の子どもの退所後の生活自立に向けて，社会的関係の早期形成を目的とする「仕事体験」の支援プログラムである。そこで，「福祉の世界」だけはなく，企業を含めて，さらに広い地域社会の資源をこの問題の解決に活用できるように，滋賀の縁創造支援センターは，地域福祉の協議会体制のもとで多様な次元で多様な形式の「プラットフォーム」を作り出すことを通して，協働体制を整備している。

　3つの事例からみられるように，「協働モデル」を新たな支援戦略として旗幟鮮明にしたのは，こうした既存のものを有機的に組み合わせるという考え方である。つまり，その基本のロジックは，従来の支援制度，援助技術，あらゆる利用可能な外部資源，ないし不利な立場にいる人々自らの力などの要素を媒介にして，課題解決の目標を達成していくことである。こうした既存の資源の組み合わせに伴って創出された新たなサービスは，内容とパターンが必ずしも一様ではない。ただし，対象課題の具体性に応じて，様々な資源を有機的かつ柔軟に組み合わせる「創造力」は，支援活動に個別性をもたらす決定的な部分であり，「協働モデル」の実現に最も必要な根本的な特質であるといえよう。

4　これから深めていくべきテーマ
新たな理論体系を目指す

　「協働」という行動は，上で述べてきたように，第3の支援戦略が成り立つための必須条件であり，本章の論理が展開する際の中核となる概念である。ただし，本章は，「協働」あるいは「協働モデル」を一種の「規範的価値」として提唱し，その重要性を一方的に宣伝するつもりはない。本章が提示しようとする「協働モデル」は，従来の制度的支援の欠陥を確かに補完できるような新たな理論体系として期待できる。このような理論体系を形成させるためには，次の2点の課題をさらに深める必要があると考えている。

　1つ目は，福祉サービス提供の問題へのアプローチにおいて，「協働」とい

う概念を１つの理論視座として確立する必要性である。「協働モデル」が成り立つためには，多様な主体による参与が求められる。しかし，周知のとおり，「多様な主体が役割を分担しつつ福祉サービス提供を遂行する」という多元主義的な主張は別段，新鮮な考え方ではない。それは20世紀末から21世紀にかけて，社会サービス論，社会福祉学分野において常に論じられ続けてきたテーマの１つである。そこで，福祉サービスに対する「協働」という視座は，従来の同じく多元性を主張する理論視座との相違を明らかにすることが必要になってくる。この点は，協働モデルをめぐる理論的背景を把握することにとっても，本章の学問的な位置づけと独自性を明確にすることにとっても必要な作業だと考えられる。

　２つ目は，本章の中核となる概念である「協働」という行動自体の意味と原理を理解することである。「協働」という概念は，複数の個人行動と集団行動の混合した複雑な行動として（Pestoff, 2014），文脈によって意味が異なり，社会科学分野において統一された定義が存在しない。「協働」について，広辞苑では「協力して働く」というように簡潔に解釈されているが，当然ながら，ここでの問題は語彙本来の意味にあるのではなく，どのような環境で，どのような主体が，どのような方式によって，何をもって「協力して働く」のかという点にある。つまり，その意味構造を規定するに当たっては，議論の場面を可能な限り具体的に限定することが必要である。それは，「協働」という抽象的な概念を，議論において操作可能な概念に転換させていくためであり，協働が成り立つための基本条件をより具体的にとらえるためでもある。

手にとって読んでほしい５冊の本

阿部彩，2011，『弱者の居場所がない社会──貧困・格差と社会的包摂』講談社現代新書。
　　誰でも「居場所」「つながり」「役割」をもって生きられる社会の形成に欠けてはいけない「社会的包摂」を理解するための１冊。
岩田正美，2008，『社会的排除──参加の欠如・不確かな帰属』有斐閣。
　　「社会的排除」概念の意味と役割をクリアに示し，日本のリアリティに鋭く迫

る。

北芝まんだらくらぶ編著，2011，『大阪・北芝まんだら物語——であいがつながる人権のまちづくり』明石書店。

　　子ども・若者から老人まで幅広い年代がつながり合って，まちづくり活動を展開してきた大阪の北芝地区の協働実践を紹介。

谷口郁美・永田祐，2018，『越境する地域福祉実践——滋賀の縁創造実践センターの挑戦』全国社会福祉協議会。

　　日本独特の地域福祉協議会体制に基づいた，滋賀の創造的・挑戦的な協働実践取組みを紹介する。

宮本みち子編著，2015，『すべての若者が生きられる未来を——家族・教育・仕事からの排除に抗して』岩波書店。

　　複合的なリスクを抱える若者たちをどのように支援すればよいのかという問題を，研究者・実践者らによる多角的な視点で解読する。

引用・参考文献

阿部彩，2007，「日本における社会的排除の実態とその要因」『季刊社会保障研究』43（1），27-40頁。

猪飼周平，2015，「『制度の狭間』から社会福祉学の焦点へ——岡村理論の再検討を突破口として」『社会福祉研究』122，29-38頁。

猪飼周平，2016，「ケアの社会政策への理論的前提」『社会保障研究』1（1），38-56頁。

佐藤桃子・永田祐，2019，「地域社会とともにささえる社会的養護の子どもの自立——滋賀県における協働のプロセスと企業の役割」『地域福祉研究』47，38-48頁。

平野方紹，2015，「支援の『狭間』をめぐる社会福祉の課題と論点」『社会福祉研究』122，19-28頁。

福原宏幸，2015，「生活困窮者の就労支援と社会的居場所づくり」協同総合研究所編『地域協働による多次元的・多層的な就労支援・社会的居場所創出ネットワーク構築に関する調査研究』106-111頁。

Pestoff, V., 2014, "Collective Action and the Sustainability of Co-Production", *Public Management Review*, 16（3），pp. 383-401.

（史　　邁）

第7章

政策評価の重要性

福祉とジェンダーをめぐって

(グラフィック・イントロダクション)

資料7−1 政策の目的と過程を検証する政策評価

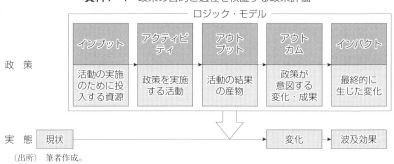

（出所） 筆者作成。

　国が新しい政策を導入するとき，既存の政策を改善するとき，そこには必ず目的がある。その目的は，社会の現状を変えることである。ただし，やみくもに変わればいいわけではなく，その変化にも目標とする一定の方向が想定される。では，実施した政策が成功なのか，失敗なのか，また具体的にどのような点がその結果を引き起こしたのかをどうやって判断するのか。そこで重要となるのが，政策評価である。政策評価の特徴は，政策実施の過程をいくつかのフェーズに区分して，その論理や効果を検証しようとする点にある。政策の実施における各フェーズを一つ一つ個別に，あるいは全体を通して点検することで，政策の成否を検討するための材料が得られる。

1 何が問題か
政策の実効性をめぐる不信感

1 日本社会が抱える課題：政策と実態の乖離

　日本の福祉政策の動向を考える上で最も差し迫った課題は，世界でも類をみないスピードで進行する人口減少と少子高齢化である。このことは，社会保障・福祉をめぐる財政，および各種制度の持続可能性に大きな疑問符を投げかけている。課題克服のために考えられるシナリオとしては，①出生率の上昇，②労働人口の増加，③1人当たりおよび時間当たり労働生産性の向上，という大きく3つが考えられる。

　これまでの研究の結果では，女性就業率が高い国ほど高い出生率が維持されており，長時間労働から脱却しワーク・ライフ・バランスを推進している国ほど労働生産性が高く，かつて労働市場から排除されてきた女性や高齢者の参入を促すほど経済成長に寄与する，といったことが明らかになっている。いずれにせよ，日本の今後について考える上で1つのカギを握るのは「女性のライフスタイル」であることは間違いない（IMF, 2012）。

　実際，近年の女性のライフスタイルにおける変化には目覚しいものがある。2019年6月には，女性就業者が初めて3000万人を超えた（総務省統計局「労働力調査（基本集計）2019年（令和元年）6月分及び4～6月期平均（速報）」）。かつては結婚や出産をきっかけに仕事を辞めることが当たり前であったが，近年は産休・育休や保育サービスなどの子育て支援策を利用しながら働き続けるというライフスタイルを選択する女性が増えている（国立社会保障・人口問題研究所「第15回出生動向基本調査」2015年）。

　しかし，全体として就業する女性が増えたとしても，中年期の女性の正社員割合は3割程度にとどまり，このことが欧米に比べて大きい男女の賃金格差がいまだ解決されていない状況につながっている。さらに，女性が非正規雇用を選ぶ（あるいは選ばざるをえない）最大の理由が，子育てをはじめとする家庭責

任との両立のためである（パーソル総合研究所「ワーキングマザー調査」2019年）。日本の労働市場の中核を成している正社員の働き方は，転勤あり，職務転換あり，長時間労働が標準となっているため，家庭内の家事や育児を一手に引き受けた状態でその上正社員として働くのは，ハードすぎるのである（濱口，2015）。

　それが無理であれば，残りの選択肢は専業主婦か，パート等の非正規雇用で家計補助的な働き方をするしかない。正社員で働き続けたとしても，上記のようなハードな条件下で，専業主婦やパート主婦が家庭で支えてくれている男性たちと同じように競争できなければ，どんなに優秀な女性であっても家庭責任を理由に単調な業務に配置されたり，昇進や昇給のあるキャリアコースから外されたりする，いわゆるマミートラック（子育てと仕事が両立しても，昇進や昇格が難しくなること）の罠もある。他方で，就業を希望しているにもかかわらず働いていない女性は約300万人にも上る，というのが日本の現状だ。

　このことからも，冒頭に述べた課題を克服するために肝要なのは，女性にとって自身のキャリアと結婚・出産・子育て・介護などが二者択一にならない社会をいかにして実現していくか，という視点であるといえる。

　社会政策は，こうした女性のライフスタイルを実現するための最も重要な手段である。最近の動向では，2015年8月28日に「女性活躍推進法」が成立し（2019年5月29日改正），企業に対して女性の育成や登用に関する数値目標を含む行動計画の策定と情報公表が義務づけられた。また，2018年6月29日には「働き方改革関連法」が成立し，女性と男性の両方に対して長時間労働の改善や多様で柔軟な働き方の推進，正規・非正規労働者の格差是正などに取り組むことを掲げ，2019年4月から施行された。さらに，2019年10月からは消費税増税の増収分の一部を財源として幼児教育・保育の無償化が実施され，男性の育児休業取得の義務化といった議論も始まるなど，様々な施策がドラスティックに動き始めたかのようにみえる。

　だが，現実の道のりは厳しいものになっている。2017年には，仕事・家事・育児の大半を女性が1人で担う状態を表す「ワンオペ育児」という言葉が，新語・流行語大賞にノミネートされたことで話題になり，多くの女性の共感を呼

んだことは記憶に新しい。ある調査では，出産経験のない働く女性で，仕事と子育てを両立することに不安を感じている人は9割にのぼるとされる（スリール株式会社「両立不安白書」2017年）。女性だけでなく，男性に対しても，育児休業の取得や時短勤務を希望した場合に職場でいやがらせを受ける「パタニティーハラスメント（パタハラ）」の実態などが明らかになりつつある。つまり，めまぐるしく変化する政策に対して，現実はなかなか変わっていかない，というのが私たちの多くが体感としてもっている印象ではないだろうか。

　政策の導入後，その効果が現れるには一定の時間を要するとみる向きもあるかもしれない。しかしながら，人口減少や少子高齢化などが重大な課題になることは，1990年の「1.57ショック」の頃から予想されていたことであり，この30年あまり「少子化対策」として様々な施策が打ち出されてきたこともまた事実である。現状から振り返って，この間の少子化対策はほとんど成果を上げてこなかったといえる。

② 改善サイクルの不明確さ

　では，これまでの少子化対策は，何が問題だったのか。問題は，政策を立案・実施していく過程における改善サイクルの不明確さにあったのではないか，と筆者は考えている。これを考えるために有効な概念の1つがPDCAである。

　PDCAとは，生産・品質管理のために提唱された概念であり，Plan（計画），Do（実行），Check（点検・評価），Act（改善）の頭文字を取っている。つまり，業務を実行する前には，その業務の目的・目標は何なのかを明らかにし，期待される成果を得るための論理的かつ整合的な計画を立てる必要がある。そして，計画の実行後には振り返りが必須であり，計画と実績の差異を点検・評価し，特にどの部分が計画通りにいかなかったのか，それはなぜなのかを検証することが大切である。そこから明らかになった課題をもとに，今後の改善点を検討する。それをまた計画に反映し，先よりも1段階高いレベルでPDCAサイクルを回す。これを継続的に繰り返していくことによって，根拠に裏づけられた業務改善が積み重ねられ，着実に目標に近づいていく，という考え方であ

る。PDCA サイクルは，目標達成プロセスを可視化する枠組みとして，生産・品質管理にとどまらず，いまや経営管理や日常業務管理にまで取り入れられており，ビジネスの世界では欠かすことのできない概念になっている。

　これまでの少子化対策は，このような視点から政策を絶えず検証・評価し，着実に改善につなげるというプロセスが決定的に不足していたのではないか，というのが筆者の考えである。何十年にもわたって成果が出ているのか出ていないのかわからないような政策に，莫大な資金を投入し続けることは，民間企業ではありえない。成果をいつまでに，どのようにして測るのかが明示されていない場合，なおさらである。しかし，日本のこれまでの政策立案・実施においては，それがまかり通ってきた側面があるのではないだろうか。

　まず，PDCA サイクルを回すためには，目標を設定することが不可欠である。目標がなければ，何のための PDCA なのかわからない。しかし，これまでの少子化対策ではそもそもこの点が不明確であり，どこに向かっていきたいのか，何を目指しているのか，判然としなかった。

　近年ようやく，欧米諸国の動向を受けて，政府は各分野の政策に対して重要業績評価指標（Key Performance Indicator：KPI）を定めることを要請したり，証拠に基づく政策立案（Evidence-Based Policy Making：EBPM）の推進委員会を設立するなど，PDCA を意識した政策立案・実施の方向へ進み始めてはいる。

　例えば，2020年までに達成する目標として設定されたものには，「2020年30％」すなわち社会のあらゆる分野において指導的地位に女性が占める割合を2020年までに30％へと高める（ただし，民間企業の課長相当職以上に占める女性の割合は15％の目標になっている），男性の育児休業取得率を13％まで高める，6歳未満の子どもをもつ夫の育児・家事関連時間を1日当たり2時間30分まで増やす，などがある。

　しかしながら，現状では，衆議院議員に占める女性の割合が約10％（列国議会同盟，2019），民間企業の課長相当職以上に占める女性の割合が約7％（帝国データバンク「女性登用に対する企業の意識調査（2019年）」），男性の育児休業取得率が約6％（厚生労働省「平成30年度雇用均等基本調査」），6歳未満の子ども

をもつ夫の育児・家事関連時間が1時間23分（総務省統計局「平成28年社会生活基本調査」）と，達成からはほど遠い。

　このような状況において，目標を達成するために，いつまでに何をするのか。達成できなかった場合，どうするのか。責任の所在はどこにあるのか（厚生労働省なのか，内閣府なのか）。誰が，どのように振り返りを行い，どのように改善していくのか。

　こういった問いに対して，何らかの答えを思い浮かべることのできる国民が，一体どれくらいいるだろうか。これこそが，日本の政策立案・実施における問題点にほかならない。

2　こう考えればいい
ジェンダー視点からの政策評価

［1］政策評価の重要性

　第1節で述べたような問題点を解決するには，「政策評価（policy evaluation）」という手法を用いるのが適切である。政策評価は，1960年代頃からアメリカで普及した手法であり，主に社会調査法を用いて，社会政策を研究・査定し，その改善を助けるというものである。より具体的にいえば，ある社会問題に対して取り組んでいる社会政策ないし諸施策が，実施に値するほど効率的に実行されているか，望まれる結果を出しているかといった問いに対する情報を収集，分析することで，現行の施策を廃止する，修正して実行する，あるいは新しい施策を導入するといった，次の一手に関する適切な判断を下すことが可能になるのである。

　政策評価が対象とする領域は，政策の「必要性」から「設計」「実施」「効果」「効率性」まで，かなり広範囲に及ぶが，本章ではその中でも，政策の成否を判断する上で必要不可欠な，政策の「効果」に関する評価に焦点を絞る。政策の効果を評価することの意義は，その政策の実施によって，どのような変化をもたらすことを意図しているのか（つまり，政策の目的や目標）を明確にし，

その目標にたどり着くための道筋を論理的・整合的に描くことである。またその逆も然りで，論理的・整合的な道筋を立てることによって，着実に目標達成に近づいていくことが可能となる。

　政策評価研究では，この道筋を「ロジック・モデル」と呼ぶ。本章冒頭の**資料7-1**のとおり，ロジック・モデルが示すのは，その政策が到達目標として意図している変化（アウトカム）は何か，その変化が発現するためにはどのような産出物（政策として提供される支援）が，どれくらい，誰に提供されなければならないか（アウトプット），そうした政策を提供するには具体的にどのような活動が必要で（アクティビティ），そうした活動を実施するにはどのような財政的・物理的・人的資源を投入する必要があるか（インプット）の検討，さらにはこれらのプロセスがすべてうまくいくことによってもたらされる社会への波及効果（インパクト），という一連の流れの論理的記述である。このように，ロジック・モデルに基づく政策評価の枠組みが構築されることで，政策の計画から実施，実施後の結果までの各段階における諸要因の関係性が明らかになる。そうすることで，政策の実効性に関して精度の高い検証が可能となり，着実な政策改善と到達目標の実現につながっていくのである。

② 不十分な日本の政策評価

　政策評価は，前述のとおりアメリカを中心に発展してきたが，日本でも近年その重要性に対する意識は高まってきている。日本では，1990年代後半の地方自治体における事務事業評価の導入や中央省庁再編の議論に端を発し，2001年に制定された「政策評価法」によって，各府省に対して所管する政策を評価し，結果を公表することが義務づけられた。さらに2012年からは，政策評価制度全般の設計・運用を担っている総務省により，「達成目標」「目標達成度合を数値で表す測定指標」「測定指標の目標値・実績値」などを明記する，目標管理型の政策評価が全府省に導入されている。目標管理型の政策評価は，前記のロジック・モデルに照らせば，インプットからインパクトまでの全体の論理性・一貫性を検証するというよりは，政策が到達目標として意図している変化，す

資料7-2　現行の政策計画における目標設定

達成目標	主要な指標	測定指標	目標値(2020年度)
目標1 男女雇用機会均等法の履行確保および女性活躍の推進	○	男女雇用機会均等法に基づき，事業主に対し都道府県労働局が実施した行政指導の是正割合	90%以上
		常時雇用する労働者が300人以下の事業主の女性活躍推進法に基づく一般事業主行動計画策定届届出件数	10000社以上
目標2 仕事と家庭を両立しやすい職場環境を整備する企業の取組を推進するとともに，男性による育児を促進する社会的気運の醸成を図る		男性の育児休業取得率	13%
	○	次世代認定マーク(くるみん)取得企業数	3000社
目標3 在宅就業を良好な就業形態とするための環境整備	○	再就職セミナーを受講した者のうち「役に立った」と回答した者の割合	95%以上
		在宅就業者支援サイト「Home Worker's Web」のアクセス件数（アウトプット）	前年度以上
		e-ラーニングの受講が「再就職に向けて役に立った」と回答した者の割合	85%以上

(出所)　総務省政策評価ポータルサイト，厚生労働省「平成30年度実施政策に係る政策評価の事前分析表」を基に筆者作成。

なわちアウトカムの部分により焦点を絞った評価であるといえる。

　では，現在どのような達成目標や測定指標の目標値が掲げられているのだろうか。第1節でもいくつかの数値目標を紹介したが，ここではもう少し詳しくみてみよう。厚生労働省の所管となる政策体系の目標群には，「非正規労働者の処遇改善，女性の活躍推進や均等待遇，ワーク・ライフ・バランスの実現等働き方改革を推進すること」が基本目標として掲げられており，これをさらに具体的な4つの施策大目標に分類している。では，これらの大目標に対して，具体的にどのような達成目標，測定指標，目標値が掲げられているのかをみてみよう。ここでは，一例として，施策大目標1「男女労働者の均等な機会と待遇の確保対策，女性の活躍推進，仕事と家庭の両立支援等を推進すること」を取り上げる（その他の項目については，総務省政策評価ポータルサイトを参照されたい）。

　資料7-2が，その内容を示したものである。まず，施策全体の目標に対し

て，3つの達成目標が掲げられている。すなわち，「男女雇用機会均等法の履行確保および女性活躍の推進」「仕事と家庭を両立しやすい職場環境を整備する企業の取組を推進するとともに，男性による育児を促進する社会的気運の醸成を図る」「在宅就業を良好な就業形態とするための環境整備」である。さらに，それぞれに対して，2～3つの測定指標と具体的な目標値が明示されており，その中でも主要な指標には丸印がつけられている。

　このような目標設定に基づく政策評価は，果たして十分といえるだろうか。筆者は，少なくとも2点の大きな問題があると考える。1つ目は，あげられている評価指標が適切かどうか，という問題である。例えば，女性活躍の推進に関して，前述した「2020年30％」（あらゆる分野において指導的地位に女性が占める割合を2020年までに30％へと高める）の目標は見当たらない（内閣府の所管であるためと思われるが，内閣府の評価指標を確認すると，男女共同参画に関するデータは2015年度以降，公表されていない）。代わりに，行政指導の是正割合や行動計画策定届の届出件数など，アウトカム指標としてとらえるには極めて間接的な成果目標が設定されている。

　また，仕事と家庭の両立支援に関しては，男性の育児休業取得率は掲げられているが，夫の育児・家事関連時間には触れられていない。さらには，男性による育児の促進に関連する指標よりも，次世代認定マーク（くるみん）取得企業数の方が主要な指標として示されている。だがこの指標も，アウトカム指標としては間接的なものである。

　さらに，在宅就業の環境整備に関しては，厳密なアウトカム指標が1つも示されていない。ウェブサイトのアクセス件数はアウトプット指標であるし，ほかの2つについては簡易アンケートの回答レベルのものであるにすぎない。これらの測定指標をもって「在宅就業を良好な就業形態とするための環境整備」の達成度合を明示できるとは到底思えず，細かな指標をみずに評価結果だけをみる人に対して誤解を与えかねない劣悪なものである。

　つまり，現在の目標設定においては，達成目標に対して適切な測定指標が設定されていないこと（特に，女性活躍推進や男性の育児・家事実施に関する重要な

指標が抜け落ちている），またアウトカム指標とアウトプット指標が厳密に区分けされていない点が問題である。

　現状の政策評価における2つ目の問題は，各府省の縦割りの評価になっている点である。本来，女性のライフスタイルに関する政策は，労働政策や福祉政策，さらにはジェンダー政策など複数の府省にまたがって実施されるものであり，実際に経済産業省，厚生労働省，内閣府などが実施している政策に共通する部分がある。しかし，それを評価する方法が府省の縦割りに基づいていたら，各府省による政策評価で重複するものや抜け落ちるものが出てくる可能性が高まる。また，責任の所在についても曖昧なままになってしまう。

　以上のとおり，日本の政策評価の現状は決して十分であるとはいえない。適切な評価指標を設定することは，政策評価にとって不可欠であるが，特に「2020年30％」や「夫の育児・家事関連時間の増加」など，重要な測定指標が盛り込まれていない点は大きな課題である。政策の成果目標として謳っておきながら，政策評価の枠組みに入らないのでは意味がない。政策評価自体が自己目的化し，測定・達成しやすい指標を優先的に盛り込んだり，予算要求の正当化の根拠を示す単なる資料になったりしては，本末転倒である。政策評価研究の蓄積によって確立された知見，すなわち「政策評価の本質的な目的は社会状況の改善にある」ということを常に意識しておく必要があるだろう。

③ こんな評価枠組みはどうか：試案

　以上をふまえて，筆者自身がどのような政策評価枠組みの青写真を描いているのか，1つの試案を示してみたい。

　まず，第1段階として，政策が意図している変化（アウトカム）に関する到達目標の設定である。ここでは，「ジェンダーにかかわりなく，稼得とケアの調和をはかるという選択が可能なこと」と設定する。これは，本章の問題とする「女性にとって自身のキャリアと結婚・出産・子育て・介護などが二者択一にならない社会をいかにして実現していくか」という視点に鑑み，またそのようなライフスタイルの選択可能性は，女性だけでなく男性にとっても重要であ

資料7-3　筆者の提案する政策評価の枠組み

到達目標		
ジェンダーにかかわりなく，稼得とケアの調和をはかるという選択が可能であること		
測定指標		具体的指標
稼得指標	労働市場の平等度	就業率，就業継続年数，賃金，収入
	労働市場の公平度	管理職・役職
	労働市場の非マッチョ度	労働時間，ハラスメント
ケア指標	家族ケア度	育休・介護休業取得率，取得日数，育児・介護時間，家事時間
	社会ケア度	保育サービス利用率，デイサービス利用率，施設入所率
	自分ケア度	余暇時間

（出所）　筆者作成。

るという考えによるものである（田中，2017）。

　この目標が達成されるということは，第1節で触れた正社員で働き続けることのハードさが改善されることを意味し，働きたくても働けていない人，あるいは非正規雇用を選ばざるをえない人が正社員として労働市場に参入し，就業継続できるようになる。また，男性が積極的に家庭責任を果たすことをも意味し，これはさらなる女性の就業や子どもを産み育てるという選択を後押しする。つまり，「ジェンダーにかかわりなく，稼得とケアの調和をはかるという選択が可能なこと」を政策目標として設定することにより，その結果として「労働人口の増加」や「出生率の回復」といった社会への波及効果（インパクト）も期待できるのである。

　次に，第2段階としては，設定した目標に関連する諸政策を，府省を横断してすべて洗い出し，そこから数値化可能で適正な測定指標を選定する必要がある。こうした工程は，本来であれば，政策の計画・実施に携わる政策担当者や利害関係者などと議論を重ねて合意を形成していく協働的プロセスを踏むことが理想的であるが，本章で取り組むには限界があるため，ここでは暫定的に**資料7-3**のような測定指標を提案してみよう。

　前記の到達目標に対する測定指標としては，稼得（仕事，キャリア，収入）に関する指標と，ケア（子どもや親など自分にとって大切な人，あるいは自分自身

の世話をする・いたわる）に関する指標とに分けられる。稼得指標では，正規・非正規雇用の待遇格差を如実に表す賃金や収入に関する情報は，必ず盛り込まれなければならない重要な指標であろう。また，就業率が上昇したとしても，労働市場自体における男性優位主義的な，いわゆる「マッチョな」風土・慣習が変わらなければ，その労働は持続可能なものにはならないだろう。よって，労働時間や，セクハラ・パワハラ・マタハラ・パタハラなどあらゆるハラスメントを視覚化し防止する仕組みが重要である。他方，ケア指標では，自分自身や家族が心身ともに健やかな生活を送るために，自分自身がケア提供者となる選択肢（家族ケア）と，自分だけで背負わずに外部化する選択肢（社会ケア）の両方が保障されることが重要である。また，自分自身をいたわるという意味での余暇時間も重要な指標となろう。

　この評価枠組みの試案は，あくまで暫定的なものであり，これからもっと精度を高めていく必要がある。しかしながら，前述した現在の政策評価の課題を克服しようとするものである。また，到達目標に掲げたような社会状況の改善を本気で目指すのであれば，このような未来志向の議論を少しずつ積み上げていくことこそが，到達目標へ近づくための足がかりとなるだろう。

　少しずつではあっても，より良い政策評価の枠組みを整えていくことには，次の2点の効用があると考えられる。1つ目は，政策の計画・実施に関わる人々（主に政策担当者）に対する効用である。適切な政策評価の枠組みに基づく振り返りは，政策においてより実効性の高い次の一手を打つための，根拠のある有益な情報を提供する。そのような情報は，政策担当者にとって，自信をもって政策継続や修正，あるいは廃止を判断する際の大きな武器となる。

　2つ目は，国民一般に対する効用である。適切な政策評価の手続きを踏んで，明確な到達目標や成果の進捗，それに対する対処などが，継続的にわかりやすく公表されるようになれば，国民の中にある政策への「よくわからない感」や「不信感」が払拭され，もっと興味をもつ人が増えるだろう。興味の萌芽は，批判的・主体的な姿勢をもって政策と関わる国民を育てる。さらに，国民の政策をみる目が育てば，特に費用をかけた割に成果がみられなかった場合などに

は「なぜこんな結果になったのか，納得できるよう説明してほしい」という主張が当然出てくるようになる。

　こうした国民の側からの政策担当者へのプレッシャーは，政策に携わる関係者の襟を正し，業務によりいっそう真剣に取り組まなければならないという内的動機に帰結するかもしれない。政策評価を介して，政府および政策担当者と国民との有機的な関係が築かれていけば，それが相乗効果となって，より良い政策の計画・実施につながっていく。逆にいえば，社会状況の改善はこのプロセスを抜きにしては実現しえないだろう。

3 ここがポイント
政策評価の枠組み構築に向けた民主的プロセス

　ここまで述べてきたことからもわかるように，日本において政策評価はまだまだこれから発展していく余地のある領域である。とりわけ，第2節で示したとおり，女性のライフスタイルに関連する政策は，複数の府省を横断し，多岐にわたる。それらをすべて網羅した上で，論理的かつ整合的な政策評価の枠組みを確立することは，容易ではない。しかし裏を返せば，そこにはまだ誰も完成させたことのない，新しい評価枠組みを自分の手でつくっていける可能性もあるのだ。その意味で，政策評価という研究領域は，チャレンジングだが知的好奇心を刺激する，面白い領域である。まだ見ぬものを想像し，どうにかして具現化できないものかと頭をひねる，ワクワク感もある。また，こうしたすべての努力が，政策評価の本質的な目的である，より良い社会の実現に向けた改善の積み重ねであることを考えれば，社会貢献という価値をそこに見出すことも可能かもしれない。

　政策評価における到達目標の設定や測定指標の選定といったプロセスは，多様な人が，多様な視点から議論に参加しながら，共通の目的・目標を描き出していく作業でもある。自分の手で政策評価を行おうとまでは思わない人であっても，ぜひこのプロセスには積極的に参加してほしい。なぜなら，日本の将来

は，女性にとって自身のキャリアと結婚・出産・子育て・介護などが二者択一にならない社会を実現できるかどうかにかかっている，といっても過言ではないほど重要な政策領域だからである。だからこそ，若い人の意見がもっと反映されるべき領域でもある。自分たちはどのような社会に生きたいのか，どうすればそのような社会をつくっていけるのか，若い人が自分たちで考え，議論していく時期に来ているように思われる。日本の将来を悲観している人にこそ，柔軟な発想で考え，発言する機会をもってもらいたい。

　このように，政府，各府省，研究者，国民の代表者などが協働して，到達目標や指標について検討したり，合意に達したその指標に照らして，政策の成果を継続的に点検・評価していったりするような形は，取り組むに値する新しい試みになるのではないだろうか。

これから深めていくべきテーマ
より精度の高い政策評価を目指して

　今後さらに掘り下げていくべきテーマとしては，やはり政策評価枠組みの精度をいかにして高めていくか，ということに尽きる。それに関して，ここでは3つの関連するテーマを挙げたい。

　第1に，妥当性・信頼性の高い測定指標を選定することである。第2節で提案した枠組みや指標は，あくまで1つの試案に過ぎず，さらに精緻化していく必要がある。そもそも，このような提案に対して国民の合意が得られるか，それに対する測定指標は適切か，など基本的なところから議論や検討を進めていかなければならない。

　また，より厳密な因果推論も重要となる。ロジック・モデルの記述では，単なる相関関係ではない因果関係であることや，外部要因の影響などを見極めていくことが求められる。政策の実施によってみられた実態の変化（アウトカム）は，本当に政策による効果なのかを明らかにすることは，決して容易ではないが肝要であり，海外の実証研究も含む蓄積された先行研究のレビューなど

をとおして，政策とその効果をめぐる諸要因間の関係性を一つ一つ丁寧に整理していく作業が必要となる。

　第2に，正確で説得力のある統計データの収集・整備・作成を進めることである。政策評価枠組みを構築していく過程において，重要な測定指標であるにもかかわらず適切な統計データが入手できないといった可能性が考えられる。正確で説得力のある統計データなくして，政策評価の発展は望めない。また，研究の将来的な発展を考慮すれば，欧米諸国や東アジア諸国との国際比較を視野に入れられる，比較可能性の高い統計データの整備が求められる。統計データの整備には資金も時間もかかるため，できるだけ早い段階から準備をし，データベース化していくなど，本格的な政策評価研究の実施に向けて積み上げを開始していく必要がある。

　第3に，政策評価の実施体制を再検討することである。第2節でも述べたとおり，女性のライフスタイルに関する政策は，労働政策，福祉政策，ジェンダー政策など幅広く，複数の府省にまたがって実施されるものである。そのため，評価体制だけが各府省の縦割りになっていては，うまくいかない。しかしながら，各府省の縦割りの体制をすぐに変革できるかといえば，それも現実的ではないだろう。また，こうした政策を実施する各府省（とりわけ厚生労働省）自体の働き方が「ブラック」な現状に鑑みれば，時間をかけて充分な政策評価を実施できる余力がないようにも思われる（厚生労働省改革若手チーム「厚生労働省の業務・組織改革のための緊急提言」，2019年）。

　したがって，2点目の統計データの収集・整備・作成も含めて，政策評価の実施は，府省とは独立した別の第三者機関が主宰することが最善ではないかと考える。その実施体制について，政府，省庁，民間の企業・団体・NPO，労働組合，研究者，国民など多様なステークホルダーによる（北欧諸国にみられるような）「民主的コーポラティズム」の可能性を検討していくことが重要である。

手にとって読んでほしい5冊の本

伊藤公一朗，2017，『データ分析の力——因果関係に迫る思考法』光文社新書。
　　政策評価研究の基礎として欠かせないデータ分析に関する思考法や具体的事例
　　がわかりやすく解説されている。

中室牧子・津川友介，2017，『「原因と結果」の経済学』ダイヤモンド社。
　　政策評価の枠組みを検討する際に欠かせない因果推論の考え方について理解を
　　深めたい人にオススメの入門書。

山谷清志，2012，『政策評価』ミネルヴァ書房。
　　政策評価とは何かをより詳しく理解したい人にオススメ。欧米や日本での政策
　　評価の歴史や背景がよくわかる。

ロッシ，P. H.・リプセイ，M. W.・フリーマン，H. E.／大島巌・平岡公一・森俊
夫・元永拓郎監訳，2005，『プログラム評価の理論と方法——システマティックな
対人サービス・政策評価の実践ガイド』日本評論社。
　　アメリカの政策評価研究の第一人者らによる，体系的な概説書。本格的に取り
　　組んでみたい方には必読の1冊。

ワイス，C. H.／佐々木亮監修，前川美湖・池田満監訳，2014，『入門評価学——政
策・プログラム研究の方法』日本評論社。
　　評価を実際にどのように実践していくのか，評価研究の始まりから終わりまで
　　の各段階を丁寧に解説している。

引用・参考文献

田中弘美，2017，『「稼得とケアの調和モデル」とは何か？——「男性稼ぎ主モデル」の克
　　服』ミネルヴァ書房。
濱口桂一郎，2015，『働く女子の運命』文藝春秋。
IMF, 2012, "Can Women Save Japan?," IMF Working Paper.

　　　　　　　　　　　　　　　　　　　　　　　　　　　　（田中弘美）

第 **8** 章

政策がもたらす周縁化

障害者政策が抱えるジレンマと限界

資料 8-1　障害者政策の課題をめぐる構図

（出所）　筆者作成。

　「障害者政策」と一言でいっても幅広い分野が存在する。障害者政策は障害者の生活を支える政策全般を指すもので，ある時点の生活ニーズでなくライフステージを通じた様々な課題に対する政策となるからだ。このような障害者政策を個別具体的に一つ一つ取り上げていくことは難しい。そこで本章では，障害者政策のより基盤的な次元における課題や，これまであまり議論されてこなかった課題について考えてみたい。それは障害者政策における「政策による周縁化」という現象である。

　政策は，特定の人々を対象とすることで，ときに彼らを周縁化する場合がある。「特別なニーズがある人々」として分類することで，彼らを良くも悪くも「一般的」ではない「特例的」な存在とする。その結果，社会は彼らを「中心である多くの私たち」とは違う特別な存在として認識し，それが社会構造上の様々な周縁化につながる。

　障害者の生活における課題は，しばしば社会的排除をその背景にもつ。いわゆる差別行為だけでなく，無知や無理解といった状態が結果的に障害者を社会構造の外へと追いやり，それが彼らの生活上の課題として現れる。政策の周縁

化は，こういった社会的排除の背景の一つにもなりうる。周縁化とは，この場合，周縁に追いやること，すなわち社会における中心的あるいは主要な部分ではないものと位置づけ，重要視しなくなることであり，マイノリティ化と同様のものである。

　もちろん，障害者にはその機能障害によって発生するニーズがあり，政策の対象化が必要な場面もある。しかし，現在の日本の障害者政策における対象化が，果たしてその必要な範囲を超えて，過度の周縁化を引き起こしていないかという点については，大いに検討の余地がある。

1 何が問題か
障害者政策と周縁化の関係

1 政策の対象化と認識

　資料8-1に示したように，まず政策の対象となるということは，その対象グループには政策的介入を必要とする特性があることになる。特に福祉政策の中心は人々のニーズの充足であり，その対象であるということはニーズがあるということを承認することになる。例えば障害者政策があるということは，障害者のニーズが政策的介入を要するニーズとして承認されたということでもある。

　福祉政策の場合，ニーズの多くは生活上の課題として出現する。そのため，福祉政策の対象者には「課題のある人」「助けの必要な人」といったイメージが伴いやすい。それがニーズ集団に対するネガティブな認識を強め，非ニーズ集団からニーズ集団への差別や排除が起こる。こういった周縁化にはスティグマ（不名誉，恥辱感といったマイナスイメージの烙印）が伴うため，人々はニーズ集団との関わりや所属自体を隠そうとする。その結果，社会におけるニーズ集団の表面的な不在が起こる。

　ニーズ集団の表面的な不在が起こると，その社会ではニーズ集団の存在を前提としないシステムが作られ，ニーズ集団が非ニーズ集団の社会に参加することをますます難しくする。すると，その社会における認識からもニーズ集団が

排除されて，社会構造と社会的認識の両方における周縁化が進んでいく。

2　他者へのまなざし

　上記のような周縁化が進むと，非ニーズ集団の中ではニーズ集団に対する無理解や無知が進む。構造的にも認識的にも周縁化された人々（ニーズ集団）は周縁化した人々（非ニーズ集団）にとって距離のある存在となり，彼らに対する知識や情報は減少し，それらを得る機会も少なくなる。これが資料8-1の②の流れである。

　障害をもたない人の多くは障害者や障害に対する理解や知識が十分ではない。それは多くの場合，日常生活で障害者に接することが少ないからである。あるいは，学校生活や就職活動，娯楽といった活動の中で，障害者を前提とした制度に触れることもない。ゆえに，そこへ障害者が参加しようとすると特別な対応が必要になる。このような環境は，障害者が施設や居宅などの一部の限られた範囲のみでの生活を余儀なくされ，社会に参加することが実態上も認識上もなかったために起こる。さらにその背景には，障害を忌み嫌う思想や，彼らを弱者として保護してきた（その結果，周縁へ追いやってきた）障害者に対する社会の対応がある。

　こうなると，周縁化した人々はニーズ集団を「自分とは違う人々」としてしか認識できなくなる。仮に忌避する認識はなくなっても「かわいそうな人」や「助けが必要な人」という認識のみで，自分たちと同じ土俵に立ち，自分たちと同じ権利を享受すべき人々とは認識できなくなる。

　ここで問題なのは，非ニーズ集団がニーズ集団を「自分とは違う人々」だと認識しても，実際にはどちらも同じ社会で生活し，同じ権利を有する個人であるという点である。そこでニーズ集団が権利を主張したり周囲がそれを保障しようとしたりすれば，それが新たな課題として発現することになる。そして，その課題が増えたり大きくなったりして社会的注目を集めると，この新たな課題はさらに新たな政策的対応へと発展する。これが，資料8-1の③から④への流れである。

　障害者政策の場合でいえば，当事者による自立運動や権利を求める様々な動きだけでなく，社会的要請によって後押しされた地域生活移行や自立支援への傾倒，就労支援の充実と障害者雇用の促進などがその実例である。

　つまり，③の流れには当事者の認識や社会状況の変化が必要であり，障害者が求める新たな生活像が既存の社会構造では実現が難しいとわかることで，新たな政策が登場していく。

　このような政策を1つのファクターとした構造に，本章の問題意識は示されている。そして，そこからまた新たな疑問が導かれるだろう。例えば，この構造において新たにつくられた政策は，次も同様の流れを描いていくのか。あるいは，障害者の就労の促進のために設けられた障害者総合支援法（以下，総合支援法）をはじめとする様々な法制度は，果たしてどのような周縁化を引き起こすのか。この問いについては，後で詳述する。

③ 対象化と周縁化に関する議論

　これまで，政策の対象化と周縁化の関係についての研究は決して多くない。例えば「対象」については，「社会福祉の対象とは」といった根源的な問いや，障害者政策における発達障害などの新たな障害種別への対象の拡大の必要性などが議論されてきた。しかし，これらの「対象」についての議論において，政策の対象化がもたらす影響はその中心的課題とはなっていない。

　一方で，障害者を周縁化する社会構造が，差別や課題の原因となる社会的障壁として描かれることは少なくない。ただし，ここでもやはり政策が周縁化を引き起こすという議論はあまりみられない。最も政策的課題として語られるのは，周縁化やマイノリティ化よりもむしろスティグマ化という文脈においてである。これらは特に貧困との関係において語られ，公的扶助や貧困地域を対象とした政策の地理的スティグマ化などが取り上げられてきた。

④ 周縁化が先か，対象化が先か

　これまでの議論で政策は，周縁化とその結果起きる課題への対応として描か

れる。それは，福祉政策などにおいてその対象はすでに何らかの形で周縁化されている場合が多いからである。

　そもそも福祉政策は何らかのニーズのある人々をその対象とする。そのニーズへの社会的対応の必要性が認められることが，福祉政策へとつながっていくのである。このとき，そのニーズには何らかの社会的背景が認められる。つまり，社会が要因となってニーズが発生するからこそ，そのニーズへの社会的対応が正当化されるわけである。特に現代においては，特定の集団に発生するニーズが社会構造の欠陥や不備の結果としてとらえられることが少なくない。この構造の欠陥や不備が，社会的排除であり，また周縁化された状態である。

　それでは，やはり周縁化があって対象化が起こるのか。これは，資料8-1に示したようにサークル状の関係性を成しており，周縁化によって対象化が起き，その対象化によって周縁化が起きるという連続性がその問題であるということができる。そして，このサークルの中をぐるぐると回っている以上，周縁化された人々はそこから出ることが難しくなる。

⑤ 対象設定の必要性

　対象化についてのもう1つの重要な論点は，障害者政策のみならず政策全般において，その対象を設定することは不可欠な要素であり，政策のみならずニーズ集団にとっても重要な意味をもつという点である。対象化されることにより，ニーズ集団は同時に利益集団あるいは権利集団となる。つまり政策を通じた給付や支援を受ける権利を得るということである。そして，権利の付与という点でいえば，対象化は他方で政府の責任の範囲を示すものでもある。

　政策の対象が定められていなければ，制度を運用する上でも支障が出るし，ニーズ集団に対して政策に規定された給付や支援，規制が行われなかったとしても，その問題を指摘することができない。

　このように，政策においてその対象を厳密に設定することは，実際の運用上も，そしてその政策が実際に効力をもつためにも必要なものとなる。つまりは，ここで問われなければならないのは，政策が特定のニーズ集団を対象化するこ

との是非ではなく，その対象化が前掲資料 8-1 に示したような周縁化と新た
な課題のサークルを成すものとならないようにすることなのである。

⑥ 障害者政策から学ぶこと

　周縁化が何らかの社会構造の結果として起きるという認識は，障害者に限ら
ず生活困窮者，ジェンダーなどほかの領域においてもすでに認められている。
一方で，政策が対象を規定するということは，政策のもつ性質上，当然のこと
としてほぼ議論の対象になっていない。しかし，特定の集団が政策の対象とな
ることが，大なり小なりその集団を他の集団と切り離す側面をもつ以上，政策
の対象をどのように規定すべきかという点については，単なるニーズとの妥当
性や運用上の条件だけでなく，「周縁化の可能性」という観点からも考慮され，
決定されるべきといえる。

　ここで障害者政策をみると，多くの分野で障害者だけを対象とした法制度が
整備され，それによって障害者の生活を支えている。日本の場合，所得保障で
は障害年金や社会手当があり，サービスを含む現物給付に関しては障害者総合
支援法によって体系的に整備され，障害者手帳に基づく優遇サービスや，就労
には障害者雇用枠が設けられている。そしてそれらは，障害者基本法によって
定められた障害者の定義に準ずる形で対象が規定されている。

　しかし，果たしてこれらの障害者政策が，障害者の生活を障害のない者の生
活と切り離し，周縁化していることはないだろうか。次節では，日本の障害者
政策の状況を周縁化という観点から整理し，その現状を明らかにするとともに，
その対策を考えてみたい。

2 こう考えればいい
対象化が周縁化に近づく要因

　政策に対象規定が不可欠なものである一方で，その対象規定によって特定の
ニーズ集団が周縁化される可能性について述べたが，しかしすべての対象規定

が資料8-1で示したような周縁化の流れに陥るわけではない。

① スティグマとの親和性

　ニーズ集団が周縁化される要因の1つは，スティグマの強さにある。そのため，スティグマの強い集団では，その所属員や，本人ではなく関係の強い他者にとっても，それを知られたくないという態度が起こる。対象規定の属性や条件，あるいはニーズの起こる状況がネガティブなもの（例えば低所得や特定の疾患，障害など）である場合，ニーズ集団へのスティグマが強まり，さらに社会的排除の要因となるが，それは非ニーズ集団からの差別的扱いだけでなく，ニーズ集団自身が知られたくないという思いから「鳴りを潜める」ことでも起こる。

　障害者の場合，かつては障害者というだけで強いスティグマが存在した。障害者が人前に出ることすらも憚られ，家族に障害者がいれば隠された時代もあった。それは現代でも全くなくなっているわけではない。特に，一見してわからないような障害の場合には，障害者自身がその障害を隠し，そのニーズを抑え込んで生活することもある。

② 政策による距離

　周縁化の背景には，周縁化される人々とする人々との間の心理的な距離がある。この距離は，相手のような状況が自分にも起こりうるかもしれないという共感性ともとれる。その距離の拡大（共感性の乏しさ）が，資料8-1の②のような無理解や無知への流れを生む。

　共感性の乏しさには物理的な分断も大きく影響する。一部の制度ではニーズ集団と非ニーズ集団を物理的・空間的に分断する。例えば教育や就労，交通手段や居住スペースなど，障害者だけの特別な空間を作って支援を行う一方で，障害者と障害のない者とで共有する空間を狭めていく。

　そうなると，それぞれの空間は一方だけに適合したものになり，それぞれの社会が構築されていく。そして，一方の社会は他方に属する者にとっては生き

づらいものとなる。なぜなら，一方は他方がもつ特性やニーズを知らず，したがってそれを想定した社会構造をつくることができないからである。そして，そのどちらか一方（例えば障害のない者）が社会全体における優位性をもつものであった場合に，もう一方を周縁化するという結果になる。

③ 複数のニーズに共通した対象化

　例えば，**資料8-2**に示すように，複数のニーズに基づいてそれぞれの対象を規定した際，各ニーズ集団に所属する人々がその都度異なっていれば，ニーズ集団と非ニーズ集団の間の境界は流動的あるいは一時的なものになる。しかし，複数のニーズ集団の構成員が常に同じであると，彼らと非ニーズ集団の境界は明確で，かつ強固なものとなる。すると，それら複数のニーズを代表するようなニーズ概念が作られる。そうなると，代表的なニーズ集団に所属する者は，他のあらゆるニーズにおいてもその集団の一部として認識されるようになり，非ニーズ集団との線引きがますます明確で決定的なものとなる。

　障害者の場合でみてみよう。障害者には様々なニーズがある。それは障害種別や程度によっても，また障害とは別の，例えば性別や年齢，生活する環境に

資料8-2　ニーズ集団の重なりと固定化

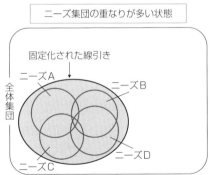

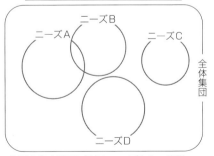

・集団のうちの少数にニーズが重複する状態
　↓
・ニーズ/非ニーズ集団の線引きが固定的になる。
・ニーズ集団が数的にも少数派になる。

（出所）　筆者作成。

・集団の多くがそれぞれにニーズをもつ状態
　↓
・ニーズ/非ニーズ集団の線引きが流動的になる。
・何らかのニーズをもつ人が多数派になる場合も。

よっても異なる。なかには，障害者でなくとももつニーズも存在する。

　しかしながらそこに，「障害者」という大きなカテゴリーを設けることで，あたかも「障害者」というニーズが存在するかのような状況になる。そして，様々なニーズが「障害者」に共通のものとして認識され，あらゆる場面で「障害者」として扱われることになる。

　次のような例がある。障害者手帳を取得している学生が就職活動で障害者枠での雇用を打診された。その学生は手帳を所持していても，就業上の支援が必要なわけではなく，学業も他の学生と全く同じ条件でこなし，ごく一般的な大学4年生として就職試験を受けたにも関わらず，である。会社側は最近制度化された合理的配慮などをあげ，他の社員と同等の扱いを受けられることを説明するが，そもそも彼は労働者として同等で，特別な配慮の必要はないのである。

　確かに障害者には，何らかの支援を必要とする場合がある。それは障害のない者よりも多いかもしれない。しかし，障害はあくまでもその個人の一部であって，障害とは切り離されたアイデンティティが本来存在するはずだが，障害者として括られることによって，障害者としてしか社会が受け止めない状況が起きてしまうといえる。

④ 周縁化させない具体的な方法

　それでは実際に政策の対象規定が，障害者政策においてさらなる周縁化を引き起こさないためにどのような工夫ができるだろうか。

　前項で，政策の対象規定が周縁化へとつながる背景を考察した。そこであがった①スティグマとの親和性，②物理的・空間的な距離，③複数のニーズに共通し固定化された集団という点から，政策にできることを考えてみる。

　まずスティグマとの親和性ということでいえば，対象規定の置き方以前に，障害者に対するスティグマの改善・解消の話になるだろう。しかしながら，スティグマの解消は簡単なことではない。差別と同様に，スティグマをなくそう！　と啓発活動を行っても，それ自体がさらなるスティグマを生む可能性すらある。なによりも，障害者政策だけでなく福祉政策自体が，従来からスティ

グマを生み出してきたといえる。

　ただ，政策がスティグマを生むのは，その対象がもつ特別な（そして何らかのネガティブな）ニーズを選別的に対象としてきたことが要因の一つにある。その意味で，より普遍的な制度設計とすることがスティグマへの対策になるといえる。障害者の場合でいえば，障害者だけを対象とした制度ではなく普遍的，つまり広く全員を含むような対象カテゴリーの中に障害者が包摂されるような制度にするということだろう。

　普遍的な制度は，③の固定化された集団への対策という点でも効果がある。さらに③については，構成員が重ならない複数の政策で社会全体をカバーすることでも対策ができる。障害者政策の場合でいえば，障害者以外にも共通するニーズに対しては障害者政策とは異なる枠組みで設定するということだ。この点については次項でより詳しく触れることにしよう。

　②については，物理的に分断された構造を作らないということが第一である。障害者政策における具体例としては障害者施設が最もわかりやすいだろう。障害者施設は，保護や専門的な対処・対応の結果として，いわば「障害者のため」を考えた結果である側面もあるが，それが結果的に障害者を物理的に分断する構造を作り出してきた。このような環境における物理的分断に対する規定や制度が必要になる。しかし，一方で障害者が必要とする物理的アクセシビリティも確保しなければならない点が難しい。

　この点については，例えば近年の障害者雇用において，大規模企業での雇用数の増加，そして特例子会社の数が同様に増加し続けていること（厚生労働省，2019など）からみえることがある。

　特例子会社とは，障害者雇用に特化した会社を子会社化し，親会社による一定の管理を条件に，子会社の障害者雇用数を親会社も含めた全体の雇用数として合算できる制度である。これは，特例子会社という場所に企業内の障害者を集め，そこで特別な環境で特定の業務を与えるという形態になる。つまり，障害者雇用数増加の一端を特例子会社が担っているならば，実際の就労における空間的な分断はむしろ進んでいる可能性がある。それではいつまでたっても一

般的な就労の場が障害者の働くことのできる場にはならないだろう。

⑤ ニーズに準拠した対象規定

　上記③の固定化された集団という点について，もう少し具体的な対策を考えてみたい。近年，ヨーロッパを中心に，社会サービスや給付をニーズ発生の要因となる属性ではなく，ニーズそのものに準拠して行う政策モデルが拡大している。例えば障害者政策でいえば，すでに政策の対象として「障害者」という規定をなくし，代わって「就労支援」「所得保障」「介護サービス」といったニーズとそれに対する給付の種類による分類の中に，障害者もそうでない人も落とし込む形の政策に移行した国もある。

　このようなニーズ準拠型の政策類型のあり方は，政策の普遍化としての側面と同時に，複数のニーズ集団に共通して発生するニーズの存在という側面がある。その意味では，普遍化を目指したのか，それともより厳密なニーズ集団のとらえ直しなのかを一概に判断できないが，このような政策が与える示唆は重要である。

　実際，日本において障害者政策で対応しているニーズの中で，他の集団にも共通するニーズがある。例えばケア（介護）ニーズである。高齢者に対する介護保険制度と障害者のサービスとの実態上の重複はたびたび指摘される。また，身体介護から家事支援にまでケアの範囲を広げると，例えば妊娠中の女性や，ケガや病気で一時的に身体機能に制限がある者など，そのニーズ集団はさらに広がる可能性がある。障害者総合支援法の2013年改正では，その対象に難病患者を含むようになった。これは，障害者政策の対象に障害者以外が含まれるようになったということである。

　就労支援も様々な対象群に対して実施される政策の一つである。就労支援の場合には，必要な支援が対象群によって異なるため，それを個別の制度とする根拠とみることもできる。しかし，その必要な支援に基づいた対象規定が，果たして現在の障害者・若者・ひとり親の母親といった対象規定に一致しているのかについての確認は必要だろう。

⌊6⌋　新たな対象規定の課題

　ニーズ準拠型の制度の有用性は興味深いものであるが，忘れてはならないのは，ニーズ準拠型の対象規定を選択することが適当な制度も，そうでないものもおそらく存在するという点である。また，資料 8 - 2 で示した複数の部分的に重なり合う輪のような対象規定ではなく，すべてを対象とした大きな輪のような，より普遍化した制度には次のような課題が考えられる。

　普遍的制度の特徴としては，選別的制度に比べて対象がいわゆる「広く浅く」になり，結果的に非効率性や本当に必要な人に給付が行き届かない可能性が指摘できる。

　例えば重複するニーズの前述の例とは逆に，障害者以外を対象とした制度の中にも障害者のニーズに対応できるものがある。生活困窮者への支援などでは，その利用者の中に一定数の障害者が含まれることが確認されているが，しかし，そのような制度の中で彼らは，時に「困難事例」として最終的に障害者サービスに流れてくることがある。障害者は，時に障害に関する専門的な知識や技術をもった支援を必要とする場合がある。しかし，障害者政策が普遍的な政策に包摂されることで，障害者特有のニーズへの対策や個別の状況への対応がおろそかになってしまうようであれば，周縁化以前の問題となってしまう。

3　ここがポイント
障害者政策と周縁化

　周縁化という以前に，障害者政策自体が多くの人にとっては直接関係のない，あまり興味のない領域として映るだろう。それこそが障害者の周縁化の背景の 1 つでもある。しかし，次のような点で，障害者政策について考える意義は，障害のない人々にとっても十分にあるといえる。

⌊1⌋　共通課題としての周縁化問題

　障害の社会モデルといわれる概念がある。これは，障害は個人の心身の機能

資料 8-3　国際生活機能分類（ICF）

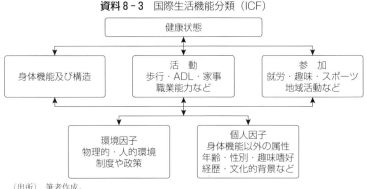

（出所）　筆者作成。

や状態だけでなく個人を取り巻く社会的環境によって規定されるとする考え方である。つまり，個人の状態にかかわらず，環境が整っていれば実際上の課題にはならないこともあれば，その逆もあるということである。

　資料 8-3 は WHO が国際生活機能分類（ICF）として障害の社会モデルを示したものである。この図の中には，実は「障害」という言葉は用いられていない。一方で，環境因子には物理的環境だけでなく制度・政策も含まれ，また個人因子にはその個人を形容するあらゆる属性が含まれる。

　多くの人は漠然と「自分は障害者ではない」と考えるが，この社会モデルに基づけば誰もが障害者と呼ばれる可能性がでてくる。個人が抱える様々な課題は，その個人を取り巻く環境によって課題＝障害になっているととらえれば，多くの課題を社会的な課題として位置づけることができる。障害者の生活上の課題の本質を追求することで社会的環境の課題が示されれば，同じ環境下で課題を抱える障害者とは呼ばれない人々に対しても，社会的な対応が実現し，必要な支援や助けを受けることのできる生活しやすい環境につながる可能性がある。

　また，本章においては障害者政策の課題として取り上げたが，周縁化の課題は本来障害者以外の多くの領域にも共通するものである。例えばジェンダーなどの性別間や，子どもや高齢者といった年齢に起因するもの，あるいは外国人など，周縁化の課題は何らかの特徴をもって切り取られるあらゆる集団におい

て考えることができる。つまりは，障害者政策を題材として周縁化の問題を考えることは，その議論や知識をそういった他領域へと転用していくことができるということである。

　このように障害者やその生活，政策について探求していくことは，障害のない人々にとっても利益をもたらす可能性があるといえる。

2　障害者が活躍できる社会の意義

　障害者はその心身機能の不全により，長らく無能力者といった認識のもとにおかれてきた。障害者には障害のない人と比べてできないことがあるのも事実だろう。実際，体の機能不全により起こる行為の不全が，障害者の生活上の行為に影響を与えている。

　しかし一方で，近年の技術革新や知識の蓄積により，障害者にはできないと思われていたことでもできることが増えてきている。物理的な装置だけでなく，障害への理解の深まりとともにリハビリテーションや支援方法の発展がそれを可能にしてきたし，これからさらに可能性が広がるだろう。いわば，障害者はこの社会における潜在的な「資源」としての側面をもつのである。

　周縁化によって人々を社会から排除することは，彼らを周縁化した社会にとってもある種のロス（損失）を生む。さらに，周縁化しながらも社会の中で彼らを抱えることでコスト（負担）が発生する。

　障害者も，社会におけるコストとされてきた側面がある。しかし，そのコストが社会構造によってつくり出されたのであれば，それを構築し直すことによって障害者は社会における資源になるのである。

　少し話が極端だったかもしれない。例えば障害者の就労をみてみる。2005年の障害者自立支援法施行（現・総合支援法）以降，障害者雇用数は右肩上がりで増え続けている（厚生労働省，2019）。これだけでも，労働市場に投入される労働力の増加ととることができる。もちろん，障害者の就労が増え続けているとはいえ問題がないわけではない。就労している障害者が労働市場において労働力として認められているかといえば疑問もある。しかし，将来の労働力不

足が叫ばれる現代の日本において，潜在的な労働力として障害者をみることは，障害者にとっても障害をもたない者にとっても意義がある。

　自立支援法は障害者雇用数の増加のきっかけの１つであり，これは障害者の一般就労を促進するための制度改革＝環境整備をすることで，障害者が労働力へと転化されるようになったとみることができる。今後さらに障害者の就労が増え，障害者が働くことが当然になった先には，障害者の働き方・雇い方もさらに発展するであろう。

　また，いわゆる賃労働に限らず，これまで支援される側，助けられる側であった障害者が，他者に影響を与えるような社会的役割を担う存在になることは，彼らが所属する社会にとっての資源になる。そこに，障害者に対しての理解が進み，障害者政策によって環境が整えられていくことの意義がある。

③ すべての人にとって「快適な」社会

　障害者の生活やその支援などを考えているとよく聞く言葉として，「障害者の住みやすい社会は障害のない者にとっても住みやすい社会」といったものがある。その背景には，単に障害者の抱える生活課題が障害のない者にも共通する部分があるという以上の含意がある。それは，障害者個人の心身の機能不全に起因する生活課題を，その個人や家族の問題のうちに収めるのでなく社会の問題ととらえることを通じて，障害のない人々にとっても個人の問題として見過ごされるような課題が社会的な対応の対象になる可能性があるということである。それはある種の社会の許容性の拡大といえるだろう。

　障害者への支援や政策的対応を考えることで，そのような社会の許容性を高めていくことは，無条件で自立や自己責任が求められる人々にとって，課題を抱えることも，そして助けを求めることも許容される社会となっていくことにつながるだろう。まさに障害の社会モデルによってあらゆる人を包摂する社会になるということである。

4 これから深めていくべきテーマ
今後の政策評価と新たな「ケア役割」

1 ニーズ準拠型政策の検証

　世界的にニーズ準拠型の政策が拡大している状況からは，ニーズ準拠型の政策形態の有用性を推測することができる。しかし，その検証が十分になされているかといえば，不十分といわざるをえない。

　その意味で，今後の展開が楽しみな領域としては，本章の問題意識にも関連して，ニーズ準拠型の政策が周縁化を抑制するものであるかについての検証がなされることである。周縁化への影響だけでなく政策において重要な費用対効果や障害者の生活水準の変化なども含め，このような新たな枠組みが果たして効果があるのかどうか，どのような影響があるのかについての研究が進むことを期待したい。

　また，政策の評価は様々な形で行われているが，障害者政策の観点からは，その政策目的である障害者の生活への影響が測られることが1つの主題となる。今後はそれにとどまらず，そのような障害者の生活の変化が障害をもたない者の生活にどのような影響を与えうるのか。その点を明らかにしていくことも，重要なテーマとなるのではないだろうか。

2 ケア役割と新たな支援

　障害者は支援する側・される側の関係において，常に支援される側として位置づけられてきた。またときには，障害者が目指すべき自立が，そういった支援を必要としなくなることと同義にとらえられることもあった。その意味で，支援する側・される側の線引きは，障害者にとって最も基盤的な周縁化の例ともいえる。その関係においては，支援する側とされる側の溝は非常に深く，支援される側である障害者が支援する側に回ることなど想定されていない。他人のことよりまず自分のことができるようになってから，他人のことを考えよう

153

といった意識がそこにはある。

　障害者が何らかのケア役割を担うということは，社会的な認識だけでなく，社会システムとしての政策においても，少なくとも日本では認められていないといえる。障害者自身を支援することと，障害者が誰かの支援者になることを厳密に分けるというのが政策の大前提にある。

　しかしながら，諸外国の例をみれば，障害者による家族へのケア行為（例えば子どもの世話など）が支援の対象となる例もある。そういった例は，そのケア行為や役割がその障害者の生活において重要な意味をもつものである，という理解によって可能になっている。実際，他者をケアするという役割は，人間の発達段階においては一定の年齢段階において獲得すべき役割であり，その意味でケア役割を担うことはライフコースとしてみた場合の個人の生活において必要な要素だともいえる。

　他者へのケアを必要な役割として認めるのであれば，障害者支援の領域はもっと広がるべきである。障害者への「支援」が何のために制度化されるのかが，日本においても考える段階にきているのではないだろうか。

> ### 手にとって読んでほしい5冊の本
>
> 石川准・長瀬修編著，1999，『障害学への招待』明石書店。
> 　　本書は，障害をその当事者の視点からとらえることによって障害や障害者の在り様を障害（者）の文化として評価しなおす試みといえるのだろう。よく知られた障害（者）観がいかに非障害者によって作られてきたのかを教えてくれる。
>
> 榊原賢二郎，2016，『社会的包摂と身体──障害者差別禁止法制度の障害定義と異別処遇を巡って』生活書院。
> 　　本章にも共通する障害者の社会的排除とスティグマ化を構造的に示し，それをもって障害者への（特）別扱いが，いかに正当性があるかを示す。障害者の社会参加が徐々に進み，障害のない者には必要のない特別な支援を受けながら生活することが可能になった現代で，それがえこひいきや恩恵ではなく，必要かつ妥当なものであることを示している。
>
> 星加良司，2007，『障害とは何か──ディスアビリティの社会理論に向けて』生活書院。

ともすれば「障害」を前提としてそれに伴う課題に焦点が向きがちな障害（者）研究において，「障害とは何か」という原理的問いについて正面から取り組んだ1冊。現在の障害（者）理解に対して投げかけられる疑問がまた新たな視座を提供する。

マイケル・オリバー／三島亜紀子ほか訳，2006，『障害の政治』明石書店。

障害者がスティグマ化され周縁化されてきた経緯を，イギリスにおける個人主義と医療化という観点から叙述し，その実態を明らかにした本の邦訳版。外国という点でも，またその分析的視点の基本という点でも，やや難解な書籍ではあるが，障害者のスティグマ化を決して社会の発展における自然発生的なものではなく，政略的なものとしてとらえるための知見を与えてくれる。

山村りつ編著，2019，『入門障害者政策』ミネルヴァ書房。

これまであまりなかった「障害者政策」を網羅的にとらえた書籍。それだけに一般的な範囲の記述が中心だが（だからこその「入門」である），その中にもカギとなる重要な概念やトピックを含めている。また，複層的に関連しあう多くの関連制度の横のつながりにも配慮し，まずは導入として障害者政策の全体像を理解するのに役立つ。

引用・参考文献

厚生労働省，2019，「平成30年 障害者雇用状況の集計結果」（報道資料）※特例子会社の数の変遷については同集計結果15年分から算出。

（山村りつ）

第**9**章

非正規労働者と社会保障

多様化への対応

資料 9 - 1　非正規労働者の 4 タイプとそれぞれの問題点

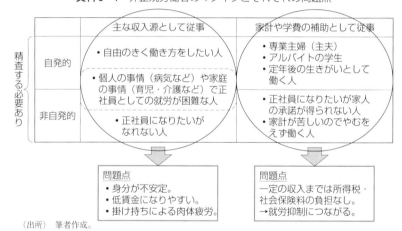

	主な収入源として従事	家計や学費の補助として従事
精査する必要あり　自発的	・自由のきく働き方をしたい人	・専業主婦（主夫） ・アルバイトの学生 ・定年後の生きがいとして働く人
	・個人の事情（病気など）や家庭の事情（育児・介護など）で正社員としての就労が困難な人	
非自発的	・正社員になりたいがなれない人	・正社員になりたいが家人の承諾が得られない人 ・家計が苦しいのでやむをえず働く人

問題点
・身分が不安定。
・低賃金になりやすい。
・掛け持ちによる肉体疲労。

問題点
一定の収入までは所得税・社会保険料の負担なし。
→就労抑制につながる。

（出所）　筆者作成。

　日本では1990年代以降，パートタイマー，派遣労働者，契約社員といった非正規労働者が増大し，近年では全被用者の 4 割に迫る勢いとなっている。中でも，正規労働（正社員）の職を得られずにやむをえず非正規労働者となる，いわゆる非自発的非正規労働者の問題がクローズアップされている。また，非正規労働者が正社員と比較して待遇と賃金の面で不利な状況におかれやすいことも問題視され，様々な改善策が議論されている。本章では，非自発的のみならず，自発的に従事していると思われている非正規労働者が抱える問題にも着目し，様々な事情を抱えた非正規労働者それぞれのニーズに合った社会保障制度をどのように整備すべきかについて考察する。

1 何が問題か
多様な非正規労働者への対応の必要性

1 非正規労働者とは

①非正規労働者の現状

　非正規労働には明確な法的定義がなく，正規労働の 3 つの要件（①労働契約の期間の定めがない，②所定労働時間がフルタイム，③直接雇用）を 1 つでも満たさない労働が非正規労働とされる。主な非正規労働者として，アルバイトやパートといった短時間労働者，労働契約の期間に定めがある契約社員，ある企業から別の企業に派遣されて働く派遣労働者，定年後に同じ職場で有期の契約をして働く嘱託社員があげられる。

　日本において非正規労働者が顕著に増え始めたのは1990年代である。それ以前は，非正規労働は一時的な労働需要の増大や補完的な業務への対応として日雇い労働や主婦パートなどの形で従事されるに過ぎず，数も少なかった。だが，1990年代初頭のバブル崩壊を契機に日本経済が停滞すると，企業は，賃金や社会保険料などの負担が重いことや解雇しにくいことなどを理由に正社員の雇用を抑制しようとした。そして，それによる労働力の不足分を，賃金が安く済み，社会保険料負担などを伴わず，解雇も比較的容易な非正規労働者で埋めようとした。政府もそのような動きを後押しして，派遣労働の対象業務の原則自由化（1999年）など，非正規労働に対する規制緩和を進めた。それに伴い，非正規労働者の数は増加の一途を辿った。具体的な数値をみると，1990年は881万人であったが，2018年は2120万人と，約30年間で約2.4倍に増えており，全雇用者（5936万人）の36％を占めている（JILPT, 2019）。

　2018年平均の非正規労働者の内訳（**資料 9 - 2**）をみると，女性が1451万人であり，総数（2120万人）の68.4％を占める。年齢別にみると，男女計では55〜64歳がいちばん多く，2 番目に多い45〜54歳と合わせると40.3％を占め，中年齢者が多い。なお，男性では65歳以上が最多であり，2 番目に多い55〜64歳と

資料9-2　非正規労働者数の内訳（2018年平均）

（単位：万人）

			総　数	15～ 24歳	25～ 34歳	35～ 44歳	45～ 54歳	55～ 64歳	65歳 以上
実 数	非正規労働者	男女計	2,120	273	264	371	425	429	358
		男	669	127	83	65	60	145	189
		女	1,451	145	181	307	365	284	169
	パート・アルバイト	男女計	1,490	237	163	263	314	268	246
		男	347	111	40	26	23	42	105
		女	1,143	126	123	237	290	226	141
	派遣労働者	男女計	136	11	29	35	33	15	13
		男	51	4	11	11	10	7	8
		女	85	6	18	24	23	8	5
	契約社員	男女計	294	18	54	52	53	73	45
		男	156	8	24	21	20	48	36
		女	138	10	30	31	33	25	9
	嘱託社員	男女計	120	1	6	9	13	57	33
		男	75	0	2	2	2	41	27
		女	45	1	4	7	11	16	6
	その他	男女計	80	6	12	12	18	16	24
		男	40	3	6	5	5	8	13
		女	40	2	6	7	8	9	8

（出所）　総務省統計局 HP，2019 a，「労働力調査（詳細集計）平成30年（2018年）平均（速報）結果」3頁（2019年7月31日閲覧）。

合わせると約半数を占め，中高年齢者が多い。女性では45～54歳が最多であり，2番目に多い35～44歳と合わせると46.3％を占め，中年齢者が多い。

　②非正規労働者のタイプ

　以下では，非正規労働者を，若者，中高年齢者，独身女性，専業主婦（主夫），ひとり親，の5つのタイプに区分して説明する。これらの5タイプをみれば，非正規労働者が抱える様々な事情を網羅的に知ることができるからである。

　まず，若者は，就職活動に失敗した人，やむをえない理由で勤務先を辞めた人が，正社員になれないことから非自発的に従事する場合がある。または，夢を追いかける人が，あえて正社員にならずに自発的に従事することや，学生が

家計や学費の補助のためアルバイトとして従事することもある。総務省の調査によれば，20〜29歳の若者（学生と未就学者を除く）のうち，非正規労働者の割合は24.6％である（総務省統計局，2019 b）。

　次に，中高年齢者をみると，中年齢者はリストラなどで勤務先を辞め（させられ）た後に，年齢などが理由で正規労働への再就職が難しいことから，主な収入源としてやむをえず非正規労働に従事することがある。この場合，彼（女）らは非自発的に非正規労働に従事していることになる。他方で，高年齢者の場合，定年後の生きがいとして非正規労働に従事する場合は自発的といえるが，低い年金額を補うためにやむをえず従事する場合は非自発的といえる。

　独身女性も，本人の病気や職場での人間関係などが理由で仕事を辞めた場合に，正社員に再就職することが難しいため，非正規労働で生計を立てることがある。この場合，非正規労働に従事することは非自発的ととらえられる。だが，健康状態などが理由で正社員になりにくい（なりたくない）場合は自発的ともとらえられ，非自発的と自発的の境界線を明確に引くことが難しい。

　専業主婦（主夫）は，家計補助として自発的に非正規労働に従事していると考えられる。しかし，本当は正社員になりたいのに家族の承諾が得られない場合や，より多く働きたいのに，配偶者の配偶者控除の範囲内となり，本人も所得税が非課税となる（そして，会社によっては配偶者に支給される配偶者手当などの限度内でもあることも多い）年収「103万円の壁」や，社会保険への加入を免れる年収「130万円の壁（一定の要件を満たす場合は「106万円の壁」）」を意識して労働量をセーブする場合や，本当は働きたくないが，家計が苦しいためやむを得ず働いている場合などは，非自発的に従事していると解釈できる。

　　＊　①正社員が501人以上，②収入が月 8 万8000円以上，③雇用期間が 1 年以上，
　　　　④所定労働時間が週20時間以上，⑤学生ではない，のすべてを満たす場合。

　最後に，ひとり親は，育児との兼ね合いから非正規労働に従事することが多い。また，専業主婦（主夫）だった人が離別や死別などでひとり親となった場合に，正社員になるのが難しいことから非正規労働に就くこともある。これらの場合，非正規労働は非自発的といえるかもしれないし，育児時間の確保とい

う面では自発的ともいえる。2016年時点の就業しているひとり親に占める非正規労働者の割合は，母子世帯の母のうち48.4％，父子世帯の父のうち7.8％であった（厚生労働省，2017）。

　以上のように，非正規労働は，家計補助的に従事する人もいれば，主な収入源として従事する人もいる。また，非自発的に従事する人もいれば，自発的に従事する人もいる。さらに，1つの非正規労働に従事する人もいれば，複数の非正規労働を掛け持ちする人もいる。2017年時点で2つ以上の非正規労働を掛け持ちしている人の割合は36.8％であった（厚生労働省労働基準局，2018）。

［2］非正規労働者が抱える諸問題

　①ワーキングプアに陥りやすい

　非正規労働者は身分が不安定であり，賃金や待遇も正規労働者と比べて不利である（例えば，国税庁の「民間給与実態統計調査」によれば，2017年の正規労働者の平均給与が494万円であるのに対し，非正規労働者のそれは175万円である）。そのため，主な収入源として非正規労働に従事する人々は「ワーキングプア（働いているが困窮している状態）」に陥りやすい。働いても貧困ライン（健康で文化的な最低生活の水準）ぎりぎり，または，それを下回る生活しか送れない場合，失業していないため雇用保険からの現金給付（基本手当）は受けられず，また，働いている人は生活保護の申請が通りにくい。ゆえに，非正規労働者がワーキングプアとして，雇用保険と生活保護の「制度の狭間」で苦しむおそれがある。このような人々に対する制度として，職業訓練とその期間中の現金給付（職業訓練受講手当。月額10万円）を行う求職者支援制度や，就労支援と生活支援（生活面での困りごとへの支援）を実施する生活困窮者自立支援制度が存在するが，これらの制度は失業者を主な対象とし，また，所得保障を限定的にしか伴わないなど，低所得の非正規労働者にとっては内容が不十分である。

　②社会保障制度による支援が不十分

　非正規労働者が抱えるもう1つの課題は，社会保障制度の適用が不十分なことである。社会保障制度には，大きく分けて社会保険（医療，年金，雇用，労災，

介護の5種類がある），公的扶助（生活保護が当てはまる），社会手当（一定の条件に該当する人に現金を給付する。児童手当などが当てはまる）があるが，非正規労働者にとっては以下の問題点が存在する。

　まず，医療保険について，勤務先の会社の健康保険に加入できない非正規労働者は国民健康保険に加入することになる[*]が，低賃金のため保険料を支払えない場合，（減免措置はあるものの）滞納の危険性がある。滞納するとケガや病気の時に保険で治療をしてもらえず，莫大な費用を請求されるおそれがある。あるいは，滞納しないにせよ，低賃金の場合は保険料の負担感が大きくなる。次に，年金保険についても，厚生年金に加入できない非正規労働者は国民年金に加入することとなる^{**}が，低賃金のためその保険料を支払えない場合，（免除や納付猶予の制度はあるものの）保険料未納となり，年金額もそれに応じて低くなる。また，受給資格期間と呼ばれる，保険料を支払うべき最低限の期間（120カ月。免除期間も含まれる）を満たさなければ，年金が全くもらえない。あるいは，保険料を支払うにせよ，低賃金の場合はその負担感が大きい。最後に，失業時に就労支援や一定期間の所得保障（求職者給付）を行う雇用保険は，31日以上の雇用見込みがあり，1週間当たりの所定労働時間が20時間以上の人には適用されるが，そうでない人には適用されない。雇用保険が適用されない非正規労働者は，失業時に給付や支援が受けられないことになる。

　＊　保険料は加入者の所得や家族員数などに応じて決まる。2017年時点で国民健康保険に加入する世帯主に占める非正規労働者の割合は32.7％（厚生労働省保険局，2017）。なお，非正規労働者のうち，勤務先の健康保険に加入している人の割合は54.7％（厚生労働省，2014，22頁）。

　＊＊　2019年度の保険料は月額1万6410円。2017年時点で国民年金の第1号被保険者（厚生年金加入者〔第2号被保険者〕とその被扶養配偶者〔第3号被保険者〕以外の被保険者）に占める非正規労働者の割合は31.4％（厚生労働省，2019，9頁）。なお，非正規労働者のうち，厚生年金に加入している人の割合は52％（厚生労働省，2014，22頁）。

社会保険による支援が不十分であり，生活が苦しいのであれば，最後のセー

フティネットといわれる生活保護制度に頼ればよいのではないかと思われる。
だが，既述のように，生活保護制度はワーキングプアへの対応に限界がある。

　その他の制度としては，児童手当（子をもつ親に支給される），児童扶養手当
（ひとり親に支給される）といった社会手当制度がある。だが，その金額や支給
期間については不十分との指摘がある（詳細は後述）。また，ヨーロッパ諸国で
は一般的な社会手当である住宅手当（家賃補助）が日本にはない（正確には，企
業の福利厚生としての住宅手当しか存在せず，非正規労働者は対象外であることが
多い）。

③　先行研究における議論

　以上のような非正規労働者が抱える諸問題については，非正規労働を過渡的
な状態ととらえ，いずれ正社員になることを望ましいとする（＝非正規労働を
ネガティブにとらえる）のか，そのままでもよしとする（＝非正規労働をポジティ
ブにとらえる）のかによって対応の内容や方法が異なってくる。

　先行研究では非自発的な非正規労働者に焦点を当て，非正規労働をネガティ
ブにとらえた上で対応を議論することが多い。しかし，様々な理由で「自発
的」に非正規雇用への就労を選ばざるをえない人への対応に関する議論は少な
い（「自発的」＝特に問題がないととらえがちである）。また，非正規労働をポジ
ティブにとらえた上で，それに従事する人の社会保障制度を拡充すべきとの議
論もあまりなされていない。さらにいえば，正社員との賃金格差是正や社会保
険の適用拡大という対応策はよく議論されるが，それ以外の制度（公的扶助や
社会手当など）に着目した対応策の議論は少ない。

2　こう考えればいい
非正規労働者への社会保障

　今後，非正規労働者への社会保障をどのように整備していくべきか。それを
考える上で重要なのは，非正規労働者の個別事情（自発的か非自発的か，主な収

入源か家計補助か）をよく知ることである。また，非正規労働の長所を最大限活かし，短所を最小にするような社会保障制度を考案する必要がある。

［1］ 労働者本人の意志を尊重した給付のあり方を考える

自発的に非正規労働に就いている人（家計補助として従事する人，あるいは，正社員になりたくない人）と，非自発的に非正規労働に就いている人（正社員になりたくてもなれないことからやむをえず非正規労働に従事している人）とで，給付のあり方を変える必要があると思われる。

まず，自発的な非正規労働者には，その気持ちを尊重した上で，彼（女）らが不利にならない支援を行うべきであろう。具体的には，社会保険の適用拡大（詳細は後述），社会手当の拡充（金額や受給期間の充実），育児・介護支援の拡充（保育施設の整備，介護サービスの拡充など）が考えられる。また，次第に仕事にやりがいを感じて正社員を目指すようになった場合には，ハローワークなどで適切な就労支援を提供できるとよいだろう。

次に，非自発的な非正規労働者に対しては，自発的な非正規労働者への上記の支援内容に加えて，適切な就労支援により正社員に移行させる必要がある。

最後に，自発的にせよ非自発的にせよ，主な収入源としてにせよ家計補助的にせよ，非正規労働者が自分の抱えている課題について気軽に相談できる窓口をハローワークなどに設け，適切な助言を得やすくすることも求められる。

［2］ 非正規労働者への社会保険の適用拡大

非正規労働者も，勤務先の健康保険や厚生年金に加入できるようになれば，従来よりも手厚い給付を受けられ，また，保険料が給与天引きとなることから滞納や未納の心配もなくなる。

だが，新たな問題も生じる。低収入の労働者への厚生年金の適用拡大を進めると，国民年金の保険料（月額1万6540円／2020年度）よりも低い保険料負担（年収100万円の人に適用拡大する場合，この人が支払うべき厚生年金保険料は約1万5000円となり，これを労使折半で負担するため本人負担は7500円で済む）で厚生

年金と基礎年金とを受け取れる人が現れる。そうなると，国民年金制度にしか入れず基礎年金しか受給できない第1号被保険者（自営業者，農業者，無業者）との間に負担と給付の不公平が発生するため，制度間の調整を行う必要が出てくる。また，厚生年金や健康保険の保険料は労使折半で負担することから，非正規労働者への適用拡大は使用者の保険料負担増につながるため，賃金などがその分減額されないよう警戒せねばならない。さらに，非正規労働の掛け持ちにより実質的に長時間労働となっている非正規労働者への社会保険加入の促進や，企業とは別の主体（ハローワークなど）による福利厚生の促進なども考慮すべきだろう。

③ 低所得の非正規労働者に対する公的扶助制度の速やかな適用

　低所得の非正規労働者の生活不安を軽減するために，働いていても最低生活費以下の収入しかない低所得者への公的扶助制度の適用をしやすくすることが有効だろう。例えば，ドイツ，フランス，イギリスでは，最低生活費以下の所得しかない労働者も，緩やかな資産調査を経て公的扶助の対象となり，適切かつ速やかな所得保障，就労支援，生活支援がなされる。このようなことを日本で実施してみてもよいのではなかろうか。例えば，現行の生活保護制度は働けない困窮者を対象とすることとし，働ける困窮者，すなわち，①失業している困窮者，②正規労働者でも家族員数が多いことなどが理由で困窮する者，③低所得の非正規労働者などは，緩やかな資産調査を経て求職者支援制度や生活困窮者自立支援制度の対象とし，それらの制度の中で，就労支援や生活支援の適切な実施に加えて，生活保護の水準に準じた所得保障を実施してはどうだろうか。あるいは，求職者支援制度と生活困窮者自立支援制度を発展的に統合して，生活保護制度とは異なる，働ける困窮者向けの新たな公的扶助の仕組みをつくることも考えられる。

　さらには，「給付つき税額控除（タックス・クレジット）」や「ベーシックインカム（以下 BI）」などの導入も検討に値するだろう。給付つき税額控除とは，税金から一定額を控除する税額控除の仕組みを，低所得者にも利益があるよう

に改良した仕組みである。すなわち，課税額よりも控除額が大きい場合に，差額を本人に給付するというものであり，アメリカやイギリスではすでに，低所得の勤労世帯向けに導入されている。

　BI とは，すべての国民に対して無条件かつ定期的に，最低限の生活を送る上で適切な金額の現金を給付するという仕組みであり，労働と所得を切り離し，人間の自由と尊厳を担保するものとして欧米では古くから議論され，日本では2000年代以降議論が盛んになっている。本格的に導入している国はないが，実験はいくつかの国で行われたことがあり，また，対象を限定して実施されたこともある。例えば，フィンランドで2017年から2018年まで行われた BI 実験は25〜63歳の低所得者1500人を対象に月額560ユーロ（約6万7200円）を給付するというものであり（寺岡，2017，103-104頁），韓国の城南市とソウル市で2016年から実施されている BI は，対象を若者に限定している（城南市は24歳の青年を対象に年間100万ウォン（約9万円）相当の地域通貨を四半期ごとに1年間支給。ソウル市は19〜29歳の未就業状態の青年を対象に月額50万ウォン（約4万5000円）を2〜6カ月間支給）（孔，2019，127頁）。低所得者に対象を限定した BI の導入は，非正規労働者の生活状況の改善に資する可能性がある。

3　ここがポイント
非正規労働の身近さと多様性を知る

1　非正規労働という働き方それ自体

　非正規労働は，正社員が有する長時間労働などのリスク，意に沿わない出向や配置転換，組織や人間関係のしがらみなどが相対的に少なく，自由がきく働き方である。だが，既述のとおり，正社員と比べて社会保障や賃金・待遇の面で多くの問題点が存在する。これらの利点と問題点を踏まえて，あるべき非正規労働の姿を考えることは，個々人にとって最適な働き方を考える上でも興味深く，また，重要なことである。

② 誰もが関わりうる

　アルバイトやパートで働いたことがある人は多いだろう。また，アルバイトやパートで働いているときに，正社員と自分を比べる中で，似たような仕事をしているのに，なぜこれほど給与や待遇が大きく異なるのか，と疑問に思ったこともあるだろう。また，正社員でも，リストラ，病気やケガ，勤務先になじめないなどの理由で退職し，その後，正社員として再就職できず，非正規労働に従事せざるをえなくなるかもしれない。このように，非正規労働をめぐる問題は多くの人にとって身近であり，また，「明日はわが身」という側面もある。

③ 非正規労働者が抱える事情の掘り下げ

　非正規労働者が非正規労働に従事する事情は既述のとおり様々である。それで生計を立てる人もいれば，家計補助的に従事する人もいる。また，自発的に従事する人もいれば，非自発的に従事する人もいる。

　さらにいえば，自発的と非自発的も，実はきれいに区別することは難しい。例えば，育児や介護と正規労働を両立できない，または，病気などを抱えていることから，自分では自発的に非正規労働に就いていると思っている人がいたとする。しかし，もしも，育児や介護や病気の治療と両立可能な正社員の働き方があり，自発的にそういった仕事に就きたいと考えるようになれば，非正規労働に従事している現状を非自発的と解釈するようになりうるからである。

　このように，様々な事情で非正規労働に従事する人に対し，それぞれの事情を掘り下げ，真のニーズを把握した上で，個々の非正規労働者に適切な社会保障制度のあり方を考えることは，難しいが，興味深いことでもある。

4　これから深めていくべきテーマ
タイプ分けの実施と新たな負担軽減の手段

① 非正規労働者の現状分析

　非正規労働者に対し，現在の雇用形態に就いた理由を尋ねた調査がある（**資**

資料 9‐3　現職の雇用形態についた主な理由別非正規の職員・従業員の内訳（2018年）

（単位：実数は万人，割合は％）

	男女計		男		女	
	実数	割合	実数	割合	実数	割合
非正規の職員・従業員	2,120	—	669	—	1,451	—
自分の都合のよい時間に働きたいから	597	29.9	171	27.7	427	30.9
家計の補助・学費などを得たいから	394	19.7	82	13.3	312	22.5
家事・育児・介護などと両立しやすいから	254	12.7	7	1.1	247	17.8
通勤時間が短いから	90	4.5	24	3.9	66	4.8
専門的な技能などをいかせるから	146	7.3	71	11.5	75	5.4
正規の職員・従業員の仕事がないから	255	12.8	127	20.6	129	9.3
その他	264	13.2	136	22.0	128	9.2

（注）1：非正規の職員・従業員には，「現職の雇用形態についた主な理由不詳」を含む。
（注）2：割合は，現職の雇用形態についた主な理由別内訳の合計に占める割合を示す。
（出所）総務省統計局 HP，2019 a`，「労働力調査（詳細集計）平成30年（2018年）平均（速報）結果」（2019年7月31日閲覧），6頁。

料 9‐3）。それによれば，「正規の職員・従業員の仕事がないから」という非自発的な理由の割合は12.8％だが，他は，いちばん多い「自分の都合のよい時間に働きたいから」（29.9％），2番目に多い「家計の補助・学費などを得たいから」（19.7％）など，自発的な理由ばかりであるように見える。

　だが，この調査方法では，非正規労働者が抱える様々な事情を汲み取ることが難しい。例えば「自分の都合のよい時間に働きたいから」という回答は，一見自発的でポジティブだが，実は，病気などで正社員に就くことが困難であることからやむをえずこの回答を選んでいるのかもしれない。また，「家事・育児・介護などと両立しやすいから」という回答も，主体的かつポジティブにみえるが，本当は，両立させるためには非正規労働に従事せざるをえない，というネガティブかつ非自発的な側面をもっているかもしれない。

　今後は，主な収入源としてか家計補助としてか，1つの非正規労働に従事しているのか，複数の非正規労働を掛け持ちしているのか，などにも着目して非正規労働者をタイプ分けし，それぞれのタイプの特徴や問題点などを分析することが求められるだろう。また，自発的か非自発的かについても，既述のようにさらに掘り下げて調査することで，本当は「自発的」，あるいは，本当は

「非自発的」など，非正規労働者自身も気づいていない意識が表出し，非正規労働者の真のニーズの把握につながると思われる。

② 非正規労働者の家計を把握した上での社会手当の拡充

　上記のようなタイプ分けに加えて，タイプ別の家計調査も実施し，非正規労働者の家計を圧迫している事柄を把握した上で，その負担を軽減する手段を考えていくべきであろう。この場合，負担軽減の手段として注目されるべきは社会手当である。ヨーロッパ諸国では社会手当はポピュラーな存在である。日本でも児童手当などが存在するが，金額の低さ，支給期間の短さ，所得制限（一定以上の所得の世帯には支給しないこと）が課題として指摘される。[*]

> ＊　例えば，日本の児童手当は中学校卒業までの児童１人当たり5000円〜１万5000
> 円だが，ドイツの児童手当は18歳未満（学生の場合は24歳未満）の子１人当たり，
> 日本円換算で約２万4000円〜２万7000円である。また，多くのヨーロッパ諸国の
> 社会手当には所得制限がない。

　社会手当をうまく用いれば，非正規労働を主な収入源とする者の生活の安定に資する可能性がある。既存の社会手当の拡充に加えて，住宅手当の導入を検討してみてもよいのではないか。日本では企業の福利厚生としての住宅手当，または，生活困窮者自立支援制度の中で住居確保給付金という給付（家賃相当分を原則３カ月支給）が存在するのみだが（本書第４章も参照），例えば，ドイツには，低所得者を対象に，家賃額，家族員の数，本人の収入額，居住地に応じて，家賃の約10〜30％が補助される住宅手当がある。このような手当があれば，非正規労働者の家賃負担が軽減される。低所得者にとっては，家賃負担が家計を圧迫することが多いので，この仕組みはたいへん有用だと思われる。

【 手にとって読んでほしい５冊の本 】

神林龍，2017，『正規の世界・非正規の世界——現代労働経済学の基本問題』慶應
義塾大学出版会。
> 正規労働と非正規労働の展開・現状・課題がデータを踏まえて述べられており，
> 日本の労働市場の全体像をとらえることができる。

北川慧一・古賀大己・澤路毅彦，2017，『非正規クライシス』朝日新聞出版。

　　様々な非正規労働のかたち，待遇改善をめぐる闘いなどを豊富な実例とともに描いており，非正規労働者のリアリティがわかる。

伍賀一道，2014，『非正規大国日本の雇用と労働』新日本出版社。

　　非正規労働者の問題状況を，正規労働者との対比で豊富な例をあげつつ的確に指摘し，具体的な改革案も示している。

小杉礼子・鈴木晶子・野依智子・（公財）横浜市男女共同参画推進協会編著，2017，『シングル女性の貧困』明石書店。

　　独身女性が病気などで仕事を辞めた後，非正規労働で低所得となる状況や，支援を求めにくい現状などを知ることができる。

村中孝史・水島郁子・高畠淳子・稲森公嘉編，2015，『労働者像の多様化と労働法・社会保障法』有斐閣。

　　非正規労働者の働き方や社会保障制度などについて，多様なパターンを知ることができる。海外の事例も紹介されており，視野が広がる。

引用・参考文献（URL は2019年 9 月 9 日閲覧）

孔栄鍾，2019，「韓国におけるベーシックインカム」佐々木隆治・志賀信夫編著『ベーシックインカムを問いなおす　その現実と可能性』法律文化社。

厚生労働省，2014，「平成26年就業形態の多様化に関する総合実態調査の概況」https://www.mhlw.go.jp/toukei/itiran/roudou/koyou/keitai/14/

厚生労働省，2017，「平成28年度ひとり親世帯等調査結果報告」https://www.mhlw.go.jp/stf/seisakunitsuite/bunya/0000188147.html

厚生労働省，2019，「平成29年国民年金被保険者実態調査結果の概要」https://www.mhlw.go.jp/toukei/list/dl/140-15a-h29.pdf

厚生労働省保険局，2017，「平成29年度国民健康保険実態調査報告」

厚生労働省労働基準局，2018，「副業・兼業の現状②（複数従業者についての実態調査（JILPT 調査））」https://www.mhlw.go.jp/content/11909500/000361728.pdf

総務省統計局，2019 b，「若者の就業状況─4 月の就職時期にちなんで─平成29年就業構造基本調査の結果から」統計トピックス No. 116　https://www.stat.go.jp/data/shugyou/topics/topi1160.html

寺岡寛，2017，「フィンランドのベーシック・インカム制度実験」『中京企業研究』39。

労働政策研究・研修機構（JILPT），2019，「統計表　雇用形態別雇用者数」https://www.jil.go.jp/kokunai/statistics/timeseries/html/g0208.html

（森　周子）

第 10 章

生活保護問題の現段階

韓国の経験からの示唆を探る

（ グラフィック・イントロダクション ）

資料10-1　韓国の国民基礎生活保障における最低生活保障の形

〈生計給付受給対象者の内訳〉

すべての国民		
稼働能力がある受給対象者		稼働能力がない受給対象者
自活事業への参加が条件		自活事業参加の条件なし（希望すれば自活事業に参加することができる）
就労成功パッケージ	自活勤労事業	

（出所）　筆者作成。

　韓国の公的扶助である国民基礎生活保障（以下，基礎保障）は，その目的に最低生活保障と自立助長を掲げ，稼働能力の有無にかかわらずすべての国民を対象とし，また複数の給付内容を設けているなど，日本の生活保護と共通点をもつ。しかし，給付に関しては給付ごとに給付水準を設けた個別給付方式をとりながら，特に稼働能力のある人々に対する給付には，就労支援プログラムといえる自活事業への参加を条件づけており，保障機関である自治体（市・郡・区）は，その対象者に自立支援計画を立て参加する自活事業を提示すること

なっている。

　すなわち，韓国の基礎保障は，稼働能力のある受給者に対しては，給付と就労を通じた自立支援によって最低生活保障を行う，いわば「就労支援つき」最低生活保障となっている制度である。それは，給付に加え就労支援も保障機関の責務であることを意味し，それにより就労支援が体系的に実施され，また就労の場を創出する努力が行われているといえる。

　日本でも被保護者への就労支援が展開されているが，就労体験・訓練を実施する担い手や内容の拡充が思うように進まない等，就労支援の実施方法に苦慮する自治体がある。そこで本章では韓国の基礎保障の「就労支援つき」最低生活保障のあり方を明らかにし，日本に対する示唆を見出すことを目的とする。

1 何が問題か
なぜ韓国をみるのか

　韓国の公的扶助である基礎保障は，日本の公的扶助である生活保護と共通点と相違点をもつ興味深い制度である。

　日本の生活保護は，最低生活保障と自立助長をその目的に掲げ，労働能力の有無に関係なく生活に困窮する国民を対象とする最後のセーフティネットである。給付に関して，資産・能力・その他あらゆるものをその最低限度の生活の維持のために活用することを要件とし，また扶養義務者の扶養を優先とする補足性の原理を設けている。給付には生活・医療・住宅・教育・介護・生業・出産・葬祭の8つの扶助がある。

　韓国の基礎保障も，最低生活保障と自立助長（直訳すれば「自活を助けること」となるが，自立助長と同等とみてよい）をその目的に掲げ，労働能力の有無に関係なく生活に困窮する国民を対象とする最後のセーフティネットである。給付の基本原則として，生活の維持・向上のために，その資産，能力等を活用して最大限の努力をすることを前提とし，また扶養義務者の扶養を優先とする補充性の原則を設けている。給付には，生計・医療・住宅・教育・自活・出産・葬祭の7つの給付がある。

　以上をみると，かなり共通点をもった仕組みであるといえるだろう。しかし，その中身を見てみると，稼働能力のある人々への給付のあり方には大きな相違点がみられる。すなわち，日本の生活保護では，稼働能力のある被保護者であっても，その給付に際し就労支援への参加は義務づけられていないが，一方で，韓国の基礎保障の場合は，稼働能力のある人々の給付には就労支援への参加を義務づけているのである。

　そこで本章では，その基礎保障の「就労支援つき」最低生活保障のあり方について以下の2点から明らかにしたい。まず第1に，韓国ではなぜ最低生活保障を行う基礎保障に稼働能力のある人々に対する条件つき給付を設けたのか，次に第2に，条件づけられた自活事業の中身はどうなっているかである。そして，この2点を踏まえた上で，韓国の基礎保障の「就労支援つき」の側面から得られる日本の生活保護の就労支援に対する示唆を検討したい。

　それらに触れる前に，もう少し詳しく，日本の生活保護と就労支援，韓国の基礎保障と就労支援のあり方について押さえておこう。

①日本の公的扶助

　まず，日本の生活保護は，新生活保護法の導入（1950年）以降，最低生活保障と自立助長をその目的とし，稼働能力の有無に関係なく生活に困窮するすべての国民を対象とした最後のセーフティネットとして機能してきたことはすでに述べた。そこに，2005年には社会福祉法の理念に基づき，日常生活自立，社会生活自立，経済的自立（就労自立）を自立の概念とした自立支援プログラムの実施が通知として出され，被保護者で本人が参加を希望すれば自立支援プログラムを利用することとなった。その後，2013年の生活保護法改正により就労に向けた相談を行う被保護者就労支援事業が取り入れられ，それと同時に就労支援を含めた新たなセーフティネットとして生活困窮者自立支援制度が導入された。つまり，2000年代以降，自立支援のための具体的なプログラムの必要性が認識され，特に働くことができる人々に対する就労支援の意義が強調され，その就労支援が（保護費支給の条件とならないよう注意が払われながら），制度内・外に位置づけられてきたといえる。

その就労支援には，職業教育・訓練，職業紹介だけでなく，意欲喚起のための支援も含まれている。政府によれば，これら就労支援によって収入が増加した人々が　定程度いるとされている。しかしながら，効果的な支援が行えず一般就労に結びつかないまま支援期間が終了する，就労支援が主に経済的自立を目標とされ十分な支援が行えていない，ケースワーカーの業務が多忙で就労支援まで手が回らない等々の課題が指摘されている（厚生労働省，2019，5頁）。また，稼働能力を活用しているか否かを判断する際の考慮点は整理されているが，その判断基準が必ずしも明確ではないとの声もある（厚生労働省，2019，20頁）。さらに生活困窮者自立支援制度における就労準備支援事業（任意事業）を実施しているのは，約半数の自治体しかない。以上から，被保護者や生活困窮者に対する就労支援の実施方法に苦慮している様子がうかがえる。

　②韓国の公的扶助

　一方，韓国の基礎保障は，1999年に制定され，2000年から施行された新しい制度である。その基礎保障は，稼働能力の有無にかかわらず，すべての国民を対象とする制度であることを強調して導入された。それ以前の韓国の公的扶助であった生活保護では，稼働能力のある人々については，現金給付は行われず，就労事業（とはいっても不十分な）が用意される程度であった。その意味において，基礎保障の導入は，まさに公的扶助のダイナミックな転換であった。

　基礎保障が，稼働能力の有無にかかわらずすべての国民を1つの制度の中に包括した公的扶助であるという点は重要な特徴である。稼働能力のある人に対しては失業扶助を，稼働能力のない人々には社会扶助を設けるといった，稼働能力の有無で制度を分けて貧困に対処する多くの先進諸国にはみられない，日本と韓国の共通点である。

　しかしながら，韓国の基礎保障では，稼働能力があると判断された受給者に対しては就労支援プログラムである自活事業に参加することを義務としており，この点は日本と韓国の大きな相違点である。この仕組みを韓国では「条件つき給付」と呼んでおり，この条件つき給付の該当者（以下，条件つき受給者）に対し，保障機関は自立支援計画を立て参加する自活事業を提示しなければなら

ないとしている。受給者に就労支援プログラムの参加を義務とする一方で，保障機関に対しては，就労支援プログラムの実施を責務として規定しているのである。

　この仕組みは，条件つき受給者が提示された自活事業に参加しない場合には生計給付が支給されないことから，その点で最後のセーフティネットから漏れる人々を生み出すという問題を抱えている。実際，基礎保障に関する研究の中には，この条件つき給付は，受給権を剝奪する恐れや労働強制の危険性があることを指摘する議論が少なくない（김안나，2006：류정순，2000など）。

　確かに，その側面をもつことは否めない。しかし，一方では，基礎保障に関して，国は基礎保障給付や自活事業の総合計画を策定し基礎保障制度の統括，自活事業プログラムの開発推進等を行い，自治体では条件つき受給者に対して自活支援計画を立て参加する自活事業を提示しなければならないとしている。つまり，稼働能力のある受給者に対して，保障機関の責務として，給付だけでなく自活事業が提供されるのである。

　このような自活事業を通じた就労支援を国や自治体の責務とする，いわば「就労支援つき」最低生活保障というべきこの韓国の基礎保障の条件つき給付の仕組みをいかにとらえればよいのか。「就労支援つき」最低生活保障は，サンクション（制裁）により就労に駆り立てることを意図した仕組みではなく，能力を高め就労を通じた社会参加の機会の創出に重点をおいた仕組みと考えることができるのではないか。それは，金銭給付と就労を通じた自立支援の両側面からなる１つの政策的試みであるといえるのではないか。

　以上をふまえれば，日本の生活保護と共通点と相違点を有する韓国の基礎保障は，日本の被保護者への就労支援に対する積極的な示唆を提示することができる興味深い事例となりうるといってよいだろう。

　そこで，本章では，韓国の基礎保障の特徴である「就労支援つき」最低生活保障ともいうべき条件つき給付のあり方を明らかにすることを通じて，被保護者に対する就労支援の展開に苦慮する様子がみられる日本への示唆を導き出してみたい。

2 こう考えればいい
「就労支援つき」最低生活保障

1 「生産的福祉」という政策理念を反映した基礎保障

　1997年末にアジアを襲った金融危機は，韓国で失業や貧困に陥る人々を大量に生み出した。危機直前の1997年（4／4期）の失業率は2.6％（57.3万人）であったが，危機直後の1998年の1／4期には5.8％（121.1万人），1999年1／4期には8.5％（177.6万人）へと急増した。実質賃金所得の減少や給与遅配もみられ，離婚，児童・高齢者の遺棄，家出，ホームレス，自殺，欠食児童の増加などの社会問題が生じた。政府は，当時の生活保護で臨時的に稼働能力のある人々を保護することとしたが，それは時限的なものであったことから，国民から，真に稼働能力の有無にかかわらずすべての国民の最低生活を保障する新しい公的扶助を求める声が高まり，国会での議論が始まった。ところが稼働能力のある人々を対象とするに当たり，財政負担の増加，労働意欲の低下，福祉依存への懸念や，国際的に労働と福祉の連携政策が広がっているという認識から，無条件で給付することには強い反対があり議論は進まなかった。

　この状況を打開するきっかけとなったのが，当時の大統領であった金大中の「生産的福祉」という政策理念の登場である。「生産的福祉」とは，基礎保障法の制定を核心軸の1つとする社会経済政策についてのグランドビジョンである。具体的には，単に現金による給付のみを行うのではなく，自立支援を重視するもので，個人の能力を最大限発揮できるようにし，個人の幸せの追及，そして近隣，社会，国家に貢献できる機会を設け，最終的には社会統合を志向する政策理念であった（金，2002）。

　この「生産的福祉」という政策理念は国内外の状況にマッチし，議論は進み始め，1999年7月には，労働能力の有無にかかわらずすべての国民の最低生活保障を行うことを骨格としながら，稼働能力のある者には「職業自活プログラム」に参加することを条件に給付を行うこと等を示した案が国会に提出された。

その後，最終調整が行われ，稼働能力のある人々の最低生活保障の方法として条件つき給付を制度内に位置づけた基礎保障法が同年10月に制定された。

　以上のように基礎保障は，稼働能力の有無に関係なく最低生活を権利として保障し，「生産的福祉」の考え方を積極的に反映した条件つき給付という方法によって稼働能力のある人々の貧困にも対応する公的扶助となったのである。

2 「就労支援つき」最低生活保障という方法

　①国・自治体の責務としての自活事業の実施

　自活事業への参加を給付の条件とする条件つき給付の仕組みをもってスタートした基礎保障であったものの，条件つき受給者となるような「稼働能力がありながらも働いていない人々」の実態に関する研究は全くないに等しかった。そこで導入後の5年間に，政府はそのような人々の実態把握のための調査を行った結果，その中心は40～50代であり，また20％を超える人々が慢性疾患を抱えており，そして働く技術に関する資格保有者がほとんどいないという状況が明らかになった（노대명, 2005, 35-38頁）。その結果を受けて，働く意欲を高めるケースマネジメントの重要性と自活事業の内容の多様化の必要性が認識され，改革が進められていくこととなった。

　その後，2008年のグローバル金融危機の影響を受け，新たな雇用創出が難しくなり，賃金格差はますます広がり，稼働年齢層の貧困問題が政策課題として再度強調された。政府は2013年の総合自活支援計画の中で，中位所得50％以下の労働貧困層を300万人と推定し，そのうち自立支援を必要とする対象者は100万人規模と予想し，2017年までに自活事業を通じた自立支援プログラムを44万人に提供する等の具体的な数値目標を示した（保健福祉部, 2013）。

　以上にみたように，保障機関は基礎保障で金銭給付を行うとともに，稼働能力のある貧困者の就労を通じた自立を目指して多様な自活事業の実施を行う，いわば「就労支援つき」最低生活保障の仕組みを整備してきたのである。

　②「就労支援つき」最低生活保障の形

　では，基礎保障で「就労支援つき」最低生活保障をいかに展開しているのか。

　まず，給付の側面を確認してみよう。基礎保障の給付には生計給付，医療給付，住宅給付，教育給付，自活給付，出産給付，葬祭給付の7つがあることはすでに述べたが，このうち生計，医療，住宅，教育の給付は，個別給付方式となっている。個別給付方式とは，給付ごとにそれぞれ選定基準を定めて，扶養義務者基準を満たし，所得と資産からなる所得認定額がそれら選定基準以下となる世帯に対して給付を行う仕組みである。基礎保障導入時は，基礎保障の選定基準である所得認定額を超えればすべての給付が受けられなくなる，いわば「All or Nothing」の統合給付方式であったために，給付対象から漏れるいわゆる「死角地帯」を生んでいること等が制度導入直後から問題点として指摘され，2014年に個別給付方式へと改革が行われた。この個別給付方式の選定基準を見てみると，生計給付は中位所得の30％以下，医療給付は40％以下，住居給付は44％以下，教育給付は50％以下となっている。この基準は，個別給付方式となる以前の統合給付当時の給付水準とほぼ同等となるように設計されたとしている。条件つき受給者が自活事業への参加が条件づけられるのは，そのうちの生計給付についてのみである。したがって，自活事業への参加をしなかった場合は，その対象者の生計給付が（参加するまで）中止されるが，医療・住宅・教育給付はそれに関係なく支給される。

　次に条件つき受給者とは誰か整理しておこう。条件つき受給者となるのは稼働能力のある受給者である。稼働能力の有無の判定は，医学的評価に重きをおくが，それでの判定が難しい場合には15項目からなる活動能力評価も行い決定する。ただし，その評価によって稼働能力のある者とされても，そのすべてが条件つき受給者に該当するわけではない。次の3分類に該当する場合は条件づけが猶予され，条件賦課猶予者となり生計給付を受給することができる。その3分類とは，①能力を活用しようとしてもできない状況にある者，②すでに一定の能力活用をしている者，③能力活用するには一定の期間を要する者である（**資料10-2**）。

　そして，条件つき受給者に条件づけられる就労支援プログラムである自活事業の中身についてはどうだろうか。その自活事業は，大きくは雇用センター

資料10-2 稼働能力のある者で条件つき受給者を選定する指標

			能力活用の見方	具体的な対象者
18歳以上65歳未満	稼働能力のない者		能力活用ができない	重度障害者，疾病・負傷または後遺症により治療や療養が必要である者のうち，労働能力評価を通じて労働能力がないと判定された者
	稼働能力のある者	条件賦課猶予者	能力を活用しようとしてもできない状況にある者	・世帯員の養育・看病・介護をする者 ・大学等に在学中である者 ・「障害者雇用促進及び職業リハビリテーション法」に基づく事業に参加している障害者 ・妊娠中，および産後6カ月未満の女性 ・社会服務要員など法律上の義務を履行中の者
			すでに一定の能力活用をしている者	労働または事業に従事する対価として保健福祉部長官が定める基準を超える所得を得ている者
			能力活用するには一定の期間を要する者	環境の変化に対応する時間が必要であるとされる者（兵役予定者，拘置所等からの出所者，学校卒業者，2カ月以上の治療を受け回復過程にある者等）
		条件つき受給者	上記の項目に該当しない者 ＝自活事業への参加を生計給付の条件とすることができる者 ＝能力の活用を生計給付の条件とすることができる者	
上記以外	稼働能力のない者			

（出所）　筆者作成。

（日本のハローワークに類似）で行われる就労成功パッケージ（1年間）と，自治体や地域自活センターという専門機関を中心に行われる自活勤労事業（3〜5年）に区分される。

　前者の就労成功パッケージは雇用労働部所管の事業で，ある程度労働能力があるものの就職が困難な人々が参加する自活事業である。これは労働市場を通じた就労に向けた教育，訓練，職業紹介等をパッケージ化したプログラムで，いくつかの段階で展開される。その参加段階を達成するごとに手当が支給される。

　後者の自活勤労事業は，保健福祉部所管の事業で，個人や世帯の事情のために就労を困難にしている要因を短期的に取り除くことが難しい，あるいは，就労に対する能力や意欲が低いと判断された受給者に対し，自立に向けて力を養う機会や，その力を発揮するための働く機会を提供する事業である。この自活勤労事業には労働の強度で区分した4つの類型（市場進入型，インターン・ケア

資料10 - 3　自活事業の類型と自活力量評価

就労成功パッケージ		労働能力はある程度有するが就職が困難な人々が参加。一般労働市場を通じた就労に向けた，教育，訓練，職業紹介等がパッケージ化されたプログラム
自活勤労事業	市場進入型	一定期間のうちに自活企業創業を通じて市場進入を図る事業
	インターン・ケア型	自治体，地域自活センター，社会福祉施設及び一般企業などで自活事業対象者が自活インターン社員として働きながら技術・経験を積み，就労を通じた自立を図る事業
	社会サービス型	社会的に有用な仕事の提供により参加者の自立能力の開発と意欲を高め，市場進入を準備する事業
	勤労維持型	現在の稼働能力及び自立意志を維持しながら，上位の自活事業参加を準備する事業
就労成功パッケージ，自活勤労事業のどちらに参加するかは，「自活力量評価」をもとに決定する。自活力量評価は，自治体の担当者が行うもので，その評価項目は，年齢，健康状態，職業履歴及び学歴，求職ニーズ，世帯条件，裁量点から構成され，スコア化されている。就業成功パッケージは80点以上，それ未満であれば自活勤労事業対象者となる。		

（出所）　保健福祉部，2019，「2019年度自活事業案内」を基に筆者作成。

型，社会サービス型，勤労維持型）がある。どの類型の事業に参加するかは，自活力量評価を行い労働強度に合わせて提示される（**資料10 - 3**）。労働強度の弱い勤労維持型の場合，ボランティアを通じて意欲向上を図るものも含まれる。自活勤労事業への参加に対しては，事業類型，出勤状況を反映して，事業参加費が基礎保障の給付の１つである自活給付から支給される。

　自活勤労事業の参加者の場合，心理的あるいは身体的な健康状態が悪かったり，家族の問題を抱えていたり，また社会的に孤立しているなど，自立阻害要因を抱えていることが多い。そのような人々に対しては，専門のソーシャルワーカーが，自活支援計画で提示された自活勤労事業の内容が適切か否かを見極め，また必要な福祉的支援があればその支援につなぐ「ゲートウェイ」期間がおかれている。

　基礎保障では条件つき受給者には，医学的な側面だけではなく，稼働能力の程度や生活状況，意欲等もみて決定された自活事業への参加を生計給付に条件づけ，最低生活保障を行っているのである。

③多様性のある就労支援の場の創出

　基礎保障受給者の受給状況を見てみると，2018年12月現在約174万2000人で，

資料10-4　稼働能力の有無でみる受給者数[1]（2012年12月〜2018年12月現在）

稼働能力の有無		2012.12	2013.12	2014.12	2015.12	2016.12	2017.12	2018.12
稼働能力あり	条件つき受給者	46,919	49,310	48,184	52,873	51,340	43,841	38,491
	条件賦課除外者[2]	173,440	178,761	173,565	166,971	—	—	—
	条件賦課猶予者[3]	20,203	19,166	15,845	18,549	151,436	139,062	116,829
	条件不履行者	—	—	—	3,935	7,348	10,844	12,344
	小　計	240,562	247,237	237,594	242,328	210,124	193,747	167,664
稼働能力なし		1,147,968	1,098,314	1,085,762	1,005,962	933,456	999,510	985,314
合　計		1,388,530	1,345,551	1,323,356	1,248,290	1,143,580	1,193,257	1,152,978

（注）　1)　2014年12月までは個別給付化以前であり，受給者数を掲載。2015年12月より生計給付受給者数を掲載。
　　　　2)　2015年以降，条件賦課除外者も条件賦課猶予者となった。
　　　　3)　条件履行が困難であると認められ短期的に自活事業に参加することが留保される条件履行提示猶予者を含む。
（出所）　保健福祉部，2013〜各年「主要業務参考資料」を基に筆者作成。

受給率は，約3％前後を推移している。受給世帯類型で，最も多いのは稼働能力のある者が属する「一般世帯」で29.2％以上を占め，次いで「高齢者世帯」が29.0％，「障害者世帯」18.1％，「母子世帯」11.7％となっている。「傷病世帯」という類型がないこと，「高齢者世帯」が増加傾向にあることに留意する必要があるが，「一般世帯」が多く，政府は稼働年齢層を基礎保障の重要な対象として認識せざるをえない状況であったといえる。

　では，条件つき受給者とはどれくらいだろうか。2018年12月現在の生計給付受給者は約115万3000人で，そのうち稼働能力がある受給者（前掲資料10-2）は約16万8000人である。さらにそのうち条件つき受給者は約3万8000人で，稼働能力のある受給者の23.0％と少ない。本来，条件つき受給者であるが条件履行が不可能な理由があるために条件づけが猶予される条件賦課猶予者（前掲資料10-2）が約11万7000人となっているからである（**資料10-4**）。一方で，条件不履行者が約1万2000人存在するのは留意する点であろう。

　また，条件つき受給者のうち，就労成功パッケージ参加者は約1万7000人，自活勤労事業参加者は約2万人である（保健福祉部，2019）。後者の自活勤労事

業の類型でみる事業参加状況は，勤労維持型が最も多く，次いで社会サービス型が多い。必ずしも一般労働市場を通じた就労に直結するような就労支援のみが行われているのではないといえる。

　自活勤労事業が実施されている業種は大きく3つに整理できる。まず第1に，政府による自活事業の全国標準化事業（看病サービス・家の修理・掃除・リサイクル〔廃資源・飲食物〕）がある。第2に，政府財政事業（低所得者への糧穀配送事業，妊産婦や乳幼児に栄養教育や栄養補助食品を提供する事業，障害児統合教育補助員，社会的弱者の住宅改修・補修事業等）を自活事業の仕事として活用している。第3に，自治体や地域自活センター等によって地域の実情にあった事業を開拓している。これらの内容から，自活勤労事業において，一般労働市場を通じた働く場とはいえない領域に仕事を創出しているといえる。政府はこれらを「社会的に有用な働く場」と位置づけており，そこに国・自治体・民間の協同で仕事を創出する取組みを行っている。

　さらに，自活事業と関連して政府が力を入れる事業に「資産形成支援」があることに触れておきたい。これは，自活事業参加者が積立てを行い，脱受給や就職・創業等となった場合に，それに政府支援金をマッチングさせて支給するもので，働く意欲を高めることを目的として，3年間を上限に行われる。

　以上のような「就労支援つき」最低生活保障という方法を評価する指標として「脱受給率」「自活成功率」があげられる。前者の「脱受給率」は自活事業に参加している生計給付受給者で脱受給となった者の割合であり，2017年で25.1％となっている。後者の「自活成功率」とは，自活事業に参加している受給者のうち脱受給あるいは就業・創業した者の割合で，34.4％となっている。これを高いとみるか低いとみるか評価は難しい。現在の労働市場の状況や対象となっている人々の生活状況や思いをふまえて，この仕組みの意義や限界を検討する必要があろう。

3 ここがポイント
日本の生活保護と就労支援への示唆

　上記をふまえて，基礎保障における条件つき給付の特徴を整理すれば，以下の３点をあげることができる。

①「生産的福祉」という政策理念を背景とした，給付に就労支援を組み合わせた「就労支援つき」最低生活保障である。

②就労支援プログラムといえる自活事業の提供が国や自治体の責務である。

③そのことにより自活事業が体系的に整備され，また働く場として社会的に有用な仕事と位置づけた領域を見出すことを通じて多様性がみられる。

　以上の３点から，韓国の基礎保障は，「生産的福祉」という政策理念が根底におかれ，就労支援プログラムの提供が国や自治体の責務となっていることは大きな意味をもつと考えられる。そうであるからこそ，政府が実態調査を行い，そこでの結果を反映して能力等の個別性に（完全にとはいえないまでも）対応するために，官・民によって多様性のある就労支援の場を開発しながら就労支援プログラムをシステムとして構築してきた。その中で自活勤労事業では「ゲートウェイ」期間をおいたり，本章では触れられなかったが実践現場では，参加者間の交流事業などが行われたりしている。つまり，自活事業は就労自立だけではなく日常生活自立や社会生活自立の側面にも一定程度関係するプログラムになっているということができよう。

　これに対し，日本の生活保護は対照的である。日本の生活保護でも就労支援の充実化が図られてきているが，韓国の基礎保障とは異なり，働くことができる被保護者に対して，その能力の活用が保護費支給の条件とならないよう注意が払われてきた。そして，就労支援の充実化と，その就労支援の参加者の状況に応じて展開していくような就労支援のあり方を示すなど，被保護者に対する就労支援の方針は，政府によって示されてきた。しかし，どこで，誰が，どのように行うかは自治体の裁量にまかされる。実際に苦慮する自治体があること

はすでに指摘したとおりである。

　日本の生活保護も自立助長をその目的の１つに掲げており，その方向性や方法を具体的に法文上に示して明らかにすることが望まれる（日常生活自立，社会生活自立，就労自立の３つの自立概念を示す等）。そしてそれを実現するための，様々な自立のための支援プログラムの開発を民間と協力しながら作り上げていくことを，国や自治体の責務として明文化することも望まれる。そうすることによって，体系的で多様なプログラムに取り組むための基盤を築くことにつながると考えられる。また近年の社会的課題となっている，被保護者や生活困窮者の社会的孤立を防ぐ仕組みづくりの１つのきっかけともなり得るのではないだろうか。

　ただし，韓国の条件つき給付は自活事業の不参加に対するサンクション（制裁）があり，最低生活保障としては限界を有することは否めず，その点には留意しなければならない。韓国の基礎保障については，個別性に対応できるさらなる多様な自活事業を創出しながら，また自活事業の参加に対する現金給付や，資産形成支援によって働く意欲を高める仕組みを充実させながら，給付と就労支援の両側面からの保障性を高める政策的努力を続けることが求められよう。

4 これから深めていくべきテーマ
国民基礎生活保障の政策的・実践的意義と課題の探求

　韓国における給付と就労を通じた自立を図る「就労支援つき」最低生活保障というあり方の政策的，および実践的意義と課題は，さらに深く検討する必要があろう。それは以下の２つの視点から考えられる。

　まず１点目は韓国の基礎保障の条件つき給付のような「就労支援つき」最低生活保障のあり方の，最後のセーフティネットとしての可能性と課題の検証である。「就労支援つき」最低生活保障は，サンクションにより就労に駆り立てることを意図した仕組みではないといえるが，しかしながらやはり就労支援を受けないという選択を認めないという側面がある。このような「就労支援つ

き」最低生活保障の政策的，および実践的意義と課題をより深く追究するためには，条件つき受給者のうちどの程度の割合の人が脱受給あるいは就業・創業しているのか，またそれはどのような仕事でどのような働き方なのかを明らかにすること，そして条件つき受給者となったときや事業参加しているときの思い，その条件を履行しない場合はその理由等，当事者の実像を明らかにすること等が必要である。そうすることによって，日本の生活保護のあり方との比較検討と，そこで明らかになった相違点にみる政策的，および実践的意味を明示することができ，さらには基礎保障の「就労支援つき」最低生活保障の理論的意味を明らかにすることにもつながるだろう。

　2点目に，韓国の基礎保障の給付の個別給付方式についての研究も日本にとって意義があると思われる。日本の生活保護は原則として，世帯ごとに算出される最低生計費以下であれば，各種扶助の受給対象となる。各扶助を単給または併給で行うことができるとされているものの，柔軟には行われておらず，ほぼ医療扶助を中心に単給が行われている程度である（2016年の医療扶助単給者数は医療扶助総数の4.4％程度）。そのことからすれば，実質的には「All or Nothing」の統合給付方式となっているといえる。実際，被保護世帯の収入がその世帯の最低生活費を上回ると一切生活保護の利用ができなくなるとし，教育・医療・住宅・生業の各扶助の単給化を求める声があがっている（日本弁護士会，2019）。

　韓国の基礎保障もそもそもは，扶養義務基準を満たし，世帯ごとに算出される所得認定額が最低生計費（日本でいう最低生活基準）を上回ればすべての扶助を受けられなくなる「All or Nothing」の給付体系であったが，それについて制度導入直後から，そのことによりいわゆる「死角地帯」を生んでいること，そして条件つき給付の側面では自活事業の参加の忌避につながり労働インセンティブを阻害していることが，政府内外から指摘され続け，2014年に個別給付化への改革が行われた。基礎保障が個別給付化へ移行したことによる効果と限界がいかなるものか明らかにすることは，上記のような日本の生活保護給付に対し一定の示唆をもたらすと考えられる。

　韓国の基礎保障は，日本の生活保護にとって自らの姿を映す鏡となりうる制度である。そのような基礎保障の仕組みとその政策的および実践的，そして理論的意味の探究は，今後の日本の生活保護改革論議にも資するところが大きいであろう。

手にとって読んでほしい5冊の本

埋橋孝文編著，2013，『生活保護』ミネルヴァ書房。

　　　生活保護を多面的にとらえている。諸外国の生活保護も取り上げており，韓国については，個別給付化以前であることに注意は必要だが，基礎保障の仕組みの全体をとらえるのに参考となる。

大友信勝編著，2013，『韓国の自立支援戦略』高菅出版。

　　　韓国の自活事業におけるモデル事業の具体的な事例を取り上げつつ，社会生活自立プログラムとしての可能性を示している。

五石敬路，2011，『現代の貧困——雇用と福祉の連携策』日本経済新聞出版社。

　　　日本のワーキングプアを通じてみえる貧困と生活保護や就労支援について取り上げるとともに，ヨーロッパおよび韓国の事例を取り上げ，その比較から提言を行っている。

筒井美紀・本田由紀他，2014，『就労支援を問い直す——自治体と地域の取り組み』勁草書房。

　　　日本の自治体や地域での就労支援の取り組みを取り上げ，誰も生きやすい地域づくりに必要とされるものは何か考察を行っている。

宮本太郎編著，2017，『転げ落ちない社会——困窮と孤立をふせぐ制度戦略』勁草書房。

　　　11人の社会福祉・社会保障の専門家によって，現在の日本に拡大しつつある貧困，格差，孤立の実態とその是正策を提言している。

引用・参考文献

金大中／金有培記録・構成／田内基訳，2002，『生産的福祉への道』毎日新聞社。
厚生労働省，2019，「生活保護受給者に対する就労支援のあり方に関する研究会報告」。
日本弁護士連合会，2019，「生活保護法改正案要綱（改訂版）」。
韓国保健福祉部，2013，『2013　総合自活支援計画　明日（My job）ドリームプロジェクト』。
韓国保健福祉部，2013〜各年，「主要業務参考資料」。

韓国保健福祉部, 2019, 『2018年保健福祉白書』。

김안나・전지현・지은정, 2006, 『自活事業モニタリングおよび評価研究』韓国保健社会研究院。

노대명, 2005, 「国民基礎生活保障制度と自活給付」『保健福祉フォーラム』通巻108号, 27-42頁。

류정순, 2000, 「国民基礎生活保障法施行の問題点と改善方案」『季刊社会福祉』通巻第150号（2001冬号）, 1-26頁。

（松江暁子）

第 11 章

介護現場の人材不足

介護職務の機能分化からその解決策を探る

グラフィック・イントロダクション

資料11-1　介護職員不足問題の原因と対策

〈原　因〉
- 需要側：介護ニーズの増大
- 供給側：介護人材の流出

〈現　象〉
介護職員の
不足問題

〈対　策〉
◎労働環境の改善
- 賃金改善（介護保険制度の改正）
- 業務量の軽減（ICT，機能分化）

◎新たな介護人材の参入
- 外国人受け入れ政策

（出所）　筆者作成。

　介護職員が不足していることの原因は，高齢化という背景の下で介護サービスへのニーズの増大により労働力が足りなくなったという問題と，介護労働市場から他産業の労働市場へ労働力が流出する結果，労働力が不足することになるという問題の 2 つがある。したがって，この問題への解決策としては，これ以上労働力が流出しないように，現在，働いている介護労働者の雇用環境を改善するための政策と新たな労働力が介護労働市場に参入することができるように促進する政策が両輪で整備される必要がある。

　そこで，本章では介護職員の労働環境を改善するために施行している賃金改善措置や介護職の業務量を軽減するための政策について検討を行う。また，新たな介護人材の参入政策として施行している外国人受け入れ政策の現状と課題について検討を行い，将来の展望について考察する。

1 何が問題か
介護人材が不足になった原因と関連する政策

　ここでは，なぜ介護職員が不足になったのかについて介護サービス・労働力の需要側と供給側からその原因を探る。また，介護職員の不足問題を解決するために，政府が実施している政策について検討する。

［1］介護人材不足の現状とその原因

　2018年現在，介護に従事する職員数は186.8万人であり，2000年54.9万人に比べ約3.4倍増加し，毎年増加傾向にある（内閣府，2019）。それにもかかわらず，介護人材の不足問題はますます深刻になってきている。介護労働安定センター（2018）によると，介護施設の69.2%が「介護職員が不足している」と答え，介護職員は著しく不足しているだけでなく，2013年以降，6年連続して不足感が増加している。不足している理由としては「採用が困難である」という答えが89.1%で最も多かった。2025年には，介護職員が約38万人不足すると予測されており，介護サービスが必要でも受けることができない「介護難民」の大量発生の恐れが懸念されている。

　また，介護職員の勤続年数も平均5.4年であり，決して長くない。勤続年数階級別にみると，勤続年数3年未満が全体の中で35.4%を占めている。さらに，退職者の勤続年数をみると，正規職では58.8%，非正規職では73.7%が3年以内に退職している（介護労働安定センター，2018）。

　その上，介護職員の労働環境も良いとは言い難い。訪問介護員の所定内賃金の平均額は月20万6312円であり，介護職員の所定内賃金の平均額は月21万4721円に過ぎない（介護労働安定センター，2018）。2018年全産業の平均月給は30万6200円（厚生労働省，2018 a ）であることに比べると，非常に低い水準である。このように介護職員の処遇が良くない中，施設における介護の担い手の不足問題はなかなか改善されない状況におかれている。

　介護人材が不足する原因としては，サービス・労働力の需要側と供給側の両方からみることができる。まず，少子高齢化が進むことにより，介護サービスへの需要が急増している。2019年現在，日本の総人口は，1億2601万人である。そのうち，65歳以上人口は，3598万人であり，高齢化率は28.6％である。2065年には人口約2.6人に1人が65歳以上の高齢者，約3.9人に1人が75歳以上になると推計されている（総務省，2020）。

　次にサービス・労働力の供給側における問題としては，これまで働いていた介護職員が他産業の労働市場にシフトしていくと同時に新規の介護職員が入ってこないという問題から量的な人材不足が生じている点があげられる。2004年ごろから始まった景気回復により，介護分野以外の市場賃金が上昇したにもかかわらず，介護報酬は3年間固定されていたため，介護労働者が他の労働市場に移っていく現象が生じた（鈴木，2010）。

　以上のように急速な高齢化に伴い，介護サービスへのニーズが増加し続けているが，それに比べて介護職員の確保スピードがついていけなくなってしまい，結果的に介護人材が不足する状況が生じたのである。

②　政府が展開している政策

　そこで，近年，政府が展開している政策として，介護職員の労働環境を改善するための政策と新たな介護人材を労働市場に参入させるための政策の両方から多様なアプローチがはじまっている。前者については，介護報酬から賃金の補助を行ったり，ICT の導入や機能分化などの技術革新を通じて業務の負担を軽減させたりするなどの取組みがある。また，後者については，主に外国人人材を日本国内に受け入れる政策が中心となっている。

　①介護職員の労働環境を改善するための政策

　現職の介護職員が離職することを防ぐため，多様な取組みが行われている。ここでは，主に賃金水準を改善するための政策と業務量の軽減に向けた政策を中心に述べる。

　介護職員の低賃金問題は，周知のとおりである。賃金水準の引き上げは，介

護分野から他産業への流出を防ぐ直接的な手段となり得る。しかし，介護職員の賃金は，介護報酬によって厳しくコントロールされている。そこで，他産業の平均賃金と肩を並べる程度の引き上げはできないものの，介護報酬自体を引き上げたり加算制度を取り入れることによって介護職の処遇改善を図っている。

　具体的には，2012年10月に「介護職員処遇改善加算」を導入した。この制度は，介護職員の安定的な処遇改善を図るための環境整備とともに，介護職員の賃金改善に充てることを目的に創設された。2019年の介護報酬改正により，加算Ⅰから加算Ⅲまでの３段階に区分され，要件によって加算されるように運用している。

　さらに，2019年10月には「特定処遇改善加算」を導入した。スキルのあるベテラン介護職員の賃金について，ほかの産業などと同レベルの水準まで引き上げることを目的として，現行の介護職員処遇改善加算へ上乗せするために創設された制度である。2019年２月に厚生労働省がこの加算の詳細を公表したが，同年10月からの消費税増税分の使い道として，勤続年数10年以上の介護福祉士に月額平均８万円相当の処遇改善に充てる「新しい経済政策パッケージ」を閣議決定した。この制度の施行によって，長期勤続職員の労働環境が大幅に改善されることが期待されている。

　一方で，介護職員の業務量を軽減するために，ICT を活用したペーパーレス化や介護ロボット等の新技術の活用，業務の分析に基づいた標準化や機能分化も進められている。とりわけ，介護職の機能分化等による業務効率化や生産性向上のための先駆的な取組みへの支援として，介護助手などを活用したサービス提供モデルの確立や多職種連携による業務の効率化など，先駆的な取組みに5.9億の予算をかけて試行的に実施している。

　②新たな介護人材の参入政策

　新しい介護労働者を市場に参入させるため，外国人人材を活用する政策を積極的に推進しているが，それには大きく４つのルートがある。

　第１は，経済連携協定（EPA：Economic Partnership Agreement）である。このプログラムは，EPA の協定を締結している国の人が介護福祉士候補者とし

て介護施設で働くことができるように許可する制度である。2008年に日本とインドネシアをはじめ，2009年にフィリピン，2014年にベトナムが協定を結んでおり，今後はタイも対象国として入る予定である。活動領域に関しては，当初は訪問介護を除く施設に制限して許可していたが，2017年4月からはEPAを通じて入国し，介護福祉士国家試験に合格した場合には，訪問介護領域においても就業が可能となった。しかし，この制度は労働力不足への対応ではなく，2国間の経済活動の連携の強化の観点から実施しているため，介護職員の不足問題への解決策として寄与しているとは言い難く，これからも期待できない側面がある。

　第2は，技能実習生制度である。もともとは，日本で技能・技術・知識を学び，これを母国で活かしてもらうことを目的として1993年に創設された制度であり，原則として3年間滞在することが可能である。実習可能な領域に介護分野が追加されたのは，2017年11月に行われた技能実習関連法の改正からである。現在は，77職種・137作業分野で技能実習生の受け入れが可能であるが，そのうち，介護のみが唯一の対人サービス分野となっている。

　第3は，2017年9月より施行されている「介護」の在留資格である。この制度は，介護労働者訓練施設またはより高い高等教育機関を卒業した外国人のうち，介護関連資格をもっている場合，申請可能な在留資格であり，受入国に制限がないのが特徴である。また，訪問系サービスやサービス付き高齢者住宅でも就職可能であり，幅広い介護人材の確保策として活用される可能性が高いといえる。

　第4は，「特定技能」の在留資格である。この制度は，1号と2号に区分される。特定技能1号は，介護分野を含めて労働力の不足を経験している14業種がこれに当たり，最大5年まで滞在することが可能な在留資格である。導入当時の議論の中で，現行のEPAと技能実習生制度のみでは不足する介護人材を補うことができないと予測されていたため，2019年4月から特定技能で介護職員を雇用する計画を立てることに至ったのである。介護人材の確保対策として，今後，期待されている制度の1つであり，これから5年間の受け入れ見込み数

は，介護分野において最大 6 万人を上限として運用している。対象領域として，訪問介護は除外されており，受入国としてはベトナム，フィリピン，中国，カンボジア，インドネシア，タイ，ミャンマー，ネパール，モンゴルの 9 カ国出身の外国人を対象にするものとなっている。

　以上の制度に基づいて働いている外国人介護職員の規模として，今のところ最も多いのは EPA による労働者である。2019年 3 月までに EPA での介護人材の受け入れ人数は4302名であり，そのうち3165名が雇用されている（国際厚生事業団，2019）。そのほか，技能実習生として働いている介護職員は2018年12月時点で986名が申請，472名が合格しており，そのうち来日している者は247名である（厚生労働省，2019 a ）。また，在留資格「介護」では2018年 6 月時点で177人が，特定技能では2019年 5 月時点で113名が受験し，84名が合格している（厚生労働省，2019 b ）。

　政府としては，今後，外国人労働者の割合は増加していくと予測しているが，実際に増やしていくためには，施設側の意向についてもさらなる分析が必要ではないかと考える。なぜなら，外国人労働者の受け入れに対する施設の意向がそれほど楽観的ではないためである。介護労働安定センター（2018）によると，現在，外国人労働者を受け入れている施設は全体の2.6％に過ぎない。その内訳をみると，留学生が42.5％で最も多く，EPA による受け入れが20.2％，技能実習生が9.0％などである。

　ここで，浮き彫りになった問題としては，まず，外国人労働者を雇っている施設の割合が非常に低いことである。これまで政府が力を注いできた EPA と技能実習生制度をとおして働いている外国人労働者の割合が低いという現実を鑑みれば，外国人労働者のニーズ，施設の意向，そして政策の方向性にややずれがあるのではないかと考えられる。

2 こう考えればいい
介護人材不足問題への解決策

　以上のように介護職員の不足問題を解決しようとする多様な取組みがはじまっている。しかし，政策は示されたものの具体的な今後の方向性が未確定であったり，一部の地域を対象としてモデル事業を実施している段階であったりすることから，未だに多くの課題が残っている。本節では，それらの制度における今後の方向性とまだ議論が深まっていない問題について検討する。

1 介護職の業務における機能分化を進めるべき

　まず，介護職の業務負担を軽減するための機能分化の可能性について検討してみよう。三菱UFJリサーチ＆コンサルティングが行った調査結果（2016年）によると，介護老人福祉施設において，無資格者，初任者研究修了者，3年未満の介護福祉士，3年以上の介護福祉士との間に行う業務内容に違いがないことが明らかになった。特にすべてのキャリア群において「掃除，洗濯，衣類の整理，ベッドメイク」業務を60％以上の者が行っており，「配下膳」業務については80％以上の者が行っている。これは，キャリアによって業務を区分した上で遂行する構造ではなく，「皆が同じ業務を一緒にする」ことを意味する。また，同報告書によると，管理者が考える各業務の専門性の認識は「生活援助→身体介護→特定ケア」の順に高くなっており，それについてはほとんどの介護サービス間で同様の傾向となっている。なお，特定ケアとは，最も高い専門性を要する介護技術であり，特定症状利用者の身体介護や終末期利用者のケア，たんの吸引などの業務を指す。

　以上の結果からすれば，生活援助業務と身体介護業務，そして高いスキルを要する特定ケア業務を区分し，職員が保有している専門性の程度によって職務機能を分化することが可能ではないかと考える。また，政府が推進しているキャリアパスの条件として，このような専門性を活用することも可能であろう。

資料11-2　介護業務の機能分化に関する改革案

(出所)　筆者作成。

　それによって，職員の業務負担を軽減することができ，介護職員本人においてはキャリアアップへのモチベーションの向上とそれに従う賃金の上昇につながることができる好循環の構造が成り立つと考える。

　具体的な機能分化の方法として，身体介護業務と特定ケア業務は従来の介護職員が担当し，掃除や洗濯などの生活援助業務は介護業務を担当しない別途の職員を雇用する体制を提案したい。

　例えば資料11-2のとおり，部屋の掃除や買い物などの生活援助は高い専門性を求めない業務として，そして終末期利用者の身体介護やたんの吸引などの特定ケアは最も高い専門性を求める業務として仮定してみよう。そこで，身体介護と特定ケア業務は従来の介護職員が担当する。しかし，生活援助業務については，今の介護職員の業務から外し，別の職員を雇用し担当させる。それによって，従来の介護職員の業務負担を軽減することができ，また介護職員のイメージ改善にもつながると考えられる。その際，生活援助業務を担当してくれる職員として，キャリア中断女性や中高年齢者，引退高齢者の再就職先として介護現場を活用することも望ましいであろう。

　ただし，介護職員の場合，専門性の低い新人の職員は身体介護を中心に，またベテランの職員は特定ケア業務を中心に担当するが，それのみに専念するのではなく，両職員が知識としてはすべての業務について理解しておく。そして，必要に応じて新人の職員が特定ケアを行ったり，ベテランの職員が身体介護を行ったりすることができる体制をつくるのである。つまり，担当業務が完全に分離された二重職務構造ではなく，状況によっていろいろな業務を遂行するこ

とができる流動性のある構造をつくることが大事である。

　なお，機能分化を活用したキャリアパスシステムを導入する際，勤続年数3年未満の労働者にモチベーションを高めるためのアプローチを積極的に行うことが重要である。前述のように，正規職の58.8%，非正規職の73.7%が3年以内に仕事を辞める現実を鑑みれば，彼らが職場に定着することができるように支援することが効果的であるといえる。

　このように職務機能を分化していく一方では，介護職員と生活援助業務を担当する職員同士が連携していくことも大切である。さらに，職務経歴が短い介護職員は，より高い専門性を身につけるための努力を行い，職務経歴が長い介護職員は，職員と管理者との架け橋として，チーム運営の管理や業務への負担を軽減するためにマネジメントしていくなど，「専門性」を発揮しながら業務に臨むことが必要であろう。

　さらに，生活援助業務を行う職員においても，誰もができる業務として想定することは，介護に携わる職務に対する専門性への認識を今以上に低下させる可能性があることには注意する必要がある。例えば，同じく部屋の掃除だとしても，だれでもできる「単純作業」としての掃除と職員が「専門業務」として行う掃除には違いがあるべきである。後者においては，良いケアの方針や利用者のニーズに応じた対応を理解した上で業務を行う必要がある。掃除を行うとしても利用者の暮らしやすさに配慮したり，部屋の状態から利用者の身体的・心理的な状況を把握したりするなど専門職の業務として行うことを意識し，さらに職員間の情報共有を行ったり職務環境の改善に向けた提案をしたりすることができる力量を培う必要がある。

②　合理的な制度構造へ再設計すべき

　介護職の不足問題を解決するために，政府は多様な制度に取り組んでいるが，事業者がそれらの制度を積極的に活用しなければ，制度のそもそもの目標は達成できないであろう。そこで，事業者にどのぐらい活用しやすい制度の設計となっているかが重要であるが，どちらの制度も事業主にとって活用しやすい制

度とは言い難い側面がある。

　まず，介護職員の加算制度に関してみてみよう。厚生労働省（2018ｂ）によれば，介護職員処遇改善加算の場合，加算を取得していない事業所が8.9％であった。その主な理由としては「職種間・事業所間の賃金のバランスがとれなくなることが懸念されるため」（44.4％）が最も多く，次いで「事務作業が煩雑であるため」（37.2％）などがあげられている。特に，加算申請に伴う業務負担の増加等の理由から申し込まない事業所があるということから，加算申請に関する業務負担を軽減させるための方策も同時に模索しなければ，いくらよい制度が導入されたとしても，その制度の効果を最大限に発揮することはできないであろう。

　また，特定処遇改善加算についても同様のことがいえる。これは勤続年数10年以上の介護福祉士を対象として賃金の補助を行う制度である。しかし，介護職員の平均勤続年数は5.4年程度であり，支給条件を満たす職員はそれほど多くない。このように実態から乖離した制度設計を行い，実質的に給付対象となる職員が少ないため，結果的に介護職員の処遇改善とは結びつかない制度となってしまう可能性がある。これまで施行されてきた加算制度の綿密な評価に基づき，新しい加算制度を実施してこそ，制度の効果を高めることができると考えられる。

　さらに，外国人受け入れ政策においても活用し難いところがある。例えば，EPA と技能実習生制度で外国人職員を雇用するために，事業主は高額な費用を払わなければならない。EPA の場合，2019年基準で介護福祉士候補者を受け入れる施設は，国際厚生事業団に申請手数料３万円，斡旋手数料13.1万円，滞在管理費として年間２万円（国家資格試験の合格時，年間１万円）を支払い，出身国家には3.8万～5.5万円に相当する費用を支払っている（国際厚生事業団，2019）。合計で約23.5万円を事業主が負担しているが，介護福祉士候補者を継続雇用することが保障されず，業務領域も限定されている状態で，これだけの金額の支払は事業主にとってリスクが大きいかもしれない。さらに，大規模施設より小規模施設ほど，事業主の支払額が負担になり制度を利用することがで

きない可能性が高い。

　他方で，介護労働安定センター（2018）によると，入所型施設において外国人労働者を活用する上での課題として，70.3％が「日本語文章力・読解力の不足等により，介護記録の作成に支障がある」と答え，また68.6％が「利用者等との会話等における意思疎通に支障がある」と答えた。さらに59.0％が「日本人職員との会話等における意思疎通に支障がある」と答えた。これらの結果から，現場において外国人労働者と日本人労働者との間に意思疎通に支障が生じていることが読み取れる。外国人労働者の雇用の安定性を高めるためには，政府レベルで日本語能力の向上に向けた教育カリキュラムを拡充するなどの工夫をする必要があると考えられる。

　その上，84.2％の施設が「今後も外国人労働者を活用する予定はない」と答え，これから約6万人の外国人労働者を受け入れようとする政府の要望と施設が望んでいる介護職員の不足問題の解決策には大きな違いがあることが読み取れる。

　そのほか，外国人受け入れ政策が送出し国での位置づけにおいて平等ではないという問題も指摘できる。例えば，EPA の場合，そもそもの目的は介護職員不足の観点ではなく，日本製品の輸出への見返りとして始まったのである。そこで，日本政府は介護労働市場への影響力を軽微なものとするために，EPA による受け入れ交渉でも，介護職の技能レベルをできるだけ専門職に近いものへ位置づける努力を払った（上林，2015）。その結果，フィリピンとインドネシアでの看護師資格取得者を日本の介護福祉士候補者として送り出すことになったのである。このように現地の看護師を日本の介護福祉士と同様の扱いをすることは，現地の資格の格下げであり，看護師の社会的地位を下降させるものであるという批判がなされる原因となった（安里，2009）。以上の問題からもっと平等な立場で，介護福祉士候補者を受け入れる体制を整える必要があると考えられる。

　まとめると，労働環境を改善するための政策，新たな介護人材を受け入れる政策の両方において，政府の政策方向と施設および労働者のニーズがマッチン

グしておらず，今後は相互のニーズに沿ったより合理的な制度構造へ変えていく必要があるであろう。

3 ここがポイント
制度・事業者・専門職の相互努力が問題の解決につながる

　日本の社会は，多様なニーズをもっている人々に現行の制度のみで対応するには深刻な壁に直面している。そこで，社会福祉法人，NPO などサービス供給の側面において行政をサポートしてきた組織はもちろん，インフォーマル的に支えてきたところにも，これから一層多くの役割が期待されるであろう。また，AI などの「人」ではない存在への依存も増加することが予想される。特に，介護サービスの提供領域は，労働力不足問題から逃れることができない領域といわれている。しかし，保険原理によってサービスの価格が策定されているため，一般市場における賃金と労働力の需給関係との調節メカニズムが通用できないのみならず，3 K（きつい・汚い・危険）という用語が表しているように介護職へのイメージも否定的な側面が強い。

　そこで，本章では介護職員不足問題への解決策として，①介護職員の業務負担を軽減するために職務機能を分化していく必要性，具体的には生活援助業務を従来の介護職の業務から外し，別の職員を雇用すること，②介護職員の業務も細かく分け，キャリアパスシステムを導入すること，③事業者において活用しやすく，より合理的な制度構造へ再設計していく必要性，を提案している。

　制度・政策が成功するためには，まず実効性のある「制度」があり，またそれを積極的に活用する「事業者」があり，さらに政策の効果を最大限にする「専門職」があるという，この三者における相互努力・改善が重要ではないかと考える。そのような取組みが組織の文化を変え，魅力的な労働環境の整備につながり，ひいては多くの労働者を呼び込むことになり，労働力の不足問題の根本的な解決策につながるであろう。

4 これから深めていくべきテーマ
先進プログラムに対する成果の分析

　本章では十分に取り上げることができなかったが，これから研究を深めていく必要性があるテーマについて触れたい。

　介護人材の必要数を合わせるために，厚生労働省は，①介護職員の処遇改善，②多様な人材の確保・育成，③離職防止・定着促進・生産性の向上，④介護職の魅力向上，⑤外国人材の受け入れ環境の整備など様々な取組みを行っている。本章では，その中で一部の政策について検討したが，これからは総合的な視点から介護職員不足問題の政策評価を行っていく必要があると考えられる。とりわけ，日本国内においてモデル事業として行っている以下のようなプログラムについて，その成果を分析する必要があるであろう。

　厚生労働省は，地域における医療および介護の総合的な確保を推進するため，2014年から消費税増税分を活用した財政支援制度として，地域医療介護総合確保基金を創設し，各都道府県に設置している。その対象事業の1つが「介護従事者の確保に関する事業」であり，先進的な事業をモデル事業として選定し支援を行っている。

　三重県人保健施設協会による「元気高齢者による介護助手モデル事業」がその1例である。この事業は，介護施設が地域の元気な高齢者を「介護助手」として雇用し，これまで介護職員が行ってきた周辺業務を担うことで，高齢者に介護業界の支え手となってもらうものである。実際に介護助手を導入した施設では，介護職員の業務負担が軽減され，丁寧な介護の実現につながったと評価されている（三重県，2019）。

　そのほか，民間レベルで実施している「ケアマイスター制度」も示唆に富む。これは，社会福祉法人あかね（兵庫県尼崎市）が開発した介護技術認定制度であり，介護職員それぞれの介護技術・知識を5段階で評価する人材育成プログラムである。ケアマイスターとは，介護職の知識・技術の高水準・均一化をは

かり，介護のプロ集団を創りあげるために創設したスキル認定制度で，スタッフの介護技術レベルがどの程度にあるかを5段階で認定するものである。試験内容は，介護福祉士の国家試験・介護支援専門員受験に準じており，自動的に資格取得試験にむけての勉強ができるようになっている。認定された段階に応じて認定証を付与する。実際に，ケアマイスター制度を導入してから離職率が減少したと報告されている。

　今後は，以上のような事例を含めて，地域医療介護総合確保基金事業の様々な取り組みを実証的に評価していく必要があり，それを踏まえて全国的に普及していくための制度の改善に取り組む必要があるであろう。

手にとって読んでほしい5冊の本

上野千鶴子，2011，『ケアの社会学──当事者主権の福祉社会へ』太田出版。
　　介護の問題をケアされる側の立場からとらえ直し，介護現場における当事者主
　　権とは何かを解明している。
上林千恵子，2015，『外国人労働者受け入れと日本社会技能実習制度の展開とジレ
ンマ』東京大学出版会。
　　これまで明確な移民政策が存在しなかった日本で，望ましい外国人労働者受け
　　入れとはどのようなものかを明らかにしている。
河合雅司，2017，『未来の年表──人口減少日本でこれから起きること』講談社。
　　2017年から2065年頃までを「人口減少カレンダー」とし，日本の未来図を描い
　　ている。特に，2021年に介護離職が大量発生すると紹介している。
中井良育，2018，『介護人材の確保と職場定着策──施設介護職員のキャリアと人
材育成の視点から』晃洋書房。
　　介護職の人手不足が解消されない原因と人材育成の視点に着目して介護人材の
　　確保と定着策のあり方について解明している。
結城康博，2019，『介護職がいなくなる──ケアの現場で何が起きているのか』岩
波書店。
　　ブラック化する介護労働，介護サービスの質の低下，外国人介護職員の受け入
　　れなど，現場が抱えている様々な課題を明らかにしている。

引用・参考文献

安里和晃, 2009, 「外国人介護労働者は何が特別か」『老年社会科学』31 (3), 390-396頁。

介護労働安定センター, 2018, 「平成30年度介護労働実態調査」。

上林千恵子, 2015, 「介護人材の不足と外国人労働者受け入れ——EPA による介護士候補者受け入れの事例から」『日本労働研究雑誌』662, 88-97頁。

国際厚生事業団, 2019, 「EPA に基づく外国人看護師・介護福祉士候補者受け入れパンフレット」。

厚生労働省, 2018 a, 「平成30年度賃金構造基本統計調査」。

厚生労働省, 2018 b, 「平成30年度介護従事者処遇状況等調査」。

厚生労働省, 2019 a, 「技能実習制度について」。

厚生労働省, 2019 b, 「『在留資格』特定技能について」。

鈴木亘, 2010, 「パートタイム介護労働者の労働供給行動」『季刊・社会保障研究』45 (4), 417-443頁。

総務省, 2020, 「人口推計データ」令和 2 年 2 月20日。

内閣府, 2019, 「令和元年版高齢社会白書」。

三重県, 2019, 「介護助手導入実施マニュアル」。

三菱 UFJ リサーチ＆コンサルティング, 2016, 「介護人材の類型化・機能分化に関する調査研究事業報告書」。

（李　宣英）

第 **12** 章

エイジズムと福祉政策

映画における高齢者ステレオタイプ

（グラフィック・イントロダクション）

資料12-1　高齢者人権問題とエイジズム

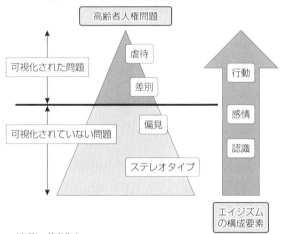

（出所）　筆者作成。

　本章のタイトルにあるエイジズム（Ageism）という慣れない言葉から，読者の皆さんは，福祉政策とどのような関連があるのかと疑問に思うかもしれない。エイジズムは高齢者の人権と密接な関係があり，憲法によって守られるべき人権は福祉政策を考える際にもつべき基本的な視点である。

　さらに，エイジズムは，高齢者を人生の主体ではなく客体としてとらえた社会や他者の見方であり，高齢者の QOL の低下にも影響を与え，高齢者が自分らしい人生を送ることを妨げるものでもある。しかし，エイジズムは可視化されにくく，高齢者の人権問題として注目されることはあまりない。

　資料12-1のエイジズムの構成要素にみられるように，エイジズムは高齢者差別問題や偏見だけではなく，そうした差別や偏見を生み出すステレオタイプも含む高齢者に対する態度として理解する必要がある。ステレオタイプは，ある集団の人々に対し多くの人がもつ共通のイメージであり，思い込みである。

　しかし，これまでエイジズムの偏見，差別の側面だけが注目されており，その根底にある高齢者に対する認識であるステレオタイプの問題はあまり注目されてこなかった。その原因として，ステレオタイプについての研究や考察が不足していることがあげられる。本章はこのような問題意識から，資料12-1の下段にある可視化されていない高齢者の人権問題を考える。さらに，他分野においても本章で提示する分析の視点や方法を援用することが考えられ，研究方法と視点を提供することももう1つのねらいである。

1 何が問題か
可視化されにくい高齢者人権問題

　前述のようにエイジズムは高齢者の人権問題に関わる重要な概念であるが，その構成概念の中でも，ステレオタイプという認識に注目すべきであると筆者は主張したい。以下，なぜステレオタイプに注目しなければならないのかについて先行研究のレビューおよびステレオタイプが果たす役割・機能から説明する。

1 エイジズムとは

　高齢者や老いに対する態度であるエイジズムは，その態度の構成要素から説明できる。社会心理学では，態度の構成要素を認識，感情，行動の3点から説明する（資料12-1の右側参照）。まず，所属している社会集団内で共有され固定されたイメージをもって，対象や物事を理解することがエイジズムの最も根底にある（認識）。次に，認識をふまえて，感情的判断や評価である偏見が生まれる（感情）。最後に，これらのプロセスを経て差別的言動や不当な扱いが行われるようになる（行動）。

　上述の内容を「高齢者＝弱い」というイメージを例にして説明すると，まず，「高齢者は弱い」と思い込むことを高齢者に対するステレオタイプ的な認識として想定することができる。続いて感情は，「高齢者は弱い」というステレオタイプに基づいて生まれる「高齢者は仕事には向かない（だろう）」といったような感情・判断のことである。最後に，これらの思いや評価の結果（行動）として，高齢者を保護される存在とみなし，高齢者の労働参加権を制約し，労働から排除するという定年退職制度が生まれるのである。

　上記のステレオタイプから偏見を経て差別につながる流れは仮説的なものではあるが，定年退職制度は既存の研究においてもエイジズムの例として取り上げられ，この制度による経済・社会・文化的損失について論じられている。

② エイジズムはいかに研究されてきたのか

　次に，日本におけるエイジズム研究のレビューから，その到達点と課題を確かめる。日本でエイジズムという概念が登場し始めたのは1990年代後半からであり，エイジズムの創始者であるロバート・バトラーやアードマン・パルモアの著書が日本語に翻訳されたのもこの時期である。この時期から現在までの日本におけるエイジズム研究の到達点は，多様な個人がもつエイジズム意識に関する基礎データが蓄積されたことである。これらのデータは，看護・介護の教育や研修内容に含まれるべき内容を工夫する上で重要な役割を果たす。

　しかし，ミクロレベル（個人，ケアに関わる専門職や学生）のエイジズム意識・知識の調査・分析研究以外の方法による研究が乏しい。また，「社会の高齢者観研究」「メディアによる高齢者の取り上げ方の調査」などは依然として不十分なものにとどまっている。すなわち，ミクロレベルの個人や個別要因に関する分析が盛んに行われている一方で，社会や文化との関連・関係に関する研究は乏しいのである。

　したがって，社会の高齢者待遇の内容，高齢者観，メディアにおける高齢者の取り上げ方などといった社会・文化的側面に焦点を当てた研究が行われるべきである。このような視点からの研究は，ミクロレベルにとどまりやすいエイ

ジズム研究の限界を克服することができるだろう。具体的な研究方法としては，メディアにおける高齢者の描き方の歴史的な変化の把握，そこにあるステレオタイプ化された高齢者像を分析することが考えられる。

③ なぜステレオタイプに注目するのか

　日本ではエイジズムに関する問題関心はそれほど高くないが，それは日本にエイジズムが存在しないからではなく，可視化されておらず，わかりにくいためだと考えられる。なぜ，エイジズムは可視化されにくいのか。筆者は，ステレオタイプの研究の不足をその原因として考える。以下では，ステレオタイプがどのような役割と機能を果たすものかを簡単に触れておきたい。なぜなら，ステレオタイプの機能と役割を理解しなければ，それがいかなる偏見や差別につながるのかを知ることができないからである。

　ステレオタイプ（Stereotype）は，英和辞書では「社会通念」と訳されているが，個々人が物事を認識する上で，重要な手がかりとしての役割を果たすものであり，集団内の人々に共有された認識として理解することができる（亀井俊介監修，1992，『スコットフォーズマン英和辞典』角川書店，1564頁）。エイジズムを例にすれば，ある社会集団で共有された高齢者や老いに関する認識や見方が，高齢者に向けられるステレオタイプである。また，ステレオタイプの特徴は，集団の構成員が期待した認識のとおりに行動するたびにその行動はステレオタイプの確証になり，強化されることである。

　すなわち，ステレオタイプは物事を理解するための認知のプロセスにおける説明の助けであり，ある集団における共通の認識である。さらに，物事を認知する脳の働きのエネルギーを節約する機能があり，物事への決めつけでもある。ステレオタイプは高齢者の個別性を尊重せず集団として高齢者がもつ一部の特徴やイメージを固着化してしまう恐れがあり，それ故にステレオタイプはエイジズムの出発点なのである。

　つまり，エイジズムの出発点としてステレオタイプにどのようなものがあるのかを解明しなければ，エイジズムの理解とその克服には近づくことができな

い。次節では，上述のことをふまえ，社会文化にある高齢者ステレオタイプを
いかに明らかにできるかについて，分析方法とその結果を提示し，社会文化に
ある高齢者ステレオタイプが高齢者の人権にどのような影響を及ぼすのかを考
察する。

2　こう考えればいい
映画分析から得られたエイジズムの特徴

　本章は，高齢者人権問題を素材にした福祉政策を考える視点を提供すること
が目的である。そのために，前述の内容をふまえて社会文化にある高齢者ステ
レオタイプを明らかにし，その結果から高齢者人権問題について考察する。本
節は，そのための研究方法の１つを紹介する。

［１］素材と分析の視点

　ここでは，日本社会にエイジズムがいかなる形で存在しているのかを明らか
にするために，映画を分析素材にする。その理由は以下の３点である。

　第１に，映画が社会と文化から影響を受け，他方でその社会や文化に影響を
及ぼしているため，第２に，映画は国籍，年齢，性別などを越えた影響力をも
ち，映画の普及方法も多様になっており近づきやすくなったため，第３に，ス
テレオタイプ研究において映画は，音声・映像のデータが同時に得られる研究
素材として取り扱いやすいためである。

　すなわち，映画は私たちの社会と文化を反映しており，ステレオタイプを形
成する媒体であるために，社会文化の中で特定の対象がもつステレオタイプに
どのようなものがあるのかを明らかにすることができる有効な素材であるとい
える。

　本章で映画を取り上げてのエイジズム分析は，**資料12-2**のように水の循環
に例えて理解することができる。

　水は水蒸気や雨，地下水，雲，雪など多様な形で常に私たちの日常に存在す

資料12-2　水の循環とエイジズム

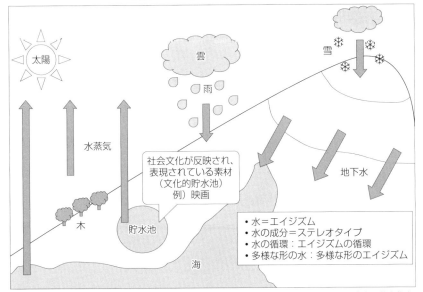

社会文化が反映され、表現されている素材（文化的貯水池）例）映画

・水＝エイジズム
・水の成分＝ステレオタイプ
・水の循環：エイジズムの循環
・多様な形の水：多様な形のエイジズム

（出所）　Sparkle Box の HP 'The Water Cycle Teaching Resources for Primary School' を参考に筆者作成（2020年3月10日閲覧）。

るが、それが目に見える形だけでなく見えない形でも存在している。しかし、目に見えない水でも常に私たちの生活の中に存在していることは誰もがわかる。また、どのような水が存在するのかを知るために水が溜まっている貯水池などを調べること（水質検査）によって把握することが可能である。このような水の特性はエイジズムにも適用することができる。

　エイジズムは、水のように多様な形で社会文化に存在する。エイジズムも必ずしも目に見える形ではない状態で存在する特性があるからである。どのようなエイジズムの特徴があるのかを知るためには、水質検査と同様に貯水池のようなエイジズムが溜まっている素材を調べることが必要である。すなわち、本章で映画の中のステレオタイプを分析することは、貯水池の水質検査に例えることができる。その分析を通して、社会文化にある高齢者に対するエイジズムの特性を把握することができる。

　では、映画を素材に分析する際の分析の視点はどのようなものがあるのか。

これについては，映画を素材にステレオタイプや表象研究を実施した既存研究の方法を援用し3つの分析視点を得た。第1に，ステレオタイプ変遷の確認，第2に，言語的側面と非言語的側面の両側面における分析，第3に，ジェンダーの違いについての視点である。

　第1のステレオタイプ変遷の確認は，時代の変化に伴うステレオタイプの変遷が既存研究においても確認されているため，ステレオタイプではあるがそこに変遷があるという仮説のもとに分析が可能である。第2の言語的側面と非言語的側面の両側面における分析は，言語のみならず非言語データが得られる点から分析の視点として有効である。特に，映画のストーリー展開や場面から言語では表現できない人間関係，表情，役割について確認することができるため，老いの当事者と第三者との比較も可能になる。第3のジェンダーの違いについての視点からは，高齢者に向けられる二重のイズム（-ism）の確認ができる。これは，男らしさは若い男性の特徴を基準にされていること，高齢女性では生き生きとした生活状況よりも，加齢に伴う身体・役割の変化のみが強調され問題視されることが例としてあげられる。つまり，男女に異なるセクシズム（Sexism）とエイジズムが同時に向けられることである。

② 映画の選定と分析方法

　ここでは，本章でどのような映画を分析対象とし，具体的な分析はどのように行ったのかを説明する。

　まず，分析対象の映画は，人口高齢化率を軸に選定することができる。その理由は，人口高齢化率7％，14％，21％という時代の区分ができるからである（高齢化社会，高齢社会，超高齢化社会）。客観的な時期区分の基準があれば，当時の社会の出来事や動きも参考にした分析ができると考えられる。したがって，人口高齢化率が7％以上となった1970年以降の映画を分析対象にする。

　映画に高齢者が登場することは必須であるが，多くの人から共感を得ることができたものとして興行収入上位の人気映画であること，上映された当時の実社会を背景にしている実写映画を分析の対象とした。その結果，1970年から

2016年までの興行収入 5 位以上の映画の中で高齢者が主役を演じる映画から81作品を分析対象とした。

　次に，分析方法については，映画作品に登場する高齢者と関わりのある人物間の人間関係，役割，特徴，セリフを記録し，その内容の比較を行う。前述の分析の視点を基本にしながら，高齢者や老いについての映画における表現内容を分析する。

［3］映画分析結果から得られた日本のエイジズムの特徴

　以下では，1970年から2016年までの実写映画にみられる日本の高齢者ステレオタイプの特徴の中から，前述した分析視点である時代の変化に伴われる特徴，男女による違いを中心に以下の 4 点を取り上げる。その際に，それぞれの特徴が高齢者にいかなる影響を及ぼしうるのかを考察する。

　第 1 に，持続的に表現される「否定的にとらえられる老い」である。第 2 に，もう 1 つの持続的にみられるステレオタイプとして「自立と他者を支援するように求められる高齢者」である。第 3 に，時代の変化がみられるステレオタイプとして「アクティブな高齢者」の登場である。第 4 に，ジェンダーによる違いについては「男性高齢者のみに向けられるステレオタイプ」である。

　第 1 の特徴は，老いが否定的にとらえられていることである。高齢者の性格について，他の世代によって「がんこ」と表現されそれが非難される。若者が上司に対して「がんこじじいの説教もきいてあげなきゃいけないし」と冗談を言い（『踊る大捜査線 THE MOVIE』本広克之，1998年），自分の意見を変えようとしない高齢者は「ああなると老害以外のなにものでもありませんよ」と非難される（『相棒―劇場版―絶体絶命！42.195km東京ビッグシティマラソン』和泉聖治，2008年）。

　一方，高齢者自らが自分の状況や長生きを嘆くこともみられる。『東京物語』（小津安二郎，1953年）と『東京家族』（山田洋次，2013年）では，高齢者は自分のことを家族や社会が邪魔者扱いしていると嘆き訴える場面がある。これらの高齢者や老いに対する否定的な表現は持続的に登場し，時には非難され，

時には笑いの素材として老いをとらえていることが確認できた。

　第2の「自立と他者を支援するように求められる高齢者」という特徴については，高齢者が支援や介護を必要とする存在として登場することも少なくない中で，自立や他人を助ける高齢者が続けてみられることから得られた。

　『男はつらいよ』シリーズでは自立している高齢者は他人の不幸に同情し，助けようとする。しかし，『ふるさと』（神山征二郎，1983年），『春との旅』（小林政広，2010年）では，高齢者が自立できなくなると他者によって生活の変化を強いられるなど惨めな思いをすると表現されている。すなわち，病弱な存在という典型的な高齢者ステレオタイプはあるものの，自立と他者を支援することが望ましいという表現もされ続けている。

　平均寿命や健康寿命が伸びたことによって，健康で自立した高齢者が増え続けていることは事実である。しかし一方で，自立と他者への支援ができず，介護や支援を必要とする高齢者がいることも事実である。上記のような高齢者に対する自立し支援するというステレオタイプのみが強調されてしまうと，自立と支援ができない高齢者は「できないことへのバッシング」を受ける可能性も否めない。

　第3の，変化がみられるステレオタイプとして，高齢者の人間関係の範囲の拡大，活動するヒーローのような高齢者の登場から得られた「アクティブな高齢者」である。地域活性化に貢献する主役として活躍する高齢者（『ホームカミング』飯島敏宏，2010年，『人生，いろどり』御法川修，2012年）が映画のテーマに選定されつつある。

　これについては，日本においてアクティブ・エイジングが実現されつつある現実を反映した結果として読み取ることができる。このことは肯定的に評価することができ，自分らしく生きる高齢期の生き方が社会にも浸透しつつあることが確認できる。

　しかし一方では，自立し支援するというステレオタイプと同様にアクティブな高齢者や彼らの強みの発揮ばかりが強調されてしまうと，介護や支援を必要とする高齢者にとっては圧力として働くことも考えられる。つまり，できない

自分の状況が望ましくないもののように思わざるをえないことが懸念されるのである。

第4のジェンダーによる違いにおいては，男女別のステレオタイプが明確にあらわれるものがある。女性高齢者のステレオタイプには，家族との関わりが主な人間関係であり，他人への感情的共感・支援，悠々自適とした生活の様子がみられる（『西の魔女が死んだ』長崎俊一，2008年，『ポプラの秋』大森研一，2015年）。一方，男性高齢者のステレオタイプには，地域や社会との関わりが主な人間関係であり，アドバイスや問題解決の手がかりの提供，長老，リーダーとして活躍する様子がよく表現される（『男はつらいよ』シリーズ，山田洋次）。

ここで注目したいものは，これまであまり注目されてこなかった男性のみにみられる性格的特徴である。男性高齢者はアドバイスをし，長老のような役割を果たす場面が少なくないが，「がんこ」な性格的特徴とともに怒りを表現することから他世代と葛藤を生じているものとして表現されている。このことは，世代間葛藤の原因を高齢者に求めるものであり，このステレオタイプが定着してしまうと問題の原因を高齢者に求めるという危険性がある。

ここまでの映画分析から得られたステレオタイプを通して日本のエイジズムの特徴は以下のようにまとめられる。

まず，「否定的にとらえられる老い」が確認できた。否定的に高齢者や老いがとらえられることは，エイジズムの最も典型的な形態である。しかし，アクティブな高齢者やヒーローになって活躍する高齢者が新しく登場するようになった変化も同時に確認できた。

一方で，従来のエイジズム研究では女性高齢者に向けられるエイジズムとセクシズムの二重のイズム（-ism）についての指摘はされているが，男性のみに向けられるものはあまり注目されてこなかった。男性高齢者のみに向けられる性格的特徴（がんこ）に関するステレオタイプから葛藤や問題の原因を高齢者自身に求めるような事態が懸念される。

このように日本における高齢者に対するエイジズムの特徴から，多少の肯定

的な変化はみられるものの，その本質は常に老いについて否定的であるといえる。また，高齢者本人が高齢者扱いについて拒否あるいは否定することも映画の中で確認することができた。これは，老いを自分とは離れた概念としようとする態度であり，エイジズムの根本には老いを他者のように思うことが根強く存在することである。

3 ここがポイント
エイジズムと人権問題

　ここでは，なぜ福祉政策を考える際に，エイジズムの視点を考慮しなければならないのかについて述べる。このことは，エイジズム研究の意義とも大いに関係する。

　アメリカを中心に反エイジズム運動家として活躍している A. アップルホワイトは，「Aging is living　Aging is life itself」という言葉をその著書で述べた（Applewhite, 2019, p. 279）。私たちは，今この瞬間にも生きており，加齢は生きている証拠でもある。しかし，エイジズムは老いを否定的にとらえる特徴があり，そのことは生きていることの意味を考える上で決してポジティブには作用しないことになる。

　高齢者の人権問題とエイジズムが深く関連することは世論調査の内容からも確認することができる。内閣府による2017年度「人権擁護に関する世論調査」の結果において，高齢者の人権問題として詐欺の被害や虐待に続いて，働ける能力を発揮する機会が少ないこと，高齢者を邪魔者扱いし，つまはじきにすること，意見を尊重しないことなどがあげられている。

　上記の人権問題の例はまさにエイジズムの一例であり，筆者が行った映画分析の中でも確認することができる内容である。すなわち，映画の中で高齢者に向けられるエイジズムは実際に日常生活において発生しやすい人権問題である。しかし，エイジズムについての研究は問題の深刻さに比べてまだまだ不足しており，そのためより多くのエイジズムの実証が必要であろう。

　人権は人が生まれながら与えられる権利であり，憲法によって保障されるものである。しかし，エイジズムは，年齢を基準にした考え方であり，年齢を理由に人権の保障に支障を与える危険性がある。その危険性がどのようなものなのかを例をあげておきたい。

　ある場所で，70代の女性と話す機会があった。彼女は薄い黄色のブラウスを着ており，筆者はそれについてきれいな色だと話しかけた。その際，彼女は息子から「その歳でそんな派手な服着る？」といわれたという。これは，まさにエイジズム的な考え方であり，高齢者はより地味な色（目立たない色）の服を着るべきというステレオタイプ（考え方）をその息子さんはもっていたのだろう。このように，日常生活においては数えきれないほどのステレオタイプがあることはいうまでもない。

　もう１つの例をあげておきたい。韓国で2012年に発表されたある歌が流行した。その曲のタイトルは「私の年がどうした？」であり，高齢者の間でもかなりの人気を得たという。本章は日本を事例にしたが，韓国で年齢による決めつけを拒否するような歌の流行とともに，前述のアップルホワイトが TED Talks（Technology Entertainment Design の略語，多様な経歴の講演者の講演動画の無料配信プロジェクト）で「Let's end ageism」というスピーチをしたことも紹介しておく。エイジズムはどの国，社会にも共通して存在する普遍的な課題である。

　この本を手に取った読者の皆さんは，多様な年齢層の人であろう。本章では，高齢者に向けられるエイジズムだけを取り上げたが，実際にエイジズムはすべての人に向けられる特徴もある。「最近の若い人は……」という言葉を聞いたことがあると思うが，これは若い人に向けられるエイジズムであり，ステレオタイプなのである。

　このように，高齢者の人権問題としてエイジズムは重要な概念であり，高齢者のみに向けられるものではない特徴もある。また，生きる意味とも関連がある概念である。すなわち，エイジズムは人が生きていく中で必ず直面する問題であり，レイシズム（Racism）とセクシズムが克服されつつあるように，克服

されるべき課題なのである。

 4　これから深めていくべきテーマ
エイジズム克服のための政策の視点と研究方法

　これまで述べたように，エイジズムは人がいつかは直面する課題であると同時に，私たちの生活に根強く浸透している問題である。このエイジズムを克服するために，今後，どのような研究を進めることが求められているだろうか。筆者は，これについて，2つのテーマを提案したい。

　第1に，政策を考える視点の再考である。これまで高齢者政策は，高齢者を科学的根拠のない65歳を基準にして政策立案がなされてきている。しかし，年齢を基準に区分することは非常に効率よい客観的な方法ではあるが，高齢者といっても長寿化と100歳以上の高齢者も多い現状（厚生労働省 HP，7万1238人，2019年9月13日現在）からすれば，一概に高齢者と言い難い時代になってきた。つまり，65歳以上という年齢区分があまり意味をなさない概念になりつつあるということである。

　実際に筆者が分析した映画においても多様な高齢者がみられるようになった。この現実を踏まえて，年齢で政策の対象を区分するのではなく，よりフレキシブルにその人が支援を必要とするときに使えるニーズベースの政策のシステム・仕組みを考える必要がある。

　このことは現在行われている年齢基準の引き上げのことではなく，年齢を基準とする考え方について再考することを指すものである。すなわち，政策を考える際に，年齢基準ではなく，その個人に起こりうる問題，問題解決のために必要となるサービスの内容に対して，より焦点を当てるべきである。

　第2に，筆者が提示したような社会文化にみられるエイジズムの分析方法開発とともにより多様な素材の分析である。このことは，本章第1節で指摘したような，エイジズム研究の最も優先されるべき研究課題に取り組むための研究方法の1つとして考えられる。また，その成果は客観的事実としてエイジズム

研究の基礎的データとして活用できるだろう。

　未知の部分が多く残されているエイジズムは，人口高齢化が進むことによって新たに発生した問題ではなく，これまで根強く存在し続けてきたものである。エイジズムという概念を通して，今，高齢者人権についてもう一度考えることが求められている時期である。なぜなら，高齢者の虐待を防止する法律の施行，認知症高齢者をはじめとする高齢者のための意思決定支援などが注目を集めており，今の時期は，高齢者の人権問題について再考するチャンスでもあると思うからである。

手にとって読んでほしい5冊の本・映画

木原活信，2014，『社会福祉と人権』ミネルヴァ書房。
　　社会福祉と人権の関係について述べられ，多分野における人権問題について具体的な例をあげている。人権を考える基礎的な視点を提供してくれる。
玄幡真美，2010，『日本の雇用年齢差別』勁草書房。
　　年齢差別による労働権の剥奪ともいえる定年制度はすでに多くのエイジズム研究において批判されつつある。しかし，エイジズムが高齢者だけに向けられるものではないことが雇用においていかに作用しているかを考えることができる。
天願大介監督，2011，『デンデラ』東映。
　　姥捨山に捨てられた高齢女性の中で生き残った人たちが村を作る。中には，自分を捨てた村への復讐よりは生きることに専念したい人，葛藤の末に復讐の道を選ぶ人などが登場する。エイジズムとセクシズムに立ち向かう女性たちの姿が清々しい（原著：佐藤友哉，2009，「デンデラ」『新潮』，新潮社）。
安川悦子・竹島伸生編，2002，『「高齢者神話」の打破──現代エイジング研究の射程』御茶の水書房。
　　1990年代から始まった日本のエイジズム研究の黄金期に出された編著。エイジングがいかにとらえられていたかを確かめることができる。
Applewhite, Ashton, 2019, *This Chair Rocks: A Manifesto Against Ageism*, Celadon Books.
　　反エイジズム運動家ともいえるほど多様な活動をするアップルホワイトのこれまでのエイジズムについての実体験も含む啓発的な著書である。

（朴　薫彬）

第 **13** 章

児童虐待に福祉政策はいかに立ち向かうべきか

1人でも多くの命を守るために

(グラフィック・イントロダクション)

資料13-1　児童虐待への対応プロセス

ステージ1　発生予防・早期発見

ステージ2　情報共有と役割分担

ステージ3　リスク・アセスメント

ステージ4　介入と支援

（出所）　筆者作成。

　児童虐待で子どもが命を落とすニュースが後を絶たない。憤りを感じている読者も多いだろう。しかし，児童虐待の防止に向けた取組みは，**資料13-1**のステージ1から4に示すように，いくつもの層になっている（さらに実際には，家族再統合やアフターケアといったプロセスもあるが，本章では取扱わない。しかも，これらのプロセスは積み重なるように存在しており，同時並行で進行させなければならない。一般的な報道では児童相談所の対応のまずさが問題にされたり，その原因として人手不足が指摘されたりしている。しかし，単に児童相談所を責めるだけでも，また単に児童相談所の人員を増やすだけでも課題は解決しない。本章では，資料13-1に沿ってそれぞれのプロセスにおいていかなる課題があるのかを検討し，その課題についてどのような改善策があるのかを示したい。

1 何が問題か
虐待防止のための各ステージの課題

　ここでは，児童虐待をめぐる諸課題について，全国の児童虐待による死亡事例を交えながら示す。手掛かりにするのは，子どもの虹情報研修センターが収集した地方自治体が公表している重大な虐待事例の検証報告書である。*

> ＊　なお，個々の事例を詳しく知りたい方は，同センターのホームページを参照してほしい。プライバシーに留意した範囲でこれらの資料を活用することができる。

1 ステージ1：発生予防・早期発見の課題

　第1に，意外に思われる読者もいるかもしれないが，多くの事例で関係機関が発見することができないまま児童が死亡するケースが多い。いいかえれば，虐待の発見自体が課題なのである。特に発見されにくいのは，生後間もない子どもを殺害してしまうケースである。その背景には予期しない妊娠や事情のある妊娠がある。例えば，静岡県では，妊娠した女子大学生がそのことを周囲に秘密にし，出産後すぐに遺棄した（生産か死産かは不明）事例があり，その背景には妊娠したことを周囲に相談しにくい状況があった。こうしたケースでは，何らかの接点をもつこと自体が大きな課題となる。また，果たして出産後すぐに起こる虐待と，ある程度成長してから起こる虐待を同列に論ずるべきかについては様々な見解があり得る。筆者は，問題の性質が大きく異なることからこれらを区別して論じるべきだと考えている。西澤（2018）も指摘しているように，出産直後の殺害は遅れてきた中絶という意味をもつ。つまり，育児のストレスや「しつけのつもり」といった認識で起きる原因とも対応とも異なる。にもかかわらず，一般に虐待が議論される際に両者が区別されないことも多い。

2 ステージ2：情報共有と役割分担の課題

　第2に役割分担と情報共有をめぐる諸課題である。児童虐待に対応するのは，

一般的には児童相談所だと考えられている。しかし，発見や予防，子育て不安を抱える家庭に対する直接支援については，市町村が大きな役割を果たす。大まかにいって予防や深刻度の低い虐待を市町村が，深刻なケースを児童相談所が担当すると考えてよい。留意が必要だと述べたのは，市町村と児童相談所の役割分担が明確でないことにより混乱する場合がある一方で，あまりにも形式的にこれを適用しようとしすぎても弊害が出てくる場合もあるという意味である。同じ地域で子育て不安から虐待へと進行してしまうケースがあることをふまえれば，両者が協同して対応する必要性がある。

　それにもかかわらず，実際にはこの役割分担や情報共有は，多くの虐待死亡検証報告書で課題として繰り返し指摘されている。そのポイントを要約すれば以下4つを挙げることができる。

　1つ目として，通告への対応をめぐる混乱がある。虐待やそれを疑われる状況を発見した住民が通告をする相手先は，市町村，児童相談所，警察など様々である。このことは，虐待対応の初動でタイムラグが生じる原因となっている。2つ目として，関連している機関の中でリスクの認識がばらつくという状況である。例えば，保育所は児童の様子から高い危機感をもっていたが，関連する機関は保育所に来ているなら，とそれほど高い危機感をもたなかった事例がある。また，主担当の機関が交代する際に深刻度がうまく伝わらないケースもある。例えば，大阪府箕面市の事案では，虐待の危険度が低下したという理由で児童相談所から市町村に主担当を変更したが，その際に当該ケースのリスクがうまく伝わらず，市町村の対応が遅れた。

　3つ目のポイントとして，最も情報共有に齟齬が生じやすいケースとして，遠方への転居や転居を繰り返している家庭の場合がある。大阪府茨木市で起こった虐待死のケースでは，転居元の児童相談所から転居先の児童相談所へのケース移管がうまくいかず，深刻なケースにもかかわらず，転居後の対応が遅れたことが指摘されている。4つ目のポイントとして，関係機関の情報共有の場として要保護児童対策地域協議会（以下，要対協という）があるが，これについては次のような課題がある。すなわち，（1）活動の活発さの度合いが地域

によって大きく異なること，（2）ケース数が多い場合に，１ケース当たりの検討時間数が極めて少ないこと，（3）ケース検討の目的が構成メンバーに十分共有されていないことである。要対協の会議にはいくつかの種類があるが，この中で個別の事例を関係者が具体的に検討する個別ケース会議をどのように促進していくかが特に課題である。

③ ステージ３：リスク・アセスメントの課題

　第３は虐待のリスクに関するアセスメントの課題である。アセスメントとはその事例の虐待の深刻度を査定し，それをもとに必要な支援や介入を決定する過程を指す。支援や介入の必要度，緊急度を見定めるという意味で非常に重要なプロセスである。しかし，この過程においてもいくつかの課題がある。１つは，虐待のリスクを軽く見積もってしまうことがあるという点である。例えば，岩手県で起こったネグレクトによる虐待死のケースでは，被害者となった児童が認可外保育施設に通園していたという事実から，緊急性が高いと考えなかった。また，滋賀県で精神的な課題を抱える母親が二女を踏みつけるなどして大けがを負わせた事例においては，「きょうだいがケガをさせた」といった母親の言い分を信じて，正確な危険度を把握することができなかった。２つ目は急激な変化があった場合に素早くそれを反映すべくアセスメントをやりなおす必要があるが，それがうまくできないケースである。例えば，大阪府の事案では，もともとネグレクト傾向にあった母子家庭へ支援が行われていたが，母に新しい交際相手が現れた時点で養育環境が大きく変わると考えられたにもかかわらず，そのアセスメントが行えていなかった。結果的に子どもは母の交際相手とその知人による暴行で死亡した。３つ目はチェックリスト・アセスメントシートといったアセスメントを客観的に記録しておくツールの活用が，多忙等の理由で進んでいないということである。例えば，香川県から東京都に転居した家庭において身体的虐待によって女児が死亡したケースでは，アセスメントシートを活用せずに引継ぎをしていたことが課題として指摘されている。

④ ステージ 4：介入と支援をめぐる課題

　「何が問題か」の第4は介入と支援をめぐる困難である。児童相談所は虐待が疑われる家庭に対して2つの異なったアプローチを行う。1つは，支援的なアプローチである。虐待が疑われる家庭では子どもの養育について不安や困難を抱えている場合が多いので，それを取り除くための支援に結び付ける必要がある。もう1つは，介入的なアプローチである。虐待が深刻な場合には一時保護等を活用して子どもを家庭から切り離す必要がある。児童相談所はこれらのしばしば両立が難しい2つの役割を果たしている。このことは素早い介入を難しくしている。例えば，兵庫県で，実父が「泣き止まない」という理由で次女に身体的な虐待を加えて重傷を負わせたケースの検証報告書で，児童相談所は「在宅支援を行うものが虐待への介入を行うことは困難」という認識をもっていた。いいかえれば，支援をする上で信頼関係が必要であるから，新たに虐待についてのリスク・アセスメントをすることが難しかったという意味である。

　本節では，重大事例を中心に虐待事例における支援・介入の諸課題を列挙した。次節ではさらにいくつかの問題に焦点を絞り，その解決策を検討し，いくつかの提言を試みる。

2　こう考えればいい
児童虐待防止への5つの提案

　以下では，上であげた諸課題を解決するに当たっていかなる方策があるかを考察する。筆者の提案は，次の5点である。

① 市町村における虐待対応の強化

　第1は，市町村の虐待への対応力の強化である。これを提案する理由は2つある。まず，住民にとって市町村が児童相談所に比べて身近な存在であることから，虐待の予防や発見に適した位置づけであるといえるからである。制度の上でも児童虐待の第一線機関は市町村である。この点に関連して，現在，子ど

もや妊産婦の相談に総合的に対応する市区町村子ども家庭総合支援拠点と子育て世代包括支援センターを2022年までに全市町村に設置することが目指されている。また，中核市における児童相談所の設置促進も進められる見通しである。これに合わせて専門的な知見を有する職員の確保や充実が不可欠である。前節で述べたように，虐待死亡事例のうち，生後間もなく犠牲になっているケースについては，そもそもその発見に至っていない。この事態を少しでも打開するに当たって大きな役割を果たすのは，医療機関，保健所に加えて身近な市町村である。市町村は，本人にとって身近であるだけでなく，こんにちは赤ちゃん事業（乳児家庭全戸訪問事業）やショートステイやトワイライトステイ等の直接サービスの担い手でもあり，その意味でも虐待の予防や発見に適している。

　次に，現状では市町村が通告を受けたケースについて，自分たちに支援は困難という理由で児童相談所に対応を求めるケースが多い。確かに，市町村で対応が難しいと思われるケースを児童相談所に求めること自体が間違っているわけではない。ただし，市町村が虐待リスクの非常に低いケースであっても困難を感じてその支援ができないと判断してしまえば，児童相談所は，虐待リスクが様々なケースを抱え込むことになってしまう。こうした事態を改善するためにも市町村で児童虐待に対応できる職員を配置，増員していくべきである。現在，政府は2022年度までに児童福祉司を約2000人増員する計画であるが，これらは児童相談所に配置されていることが前提となっている。市町村の母子保健所管部署や児童福祉所管部署に社会福祉士等の有資格者を積極的に採用することや，これらの職員を福祉職として採用することも非常に重要な課題である。さらに，中核市における児童相談所の設置もこの観点から進めていく必要がある。

② 通報の振り分け

　第2は，通報の振り分けについてである。現在，児童虐待が起こっている，あるいはその疑いがあるという通告は，様々な機関に寄せられる。児童相談所はもちろん，市町村，警察署などである。通告を促進するために，「189」が設

定されているが，このダイヤルは当該地域を所管する児童相談所につながる。しかし，通告した人はそれぞれの機関がどのような役割をもっているかを明確に知っているわけではないから，ミスマッチやタイムラグが発生しやすい。この点に関して提案したいのは，通告の受け手の一元化である。そのために虐待の通告がすべてそこに集まるような拠点を設定する。この機関は児童相談所の負担軽減の観点からも，判断の独立性を維持するためにも児童相談所や市町村とは別に設置されることが望ましいと筆者は考える。通告を受けた機関は，その通告の内容に応じて，担当することが最も適切な機関に連絡する。さらに複数の機関で対応すべきと考えられる場合には，いずれの機関にも事案を通知する。このように通告を 1 カ所で受け，なおかつ虐待の深刻度に合わせて振り分けられる機関が必要である。現状ではこうした機関の必要性についての指摘があるのみで，実際にと取り組まれていない。

③ 48時間ルールをどう考えるか

　第 3 に，通告を受けた場合に原則48時間以内に安全確認をするというルール，いわゆる「48時間ルール」についても議論しておきたい。このルールの重要性はしばしば強調されている。最近も札幌市の虐待死事案で，対応した児童相談所において48時間ルールが守られなかったことが批判の的になっている。ますます48時間ルールの重要性は強調されていくだろう。筆者もこの安全確認のルールを一概に否定するつもりは毛頭ない。しかし，児童相談所が効果的に機能することを目指すならば，合わせて考えておかなくてはいけない問題がある。それは，通告が増えるということは虐待ではないケースも含まれることになるという点である。例えば，子どもの泣き声を聞いたが何日も前の話でその後，異常がないといったケースや，隣の赤ちゃんが泣いていてうるさいといった苦情めいたものもある。確かに 1 つの死亡事案の発生を防ぐことができるならば，いくらでも対応すべきだという意見は説得力をもっている。子どもの生命を守ることが第 1 であるというのは否定しがたい。

　一方で，確認すべき通告の量があまりにも増えてしまえば，優先的に対応す

べきケースに力を割くことができなくなってしまう。つまり，「全てのケースをくまなく確認すること」と「緊急度の高いケースに重点的に取り組むこと」の間にディレンマが存在している。この点を直視せずに，「子どもの命が大切なのだからとにかくすべての通告に対応しろ」と主張するのはたやすい。しかし，そのことによって本当に傾注すべきケースに力が割けない場合も出てくる。もし，48時間ルールを徹底すべきと主張するならば，この点の負担軽減を考える必要がある。例えば，基準を設けて明らかにリスクの低いものについては48時間ルールを緩和することも1つの案である。さらに，人員を増やすという方法の1つではあるが，その場合は，スーパーバイザーも一緒に配置する必要がある。というのも，児童相談所の職員の業務負担はすでに重いので，新しい職員だけが入ってきた場合には，職員の教育が新たな負担となる。それゆえ，「とにかく人を増やせばよい」と主張することは，そのことによって短期的には児童相談所の機能が低下する可能性を考慮していない。新規人材の配置とだれが教育するかという点は分けて考えることができない。それにもかかわらず，報道等においてこの点が看過されていることが多い。

④ 市町村と児童相談所の協働

　第4は，市町村と児童相談所の協働の促進である。先にも述べたように，両者の役割分担が明確にならないことの弊害も想定しうるが，他方で，両者が協同して対応すべきケースがかなりある。虐待事例の深刻化は地域の中で徐々に進行する場合もあるがゆえに両者の緊密な情報や方針の共有が不可欠である。そのための場所として想定されているのが，要対協である。しかし実際には，①～③であげたような課題が山積している。筆者は，この要対協のうち，特に個別ケース会議を活性化するためにICTの利用が必要であると考えている。情報共有のための活動とそれぞれの事例への素早い動きを両立するためには，この個別ケース会議をいかに必要に応じた柔軟な形で開催できるかが重要である。なお，テレビ会議の活用などは，転居ケースの引継ぎ等においても，転居前と転居後の様子の相違や深刻度を正確に伝える上で非常に大きな役割を果た

す。

⑤ 児童相談所の機能分化

　第5に，児童相談所における支援部門と介入部門の区別化である。すでに区別されているところもあるし，そのような改革が必要だという意見も多数ある。筆者自身は，それらの意見をさらに進めて，介入部門は児童相談所から完全に分離すべきだと考えている。すなわち，虐待が深刻である場合に，親と子どもを切り離すために介入する部署は，児童相談所と別の機関として立ち上げるべきである。その理由は，両者を区別しないことが介入を困難にしているからである。虐待死が起これば，必ずといってよいほど，「児童相談所はなぜもっと毅然と対応しなかったのか」という批判が飛び交う。報道で虐待死を知る私たちは，「死亡」という結果からスタートし，職員とは逆方向に事例を把握することになる。そのような視点から虐待への対応を「弱腰」と非難することは誰にでもできる。しかし，すべてを把握できるわけではない状況で支援と介入を両立することは極めて難しく，職員にとってはそれが精神的な負担となる。職員がスムーズに介入の必要性を判断するためにも両者は別の部署であるべきだし，保護者にはっきりそれがわかるように建物等も分けた方がよい。こうした分化を進めた上で介入を担当する部署が強く介入できるように家庭裁判所の介入を強化するといった議論がなされるべきである。ここでいう家庭裁判所による介入の強化とは，現在，一般的な行政処分として行われている立ち入り調査も裁判所の審判を経て行うようにすることで，介入の力を強化するといったことを指している。ただし，介入の強化はどのような形で行ったとしても，保護者を不適切な形で追い込むリスクがある。こうした点からも児童相談所の機能分化を「介入力の強化のため」にあるとだけとらえるのではなく，職員の精神的な負担の軽減からもとらえるべきである。支援と虐待への介入を同じ職員が担い一体的に行う方が効果的という考え方もあるが，筆者はそうしたケースの方が少ないと考える。

　さらに，親子分離といった介入への司法関与の強化は子どもの権利からも支

持される。日本も批准している児童の権利に関する条約第9条第1項は父母の意思に反して子どもを親から分離する際に司法が関与すべきであることを明示している。この点からも家庭への介入が司法によって正当化されるべきである。したがって，児童相談所から分離した介入機能をもつ機関は家庭裁判所の指揮監督を受けるべきである。

　以上，児童虐待防止をすすめるためのいくつかの提言を試みた。児童相談所は，児童虐待防止に当たっていくつもの機能を果たしている。これらの複数の機能を両立し，なおかつすばやく対応するためには人員を増やすだけでなく，児童相談所と他の機関で，あるいは，児童相談所の内部で絡み合っている様々な機能の整理が不可欠である。

3　ここがポイント
死亡事例だけではない

　「児童虐待防止に関する研究の意義など説明するまでもない」と考える読者もいるかもしれない。確かに，児童虐待は紛れもない人権侵害であり，被害者は将来の社会の担い手となる子どもである。個人の権利といった点からも，社会的損失といった点からも喫緊の課題である。ただし，以上の問題意識をスタート地点としながら，さらに議論を展開し具体的にしておくことも意義があるだろう。前節までは主に死亡事例を中心に議論してきたが，本節では死亡事例に限らず，児童虐待を防止するための研究がもつ意義について深めたい。

　第1に児童虐待が子どもに与えるダメージは，本章で扱ってきたような死亡だけではないという点である。例えば，児童虐待が脳にダメージを与えることを指摘する論者もいる。小児精神科医の友田は，不適切な子育てが脳を傷つけること，そしてその影響について論じている（友田，2017）。また，虐待が発達障害に似た症状をもたらすと指摘する研究者もいる。

　関連して児童虐待がもたらす社会的な損失を計算する研究もある。例えば，小平は，アメリカの ACE（小児逆境体験）に関する調査結果から，それがアル

コール依存，ドラッグの乱用，若年での性交渉および計画していない妊娠，あるいはアメリカのトップ10に入るような身体疾患と関連していることを示している（小平，2018，953頁）。くわえて，日本については直接費用，間接費用合わせて1.6兆円という Wada の試算（Wada, Igarashi, 2014）を紹介している（小平，2018，955頁）。

　虐待が連鎖するという指摘を耳にしたことがある人もいるだろう。単純に児童虐待が連鎖することを批判する指摘もある。「虐待をしてしまう親の中には虐待をされて育った人が多い」ということは必ずしも「虐待をされた人は虐待をしてしまう」ということを意味しないということだ。他方で虐待を受けた人が虐待をしてしまっている場合には，解決に虐待する親のトラウマの治療が必要になる場合があるという指摘もある。そのことをふまえれば，やはりある時点で虐待を防止することが将来の虐待の発生や深刻化を防止することにつながるといえよう。

4　これから深めていくべきテーマ
虐待防止に向けた体制整備

　児童虐待に関して筆者が注目している今後のテーマは4つある。

　1つ目は児童虐待の発生原因に関連して，虐待と他の生活問題との関係性である。第2節でも述べたが，児童虐待の背景には様々な生活問題がある。例えば，虐待の発生リスクを高める要因として次のようなものが指摘されている。すなわち，ドメスティックバイオレンス，予期しない妊娠，親のメンタルヘルス，貧困および低所得，地域からの孤立である。これらの諸課題が虐待の背景になっていたり，虐待の深刻化の要因になっていたりする。これらの要因が虐待に関与しているとの指摘は数多いが，どのようなメカニズムで関与しているのかといった点や，関与している場合にはそれ以外の事例と異なって，いかなる方策が必要であるのか，といった研究にはまだまだ発展の余地がある。

　2つ目は児童相談所の介入力を高める機能分化と多職種連携のあり方である。

本章では基本的に児童相談所の機能分化を支持した。ただし，それぞれの児童相談所のおかれている状況に相違があるのも事実である。機能分化するに当たってそれぞれの児童相談所がおかれている規模や，これまでの実践の積み重ねを考慮する必要があるだろう。こうした個別的な研究と合わせて諸外国では効果的な介入のためにどのような体制が確保されているのかといった問題にも目を向けるべきだろう。児童相談所の機能分化という点でしばしば引き合い出されるのは，アメリカの児童保護局である。アメリカでは児童保護局が強い権限をもって虐待に介入している。こうした研究を土台としながら，今後，児童虐待への介入の国際比較研究が必要である。

　3つ目は市町村や児童相談所において虐待事案に対応する職員の質の向上に関する研究である。児童虐待に対応するに当たっては，本章で検討してきたように，状況を正確にアセスメントする力，他の機関と円滑にコミュニケーションをとる力が求められる。こうしたスキルを身につけていない人員がいくら増えても状況はあまり改善しない。こうした知識やスキルを担保するためには，経験年数，所持資格だけでなく，関連した職種に就いた後のキャリア形成として現任研修，スーパービジョン，労働条件といった様々な要因を考慮しなくてはならないだろう。例えば，児童虐待に対応する新資格として子ども家庭福祉士が提案されており，激しい議論が展開されている（『朝日新聞』2019年3月25日付）。推進派は，「社会福祉士では児童福祉に関する科目も少なく虐待に対応できない」と主張し，反対派は「まずは児童相談所に社会福祉士を必置にするなどの対応をとるべきだ」として議論は平行線をたどっている。この点はほんの一例に過ぎないが，市町村や児童相談所等の人材の確保と強化のための方策は大きな研究課題である。

　4つ目は加害者となった親のケアである。虐待を経験した親の中には様々な苦しみを抱えている人がいる。被虐待経験やいじめ，精神的な疾患やパーソナリティの偏り，社会的な孤立である。虐待の被害の拡大を防ぐためにもこれらの活動の重要性は大きいが，先駆的な実践が有志によって行われているのみである。このような活動を普及させるためにもこうした活動の有用性を示す研究

が必要である。

手にとって読んでほしい5冊の本

大久保真紀，2018，『ルポ児童相談所』朝日新書。
>　豊富な取材により，児童相談所の職員が奮闘する姿を描く。現場職員の悩みや葛藤，熱い思いを教えてくれる1冊。

杉山春，2013，『ルポ虐待——大阪二児置き去り死事件』ちくま新書。
>　子どもをアパートの一室に閉じ込め自分は遊んでいたとバッシングされた母親。彼女の注目されないトラウマと孤立を丹念な取材で明らかにしている。

友田明美，2017，『子どもの脳を傷つける親たち』NHK新書。
>　脳科学の視点から虐待やマルトリートメント（不適切な養育）が子どもの脳に与える影響をわかりやすく明らかにしている。

藤林武史編著，2017，『児童相談所改革と協働の道のり——子どもの権利を中心とした福岡市モデル』明石書店。
>　福岡県の児童相談所の改革の歴史と成果を関係者の立場から考察した文献である。弁護士との協働の重要性に関して特に示唆に富んでいる。

森田ゆり，2018，『虐待・親にもケアを——生きる力をとりもどす MY TREE プログラム』築地書館。
>　虐待をしてしまう親の苦しみに焦点を当てながら，長年実践してきた支援プログラムの概要と効果について考察した著作である。

引用・参考文献

久保健一，2016，『改定児童相談所における子ども虐待事案への法的対応——常勤弁護士の視点から』日本加除出版。
小平雅基，2018，「児童虐待についての現状と課題」『臨床精神医学』47（9），949-956頁。
社会保障審議会児童部会児童虐待等要保護事例の検証に関する専門委員会，2018，『子ども虐待による死亡事例等の検証結果について（第14次報告）』。
友田明美，2017，『子どもの脳を傷つける親たち』NHK新書。
西澤哲，2018，「子ども虐待に関する公式統計からみた我が国の子ども虐待の現状と課題」『臨床精神医学』47。
藤林武史編著，2017，『児童相談所改革と協働の道のり——子どもの権利を中心とした福岡市モデル』明石書店。
峯本耕治，2019，「弁護士の視点から考える重大な虐待事件の防止について考える——求められる関係間の協同アセスメントと共同プランニング」『発達』157，29-33頁。

山田不二子, 2019,「児童相談所と警察の連携」『教育と医学』787, 46-54頁。

Wada, I. & Igarashi, A., 2014, "The social costs of child abuse in Japan", *Children and Youth Services Review*, 46, pp. 72-77.

（廣野俊輔）

第 **14** 章

アジアは「福祉後進国」なのか

「福祉国家的ではないもの」が示す未来

資料14-1 福祉国家の展開図

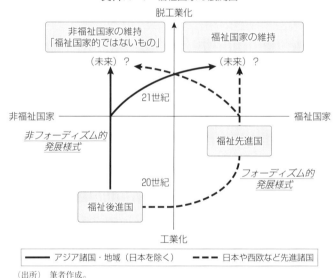

（出所）　筆者作成。

　「福祉後進国」といわれるアジア諸国・地域において今後，福祉国家の発展をみることができるだろうか。本章では，戦後，日本や西欧諸国で発展してきた福祉国家を，フォーディズムという20世紀先進国特有の歴史的条件の下で実現した社会モデルととらえ，アジアの多くの国・地域ではそれを取り入れることが困難であり，それゆえ，それとは異なる社会モデル，いうなれば「福祉国家的ではないもの」を模索しなければならないことを明らかにしたい。その

「福祉国家的ではないもの」は，アジア諸国・地域のみならず，今日，従来の福祉国家の持続可能性が問われている先進諸国に対しても示唆するところが少なくない。本章では，「福祉国家的ではないもの」を模索しなければならないアジア諸国・地域の現状を明らかにし，それが示す理論的および政策論的含意から福祉国家の未来を考えることを目的とする。

1 何が問題か
「福祉後進国」からの問いかけ

① 「福祉後進国」としてのアジア

　福祉国家は，工業化が進み経済成長を経験してきた西欧先進諸国の20世紀の歴史的産物であるとされる（ピアソン，1996）。実際，多くの西欧諸国において，20世紀前半に大恐慌や戦争による大量失業・貧困問題に対応するために登場した福祉国家は，その後，戦後から1970年代前半にかけての高度経済成長期の中で急速な発展を遂げた。戦後の高度経済成長を背景とした「黄金の30年」が「福祉国家の黄金時代」と呼ばれるゆえんである。日本が，西欧諸国と同様の形で「福祉国家の黄金時代」を経験したかについては疑問が残るにしても（武川，1999，第5章），戦後の福祉国家の成立後，1960〜70年代の高度経済成長期にその急速な発展がみられたのは確かである（田多，1994；宮本，2008）。

　それに対して，日本以外の他のアジア諸国・地域の状況はどうか。日本を除いて，20世紀を通じてアジア諸国・地域で福祉国家の発展を経験した国・地域はない。そのため，これまでの福祉国家の国際比較研究の中で，アジアの多くの国・地域は，日本や西欧など先進諸国に比べて，福祉国家としての未発展あるいは未熟さが指摘されつつ「福祉後進国」と位置づけられることが一般的であった。

　＊　ここでアジア諸国・地域とは，主にアジア NIEs と ASEAN に属する国・地域を指す。なお，本章では，特定国・地域の現状分析ではなく，20世紀に高度経済成長を遂げながらも福祉国家が発展しなかったそれらアジア諸国・地域の共通

的な経験に着目し，各国・地域の相違点に関しては捨象する。

②　先進諸国の経験，アジアの経験

　先進諸国における福祉国家の発展に関しては，戦後それらの国々にみられた高度経済成長がその最も重要な要因であるというのが，従来の福祉国家研究の通説である（ウィレンスキー，1985）。

　しかしながらその一方で，次のような理由で，経済成長の水準だけに福祉国家発展の要因を求めることはできない。すなわち，日本や西欧など先進諸国に比べると遅れたものの，1970年代から韓国や台湾，香港，シンガポールは急速に工業化を進め，目覚ましい経済成長を遂げたことで，アジア NIEs（Newly Industrializing Economies＝新興工業経済地域）と呼ばれるに至った。1980年代以降になると，東南アジア諸国・地域が ASEAN（Association of South-East Asian Nations＝東南アジア諸国連合）として急速な工業化と経済成長を達成した。戦後，西欧諸国において，フランスの「栄光の30年間」（Trente Glorieuses），西ドイツの「経済の奇跡」（Wirtschaftswunder），そして日本に対して「日本の奇跡」（Japanese miracle）がいわれたのと同様に1980年代以降のアジア諸国・地域に対して「東アジアの奇跡」（East Asia Miracle）がいわれ世界の注目を集めていた。それにもかかわらず，1980年代以降，21世紀に入って2020年代の幕開けとなった今日においても，アジア諸国・地域に対していわれる「福祉後進国」という状況に大きな変化はみられず，福祉国家の未発展あるいは未熟が指摘されつづけているのである。

　なぜアジア諸国・地域で1980年代以降，急速な経済成長にもかかわらず，日本や西欧など先進諸国が経験したような「福祉国家の黄金時代」がみられず，依然として「福祉後進国」なのか。そしてその意味は何か。

③　フォーディズムへの着目

　上記の問いに答えるために，本章では，先進諸国における「福祉国家の黄金時代」の重要な要因とされる高度経済成長について，単にその量的な側面だけ

でなく，質的な側面つまり経済成長のパターンに着目したい。

　従来の経済あるいは社会理論の中で，戦後の先進諸国における高度経済成長のパターンを最も明瞭に説明しているのが，フランスのレギュラシオン理論でいうフォーディズムという考え方である（ボワイエ，1989；山田，1993）。後に詳しくみるように，この考え方によれば，先進諸国に「福祉国家の黄金時代」をもたらした高度経済成長は，フォーディズムという当時特有の経済成長のパターンによって実現できたものである。本章では，アジア諸国・地域では，そのフォーディズムという経済成長のパターンを享受することができず，それゆえ，経済成長があっても，「福祉国家の黄金時代」を経験することができないこと，そしてそのため，日本や西欧など先進諸国とは異なる道を歩まなければならないことを明らかにしたい。その異なる道とは，先進諸国の福祉国家に比べて未発展あるいは未熟としては説明しきれず，むしろ「福祉国家的ではないもの」への道になるのではないかというのが，本章の主張である。

2　こう考えればいい
フォーディズムと福祉国家，そしてアジアの経験

1　フォーディズムと「福祉国家の黄金時代」

　レギュラシオン理論によれば，フォーディズムは，重化学工業を基盤として「大量生産・大量消費」を実現させ，未曾有の高度経済成長をもたらした戦後の経済体制である。重化学工業による主な生産物は，自動車や家電製品など耐用年数が長く相対的に購入価格が高い耐久消費財である。このフォーディズムによる高度経済成長の重要なポイントは，耐久消費財の大量生産に合わせて需要を拡大し大量消費を実現させるためには，十分な購買力をもつ豊かな中間層が存在しなければならなかったことである。

　当時，フォーディズムの中で，高い賃金に代表される安定した雇用の保障と社会保障制度の大幅な拡充が，その中間層の形成に決定的な役割を果たした。確かにフォーディズムによる戦後の高度経済成長が，レギュラシオン理論で

「賃金主導型成長」（山田，1993，117頁）と呼ばれたように，生産性の向上に連動して労働者の賃金水準が大幅に引き上げられ（いわゆる「生産性インデックス賃金」），それが「賃金爆発」（馬場，1997，250-251頁）といわれた。「賃金爆発」だけでなく，社会保障制度に関しても，「間接賃金」とされ「福祉爆発」（馬場，1997，280-281頁）といわれるほど大幅な拡大が行われた。この「賃金爆発」と「福祉爆発」によって，十分な購買力をもつ豊かな中間層が生まれ，耐久消費財に対する需要の拡大とともに「大量生産・大量消費」が持続的に展開され，長期にわたる高度経済成長がもたらされたのである。

　単純化したとらえ方であるが，以上が，レギュラシオン理論の「黄金の回路」（山田，1993，114-120頁）によって説明されるフォーディズムによる戦後の高度経済成長のパターンである。

　そもそも戦後の先進諸国における福祉国家の発展が，完全雇用と社会保障の両政策を二大柱とし，その両政策による「有効需要の創出」を主な目的としたケインズ経済学に基づいて展開されたことを想起すれば（Mishra, 1999；平岡，2000），「賃金爆発」と「福祉爆発」，つまり高い賃金に代表される安定した雇用の保障と社会保障制度の大幅な拡充をもたらした，上記のフォーディズムという戦後の経済体制は，まさに福祉国家の構図を説明しているものにちがいない。歴史的事実として，戦後の先進諸国においてフォーディズム以外で高度経済成長を実現した国が存在しなかったことを考えれば，フォーディズム抜きに，当時の福祉国家の発展を説明することはできないであろう。

② 20世紀のアジア：輸出志向型工業化の中で

　以上のようにみると，1980年代以降，急速な経済成長にもかかわらず，アジア諸国・地域で福祉国家の発展がみられなかった原因は，フォーディズムという歴史的条件の不在によって説明できよう。

　実際，1980年代以降，アジア諸国・地域に経済成長をもたらしたのは，フォーディズムとは異なり，「輸出志向型工業化」戦略を核心とする後発工業化国固有の経済体制であった（松本・服部編，2001；遠藤ほか編，2018）。

　輸出志向型工業化は，簡単にいえば，遅れて工業化に乗り出したアジア諸国・地域が，先進工業国から設備機械や部品を導入し，それを活用して国内で生産した商品を，価格競争力をもって海外の市場で販売することで経済成長を図るものであった。この輸出志向型工業化の中では，以下のような理由で，フォーディズムと違って，「賃金爆発」と「福祉爆発」がもたらされることがなかった。

　1つは，輸出志向型工業化の中で，国内で生産した商品に国際競争力をもたせるためには，「低コスト優位」戦略しかなく，そのための安価な労働力の存在が不可欠であった（松本・服部編，2001，18頁）。豊かな中間層の存在を必要とした戦後の西欧先進諸国とは対照的に，アジア諸国・地域ではむしろ労働コストの上昇を抑制することが重要な政策目標となっていたのである。いうまでもなく，そのためには賃金を低く抑えなければならないし，同時に労働コストの上昇をもたらす社会保障制度の拡充も避けざるをえない。実際，1980年代以降にアジアの多くの国・地域は，そのようにして安価な労働力を確保し，アジア NIEs および ASEAN として急速な経済成長を遂げることができた。安価な労働力が唯一の武器であったがゆえに，先進諸国の高度経済成長の過程にみられた「賃金爆発」と「福祉爆発」は極力避けられてきたといえる。

　もう1つは，あまり指摘されることはないが，アジア諸国・地域における輸出志向型工業化が「対外志向型工業化」（松本・服部編，2001，132頁）と呼ばれるように，国内で生産した商品を海外の市場で販売することが中心であったため，国内での市場拡大が相対的に軽視され，豊かな中間層の形成が積極的に行われてこなかったことも重要である。

　例えば，実際1980年代以降にアジア NIEs は，いわば「太平洋トライアングル構造」（末廣，2014，54-58頁）の中で，日本から導入した機械設備や部品を活用し，車やテレビなどの工業製品を組み立てて，最終商品をアメリカの市場で販売する形で，工業化を推進し経済成長を図ってきた。いうまでもなく，このような国内生産・海外販売を中心とした対外志向型工業化の中で，国内に十分な購買力をもつ豊かな中間層が求められることはなく，フォーディズムにお

ける「賃金爆発」と「福祉爆発」のようなことはみられなかった。

　以上のような輸出志向型工業化の中で，1980年代以降のアジア諸国・地域において
は，先進諸国におけるフォーディズムの経験とは異なり，高度経済成長
はしても，「賃金爆発」と「福祉爆発」，つまり高い賃金に代表される安定した
雇用の保障と社会保障制度の大幅な拡充による福祉国家の発展を経験すること
はなかった。

③ 21世紀のアジア：脱工業化の中で

　20世紀末あるいは21世紀に入ると，「生産するアジア」から「消費するアジ
アへ」といった変化がみられ（大泉，2011），輸出志向型工業化の時代とは違っ
て，国内で生産したものを海外で販売するだけでなく国内でも消費が行われる
ようになった。

　しかし，その変化の中で，福祉国家の発展をめぐる状況が変わったかという
と，そうではない。なぜなら，20世紀末以降から情報化やIT産業化など脱工
業化が急速に進む中，経済成長のパターンとして，戦後多くの先進諸国が経験
したフォーディズムがその有効性を失い，それが，福祉国家の発展を阻害する
要因となったからである。このことを考える際に，脱工業化とくにIT産業化
のもつ以下の2点に注目すべきである。

　まず第1点目は，2000年以降，アジア諸国・地域におけるIT産業化の進行
をみると明らかなように，その生産過程において，デジタル化と自動化をベー
スにしたモジュール化という新しい生産システムが急速に広がり，その中で，
賃金や社会保障制度を含む労働コストの抑制が積極的に進められていることで
ある（服部，2005；横田・塚田編，2012）。

　モジュール化とは，「一つの有機的に複雑に絡み合った製品や工程を，機能
的に半自律的な構成要素である部品や工程＝モジュールに分解すること」であ
り，そこで，欠かせないのが，「機能がコンピュータ上のソフトウェアで実現
されるデジタル化された自動化機械・設備」である。このモジュール化によっ
て，IT産業の生産現場では，生産性が急激に高まる一方で，多くの労働者の

作業は，モジュールの組立や装着のような単純反復的なものになり，いわゆる労働の「脱熟練化」が生じる（横田・塚田編，2012，27-28頁）。

　重要なのは，20世紀末から21世紀初頭にかけてアメリカから始まった世界的なITバブルを背景にして，モジュール化が，アジアの多くの国・地域の生産現場に急速に導入され，そこで生産されるIT製品のグローバル競争が激しくなり，国際競争力の強化のために，輸出志向型工業化の時代と同様に，「低コスト優位」戦略が優先されていることである。いうまでもなく，モジュール化によって生産されるIT製品に「低コスト優位」をもたせるためには，労働コストの削減以外の方法は多くない。実際，多くの研究で指摘されているように（横田・塚田編，2012；末廣編，2014），アジア諸国・地域の多くの企業では，「脱熟練化」を伴うモジュール化を導入し，一方では，国内で賃金の安い，そして社会保障費用負担の少ない非熟練の非正規労働者の雇用を大幅に増やし，他方では，相対的に安価な労働力が確保できる海外へと生産拠点を移転することで，価格競争力の強化のための労働コストの抑制を積極的に行っている。これは確かに，フォーディズムとは異なる経済成長のパターンであり，そのような中で，かつてフォーディズムによる高度経済成長の中で先進諸国にみられた「賃金爆発」と「福祉爆発」は難しいのである。

　次に第2点目は，モジュール化によって生産される製品，なかでもPCやタブレット，スマートフォンなどのIT製品は，かつての重化学工業時代における耐久消費財に比べると，消費者として必ずしも十分な購買力をもつ豊かな中間層を必要としないという点も重要である。

　すなわち，フォーディズムにおいては「賃金爆発」と「福祉爆発」が行われたことによって，消費者が相当高い購買力をもつこととなり，それが耐久消費財をめぐる「大量生産・大量消費」の実現に大きく寄与した。しかしながら21世紀のIT製品になると，モジュール化による生産性の急激な向上に伴い低価格が実現され，高賃金ではなくても消費が行われうる。かつての重化学工業時代では高賃金によって耐久消費財の需要が拡大されたことに対し，今日のIT産業化時代においては，低価格による需要の拡大が図られているのである。実

際，「（アジア諸国・地域において）地方の農村に行って，『貧しい人たち』と思われている人々と会っても，彼らがポケットから取り出すのは，スマホであり，デジカメです」（末廣，2016，33頁）といった状況が生まれている。今日のIT 産業化の中では，かつてフォーディズムによる高度経済成長の中で不可欠であった豊かな中間層の存在が必ずしも求められていないのではないか。近年，アジア諸国・地域において，「中間層の停滞」（『朝日新聞』2018年9月29日付）がいわれるのは，まさに以上のような文脈で理解できよう。

　以上のように考えると，アジア諸国・地域では，20世紀に引き続き21世紀においても，先進諸国が経験した福祉国家の発展をみることは難しいといわざるをえない。IT 産業化とともに急速な情報化，さらに経済のグローバル化に伴う新自由主義的政策基調の広がりによって，以上のような傾向はますます強くなっていくといえよう。

④　求められる「福祉国家的ではないもの」

　近年，アジアの多くの国・地域では，貧困や所得格差の拡大が深刻な社会問題として登場し，それへの政策的対応が求められている（末廣，2016；遠藤ほか編，2018）。戦後，福祉国家の発展によってそれらの問題を改善してきた日本や西欧など先進諸国の歴史的経験を参考にするかぎり，同様の問題に苦しんでいるアジア諸国・地域において，福祉国家の発展が1つの政策的選択肢になるであろう。

　しかしながら，上でみてきたように，今日のアジア諸国・地域において，福祉国家の発展を期待することは容易ではない。韓国の「革新成長」という政策ビジョン，タイの「タイランド4.0」の推進，マレーシアの「デジタル自由貿易区（DFTZ）」の発足，シンガポールの「スマートネーションビジョン」の提唱，中国の「デジタルチャイナ」という戦略などにみられるように，今日，アジア諸国・地域で進められている経済成長戦略は，IT 化や情報化の推進がその中核となっており，そこに重化学工業時代のフォーディズムの考え方が入り込む余地はほぼない。そこで，先進諸国の歴史的経験にみる福祉国家とは異な

る新しい挑戦を試みなければならないのが，アジア諸国・地域の共通課題であるといえよう。

　以上では，アジア諸国・地域において，日本や西欧など先進諸国が経験した福祉国家の発展が困難であることを検討してきた。しかし本章で最も強調したいのは，アジア諸国・地域における福祉国家発展の困難さではなく，その困難さのゆえにみられている新しい挑戦，つまり「福祉国家的ではないもの」への挑戦の重要性である。次節では，アジア諸国・地域にみられる「福祉国家的ではないもの」の意味を探ってみたい。

3 ここがポイント
「福祉国家的ではないもの」の意味

［1］ 4つの「福祉国家的ではないもの」

　福祉国家が，人々の生活を国が支える仕組みであるとすれば，「福祉国家的ではないもの」は，国が介入しない人々の支え合いの仕組みであるといえる。アジア諸国・地域では，日本や西欧など先進諸国に比べて，福祉国家の発展がなかったがゆえに，逆にその「福祉国家的ではないもの」，つまり人々の支え合いの仕組みが多く残り，場合によっては広く発展してきた。今後も，福祉国家の発展が困難であるとすれば，その支え合いの仕組みがより広がっていく可能性が高い。

　人々の支え合いの仕組みといっても，もちろん一様ではないが，そのいくつかの類型を**資料14-2**のように理念型に示すことができよう。すなわち，支え合いの距離が，従来の地域社会をベースにした近隣ネットワーク＝「近隣」か，市場やデジタル技術を活用した遠隔ネットワーク＝「遠隔」か，そして仕組みのあり方が，旧来から存在する互酬および交換システム＝「従来型」か，そこから解放された自由な個人の自発的意志によって新しく生まれた相互扶助システム＝「新型」かによって，4つの類型の「福祉国家的ではないもの」を見出すことができる。

資料14-2　4つの「福祉国家的ではないもの」

		支え合いの距離	
		近　隣	遠　隔
仕組みのあり方	従来型	**Ⅰ** 伝統的コミュニティ, インフォーマルセクターなど	**Ⅱ** 民間保険など
	新型	**Ⅲ** 社会的企業, 社会的共同組合, コミュニティビジネスなど	**Ⅳ** 遠隔ケアシステム, クラウドファンディングなど

（出所）　筆者作成。

　タイプⅠ（近隣＋従来型）には，血縁および地縁共同体など伝統的なコミュニティが含まれる。アジア諸国・地域でいえば，農村部の村落共同体はもちろん，都市部における路上での商売や行商などに従事している人々の生活および経済活動の基盤となっているインフォーマルセクターがここに含まれる。開発経済学の分野では近年，特にこのインフォーマルセクターの機能や役割についての再評価が行われている（遠藤ほか編，2018）。それは，福祉国家の発展が困難なアジア諸国・地域において，「福祉国家的ではないもの」による支え合いの存在意義が大きいことを反映するものといえる。

　タイプⅡ（遠隔＋従来型）の代表的なものとしては，生命保険などの民間保険があげられる。多くの研究が明らかにしているように（末廣編，2011：李，2014），近年，アジア諸国・地域において，この民間保険の市場が急速に拡大している。それは，年金や医療など福祉国家の諸制度が不十分にしか整っていない状況において，その不十分さを補う形で「福祉国家的ではないもの」としての民間保険が広がっているものといってよい。ちなみに，この民間保険の広がりが，福祉国家の発展を妨げる場合もある。

　タイプⅢ（近隣＋新型）には，21世紀初頭以降，地域社会で支え合い活動の新しい担い手として注目されるようになった社会的企業，社会的共同組合またコミュニティビジネスなどの民間非営利組織が含まれる。これは，従来の福祉国家の役割を代替あるいは補完するものとして注目された側面があり，その意味において，アジア諸国・地域というより，日本や西欧など先進諸国の政策的文脈で生まれた「福祉国家的ではないもの」とみることができる。ただ

し，それらに関する実際の政策状況をみると，例えば，韓国の非営利団体支援法（2000年）や社会的企業育成法（2007年）また共同組合基本法（2012年）などにみられるように，福祉国家の発展が困難な状況であるからこそ，それらの組織の活動を推進する制度の導入が活発に行われていることを指摘しておきたい。

タイプⅣ（遠隔＋新型）に関しては，遠隔介護，保育，看護や診療など，最新のデジタルテクノロジーを利用した遠隔ケアシステム，そしてインターネットを活用したクラウドファンディングなどがここに含まれる。この類の「福祉国家的ではないもの」も，タイプⅢと同様に，アジア諸国・地域に限るものではないが，先進諸国に比べて最先端技術の開発や活用に関する規制が弱いアジア諸国・地域において，そのより迅速な導入とより広範な活用がみられているのが現状である（大泉，2018）。

②　「脱キャッチアップ」の視点

もちろん，以上のような「福祉国家的ではないもの」が，アジア諸国・地域が現に抱えている様々な社会問題に対応するために適切か否か，あるいは持続可能か否かといった判断は現時点では難しい。ただしここで強調したいのは，それが，先進諸国のような福祉国家の発展が困難な状況の中で，アジア諸国・地域が選択した，あるいは選択せざるをえなかったものであるということである。

アジア諸国・地域において福祉国家への発展，いいかえれば福祉国家へのキャッチアップが前提であれば，それら「福祉国家的ではないもの」の存在は，未発展あるいは未熟としてとらえられるかもしれない。しかし，前節でみてきたように，福祉国家の発展が困難であるがゆえに，新しい挑戦として「福祉国家的ではないもの」を探らざるをえないとすれば，それは未発展でも未熟でもなく，むしろ「脱キャッチアップ」ともいうべき積極的な動きとしてみてよいのではないか。

なお，アジア諸国・地域における「脱キャッチアップ」の動きが，日本や西欧など先進諸国に対して示す示唆も少なくないことを指摘しておきたい。周知

の通り，先進諸国においても近年，かつてのフォーディズムの中で福祉国家を
支えてきた諸条件が崩れ，その持続可能性が問われつつ，様々な再編政策が求
められている（Esping-Andersen *et al.*, 2002；Palier, 2010；Burrows, 2017）。その
現状を考えると，アジア諸国・地域において「福祉国家的ではないもの」の広
がり，そしてそこにおける「脱キャッチアップ」の動きが，先進諸国における
福祉国家の未来を考えるための糸口を提供すると思われる。この点についての
さらなる探求が今後，重要な研究テーマになるであろう。

4　これから深めていくべきテーマ
「福祉国家的ではないもの」のさらなる探求のために

　以上をふまえて，これから深めていくべきテーマをあらためて述べると，大
きく次の2点にまとめられる。

　第1に，アジア諸国・地域にみられる「福祉国家的ではないもの」の多様な
事例の発掘および分析を行うことである。その「福祉国家的ではないもの」は
従来，福祉国家の未発展あるいは未熟の側面としてとらえられることが多く，
そのため，その発掘や分析は消極的にならざるをえなかった。本章をふまえ今
後，アジア諸国・地域にみられる「福祉国家的ではないもの」を「脱キャッチ
アップ」の動きとして再評価しつつ，その具体例を積極的に発掘および分析し
ていくべきだろう。

　第2に，「福祉国家的ではないもの」に着目して，アジア諸国・地域だけで
なく，日本や西欧など先進諸国における福祉国家の現状を把握することであ
る。既述したように，先進諸国においては，20世紀のフォーディズムによって
発展してきた福祉国家が，近年のポスト・フォーディズムの中で限界をあらわ
している。その限界を検討することで，アジア諸国・地域にみられる「福祉国
家的ではないものの」の理論的および政策論的意味を明らかにするともに，そ
の「福祉国家的ではないもの」が先進諸国の福祉国家の未来に示す含意を探る
研究が重要になるであろう。

＊　この点とかかわって，日本と他のアジア諸国・地域との「距離」をどうとらえ
　るかという点も重要な研究課題になる。20世紀半ば以降，日本が，他のアジア諸
　国・地域とは異なり，フォーディズム的な内需主導型で高度経済成長を遂げ，そ
　の中で福祉国家を発展させてきたことは事実である。その意味で日本は，本章で
　検討してきた他のアジア諸国・地域とは異なる経験を有しているといえる。しか
　しながら，そこで発展してきた日本の福祉国家がヨーロッパ諸国とは異なる特徴
　をもっていることも，多くの既存研究によって明らかになっている。日本はしば
　しば，アジアとヨーロッパの間に位置づけられると指摘されるが，これについて
　の詳細な検討は稿も改めて行うべきだろう。

手にとって読んでほしい5冊の本

遠藤環・伊藤亜聖・大泉啓一郎・後藤健太編，2018，『現代アジア経済論──「ア
ジアの世紀」を学ぶ』有斐閣ブックス。
　　　20世紀におけるアジア経済論の成果と限界を踏まえ，21世紀の新しいアジア経
　　　済および社会論論を展開している。
金成垣，2018，『後発福祉国家論──比較のなかの韓国と東アジア』東京大学出版
会。
　　　従来のアジア福祉論を批判的にとらえた上で，韓国の歴史・現状分析からアジ
　　　ア福祉への新しいアプローチを提示している。
金成垣・大泉啓一郎・松江暁子編，2017，『アジアにおける高齢者の生活保障──
持続可能な福祉社会を求めて』明石書店。
　　　高齢者の生活保障に着目して，アジアにみられる「福祉国家的ではないもの」
　　　の事例を紹介しその意味や意義を検討している。
末廣昭，2016，『変容するアジアの，いま』弦書房。
　　　20世紀後半から21世紀にかけてアジア社会がいかに変容しているのかを分かり
　　　やすく整理し解説を行なっている。
山田鋭夫，1993，『レギュラシオン理論──経済学の再生』講談社。
　　　先進諸国において戦後の高度経済成長を実現させたフォーディズムとは何かを，
　　　洗練された理論的枠組みと経験的データに基づいて説明している。

引用・参考文献

ウィレンスキー，H. L.／下平好博訳，1985，『福祉国家と平等』木鐸社。

遠藤環・伊藤亜聖・大泉啓一郎・後藤健太編，2018，『現代アジア経済論』有斐閣ブックス。

大泉啓一郎，2011，『消費するアジア』中央公論新社。

大泉啓一郎，2018，「人口動態とデジタル化が変えるアジア」『東亜』2018年10月号。

末廣昭，2014，『新興アジア経済論』岩波書店。

末廣昭，2016，『変容するアジアの，いま』弦書房。

末廣昭編，2011，『東アジアの生活保障システム』東京大学社会科学研究所。

末廣昭編，2014，『東アジアの雇用・生活保障と新たなリスクへの対応』東京大学社会科学研究所。

武川正吾，1999，『社会政策のなかの現代』東京大学出版会。

田多英範，1994，『現代日本社会保障論』光生館。

服部民夫，2005，『開発の経済社会学』文眞堂。

馬場宏二，1997，『新資本主義論』名古屋大学出版会。

平岡公一，2000，「福祉国家における社会学的アプローチ」三重野卓・平岡公一編『福祉政策の理論と実際』東信堂。

ピアソン，C.／田中浩・神谷直樹訳，1996，『曲がり角にきた福祉国家』未来社。

ボワイエ，R.／山田鋭夫訳，1989，『レギュラシオン理論』新評論。

松本厚治・服部民夫編，2001，『韓国経済の解剖』文眞堂。

宮本太郎，2008，『福祉政治』有斐閣。

山田鋭夫，1993，『レギュラシオン理論』講談社。

横田伸子・塚田広人編，2012『東アジアの格差社会』御茶の水書房。

李蓮花，2014，「東アジアの生活保障における民間保険」『早稲田商学』第439号。

Burrows, R., 2017, *Toward a Post-Fordist Welfare State?*. Routledge.

Esping-Andersen, G., D. Gallie, A. Hemerijck and J. Myles, 2002, *Why We Need a New Welfare State*. Oxford University Press.

Mishra, R., 1999, *Globalization and the Welfare State*. Edward Elgar.

Palier, B., 2010, *A Long Goodbye to Bismarck?*. Amsterdam University Press.

（金　成垣）

第 15 章

中国の社会保障

「中国モデル」は存在するのか

資料15 - 1　本章の枠組設定

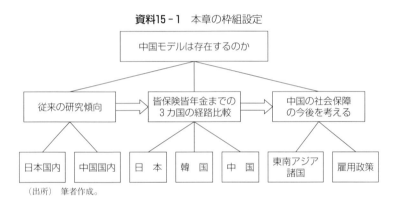

（出所）　筆者作成。

　いま，アジアの国の中で，最も注目を浴びているのは中国といっても過言ではない。1990年代から，中国は急激な経済成長を遂げ，貧困と停滞が蔓延する「経済小国」から，世界経済を牽引する「経済大国」へと大きく変貌し，今や国際社会にも大きな影響を与えている。一方，経済発展の「影」として，貧富の格差や，都市と農村の二元化問題などの社会問題も注目され，1990年代後半から国有企業改革とともに，社会保障制度が構築され始め，2011年に，全国民を対象とする社会保障制度システムが成立した。2018年末までに，年金保険の加入者数は 9 億4293万人に達し，医療保険の加入者数は13億人を超えた。同年12月に，中国国務院が，中国の社会保障制度システムは世界で規模が最も大きい，カバー人口が最も多いものであると発表した。

　しかし，その類のない規模の大きさに加え，計画経済の歴史や政治体制の違いなどから，中国の社会保障は比較対象として敬遠されがちで，また「別格」

扱いされる傾向がある。本章は日本や韓国との比較を通じて，中国の社会保障
制度の特徴をとらえ直したい。まず，従来の研究傾向を整理し，次に比較の視
点からこれまでの中国社会保障制度の形成プロセスを再確認する。最後に，中
国社会保障の今後について考える。

1 何が問題か
比較研究対象としての中国の社会保障

1 東アジアの福祉研究における中国

　1997年のアジア金融危機をきっかけに，東アジアにおける社会保障・福祉の
重要性が高まり，各国で次から次へと各制度が整備されるようになった。これ
を背景に，多くの研究者が東アジアの福祉に関心をもつようになり，日本では
2000年代に入ると，東アジアの福祉研究が著しく進展した。*

　　*　ここでの「福祉」とは，その語源の「しあわせ」「さいわい」に由来する「広
　　　義の福祉」を指し，福祉サービスだけでなく，年金や医療など広汎な領域を含む。

　日本国内の研究を大別すると，東アジア各国をそれぞれ対象とする国別研究
と，共通の枠組みで各国を比較対象とする比較研究とに分けることができる。
これまでの蓄積からみて，どちらかというと，国別研究のほうが量的に多く存
在する。なぜなら，たとえ同じ年金保険あるいは医療保険制度であっても，そ
の形成の背景に，それぞれの国の歴史や文化，社会構造，経済の発展段階など
に違いがあり，同じ枠組みで比較することが容易ではないからである。

　中国に関しては，その傾向が一層顕著である。そもそも中国をほかの国と比
較するには，2つのハードルがある。まず，なにより体制の特殊性である。周
知のように，1978年まで中国は社会主義計画経済を実施しており，その後改革
開放によって，現在の社会主義市場経済となった。計画経済期では，都市部の
労働者を対象に「単位」（職場，勤務先）保障を，農村部の農民を対象に集団保
障（相互扶助の色合いが強い）を実施していた。しかし，市場経済の導入によっ
て，それを根本的に改革せざるを得なかった。つまり，中国の場合，計画経済

下の生活保障から市場経済下の社会保障へと，他国でみられない大転換を経験したわけである。また，巨大な人口規模（2019年末，総人口は14億5万人である）を抱えながら，その転換を成し遂げることは，世界で類にみない。

第2に，中国の社会保障制度構築が出遅れていることである。体制移行に伴い，市場経済に適応する新しい社会保障制度をつくりはじめたのは1990年代後半のことであり，全国民を対象とする体系的な社会保障制度が成立したのは2011年のことである。短期間で制度を普及させることに成功したとはいえ，日本より50年，韓国より10年以上遅れている（後掲資料15-2を参照）。制度自体の未熟さは，比較対象としての不完全さを意味し，当然ながら研究の蓄積に大きく影響し，制度の貧困が研究の貧困をもたらした。しかし，2011年以降は，制度上の「皆保険皆年金」および最低生活保障の成立によって，中国の社会保障は全国民に対して，社会保険と公的扶助が統合した制度体系をもって生存権を保障するようになり，つまり「対象の普遍性・受給の権利性・制度の体系性」（田多，2009，8-16頁）という最低限の基準をクリアし，比較対象として日韓と同じ組上で論じられるようになった。

② 日本と中国における研究傾向

日本ではじめて中国を明確な比較対象とし，理論構築を試みたのは李蓮花である。彼女は日本，韓国および中国の医療保険の発展経路を比較し，経済発展だけでなく，社会政策においても皆保険指向の「東アジア的な道」が存在すると主張し，それは東アジア特有の圧縮的キャッチアップ近代化によるものだと指摘した（李，2011）。アジアNIEsや日韓を中心に行われた比較研究に，新たに中国を加えたことはもちろん大きな学術的貢献であるが，それより李が「経路」（path）に焦点を当て，東アジアの共通項を発見したことは，「類型」（type）論が主流であった比較研究に新たな可能性を提供した。しかし，その後，中国を単独で扱う研究が量的にも質的にも向上したのに対して，中国を正面から取り扱う比較研究は大きな発展をみせなかった。

一方，中国国内に目を向けると，異なる様相を呈している。多くの研究者は

中国一国に対する制度の歴史的な整理を盛んに行い，他国と区別される中国的特徴を強調する論調が目立っている。このような論調の根底には，中国が社会主義の国で，資本主義の福祉国家と異なる道を歩むはずだという暗黙の前提がある。「中国の特色ある」社会保障といった表現がその代表である。では，「中国の特色ある」社会保障とは一体何を指しているのであろうか。

　中国の著名な社会保障研究者である鄭功成は以下のように述べた。「完全なる中国の特色ある社会保障システムは政府，市場および社会（筆者注：ここでいう「社会」は，地域やコミュニティとニュアンス的に近いが，より範囲が広い）が有機的に協働する多階層のシステムである。…（略）…中国はフォーマルな制度とインフォーマルな制度を有機的に結合させ，一般制度と特別制度の2レール制を有し，政府，市場，社会，家族および個人などの力を合わせ，秩序のあるかつ一定の弾力性のある多階層の社会保障システムを構築しなければならない」（鄭，2017，16頁）。彼が強調したいのは，中国社会保障の多階層性である。具体的には，基本的なニーズに対しては，政府が責任をもって公的制度で対応し，それ以外のニーズに対しては，政府や市場，社会がそれぞれ責任をもって，民間保険や慈善事業も含み対応すべきである。彼の「中国の特色」とは，ある種の「あるべき」論で，静態的に制度構成の特徴をとらえようとするものである。しかし，「福祉国家は常に多元的であった」（平岡，2000，35頁）ということを想起すれば，静態的な「中国の特色」のとらえ方はまだ不十分であることがわかる。

　以上でみてきたように，2011年の社会保障制度体系の成立をもって，中国はようやく日本や韓国と同じ比較のステージに立つことができるようになったが，日本では中国を取り上げる比較研究はまだ少ない。一方，中国国内では，体制の違いが暗黙の前提となり，「ほかの国にはないもの」として，中国を別格扱いする傾向があるが，論理的に精緻化する必要がある。

　ここで改めて問うべきことがある。果たして，ほかの国と比べて，中国の社会保障は本当に特殊なのか？　あるいは，「中国モデル」というものは存在するのか？

2 こう考えればいい
発展経路からみる中国の社会保障

1 社会保障の発展と経済発展

　本節では，中国を日本，韓国と比較し，中国モデルが存在するかどうかを検証する。すでにみてきたように，中国は日本や韓国に比べ，社会保障制度の構築が遅れているため，「同じ時点」での比較は生産的ではない。したがって，李（2011）と同じく，発展経路という動態的なアプローチをとり，最初の社会保険制度の成立から，社会保障制度の中核である皆保険皆年金が実現するまでの時期における各国のプロセスに注目し，すなわち「同じ期間」の比較を試みる。

　東アジア諸国は西欧諸国より遅れて近代化を経験した。福祉においても，西欧諸国が「先発国」であるのに対して，東アジア諸国は「後発国」と呼ばれている。後発国の社会保障の発展は経済発展との関係からみると，以下のような4段階のプロセスがある（広井，2003，13-14頁；大泉，2018，222頁）。

　①農業中心の前産業社会においては，大家族や共同体の内部における相互扶助が生活保障として機能している。②その後，工業化が進み，農村から労働力が流出し，工業化にとって重要な都市労働者（被雇用者）を対象とする社会保障が構築される。③しかし，核家族の進行や若い労働力の流出により，従来の相互扶助機能が弱まり，都市と農村の格差が社会の安定を揺るがし，社会保障制度は農業・自営業者へと国民全体に拡大していく。④さらに経済が成熟していくと，高齢者や子どもといった従属人口の問題が浮上し，従来の社会保障制度への改編が余儀なくされる。そのうち，②と③が皆保険皆年金達成へのプロセスであり，いいかえれば，適用対象が都市労働者から農業・自営業者への拡大プロセスである。以下では日本，韓国および中国という順番でそれぞれみていく。

② 日韓中の比較

　日本は戦前において，すでにいくつかの社会保険制度が生まれていた。まず1922年に創設され，1927年に実施された健康保険制度である。その原型はドイツの医療保険とされており，10人以上の従業員をもつ事業所を適用事業所とし，費用は保険料と国庫負担で賄われた。つづいて，農村疲弊の打開策の1つとして，国民健康保険制度が1933年頃に構想され，1938年に創設された。健康保険と違って，デンマークの地域保険を原型とし，当初は任意加入であった。そして1941年に，労働者年金保険が創られ，1944年には厚生年金と改称された。適用対象は男女の事務職や女性労働者に拡大され，適用事業所の規模も5人以上とした。しかし，終戦後の激しいインフレや経済の破壊的状況の中で，この3つの社会保険制度はいずれも名存実亡の状態に陥り，戦後直後は財政安定化を図る制度の再建が行われたが，1950年代の朝鮮特需による経済復興を背景に，制度の拡充へと転換した。1948年に，国民健康保険は市町村公営とし，任意加入から強制加入へと変わった。1953年に健康保険と厚生年金制度が改革され，適用業種が土木建築，教育，医療，社会福祉などにまで拡大され，除外された業種は農林水産業やサービス業のみとなった。同年，国民健康保険制度に国庫負担が導入された。一方，多くの農業従事者や自営業者，零細企業の従業員はなお制度の外におかれ，その未加入者の問題を解決するために，1958年に国民健康保険法の大改正が行われた。1959年に国民年金法が制定され，1961年に国民健康保険および国民年金制度が全面的に実施された。

　日本の皆保険皆年金の同時達成に対して，韓国では時間差がみられた。まず1964年に医療保険制度が実施されたが，任意加入の制度の上，適用対象がかなり限定されていたことから，有名無実の状態が続いた。1970年に全面改訂が行われたが，その際，労働者，軍人，公務員は強制加入対象となり，自営業者は任意加入のままであった。1977年には，従業員500人以上の事業所の強制適用を始め，職域医療保険として本格的にスタートした。1980年代初めから，専門家による「地域医療保険」の重要性が指摘されていたが，政府は財政補助を忌避し，実施は1980年代後半まで待たなければならなかった。1988年に，職域医

療保険は 5 人以上の事業所へと適用対象を拡大し，同年，農業村地域の住民を対象とする地域医療保険を，1989年に都市地域の自営業者と住民を対象とする都市地域医療保険を実施した。年金制度に関しては，1973年に国民福祉年金法が制定されたが，第 1 次石油危機などにより，実施は無期限延期となった。その後，1986年に国民年金法が制定され，1988年に実施された。当初は従業員10人以上の事業所に適用されていたが，1992年に従業員 5 人以上の事業所，1995年に農業村地域の住民へと適用対象が拡大された。残された空白地帯は都市地域の住民であるが，1999年に適用され，皆年金が達成した。

　中国は戸籍制度によって都市と農村の人口が厳格に管理され，計画経済時代において，すでに都市部 VS 農村部という構図が形成されており，改革開放後も二元化社会構造が存続している。社会保障制度に関しても，「先都市・後農村」という 2 段構えの構築過程が観察できる（朱，2014）。国有企業改革の前提条件とされた社会保障制度改革は，1990年代の国有企業改革の本格化に伴い，従来の「単位」保障に取って代われるような体系づくりに着手するようになった。さらに，アジア金融危機をきっかけに，その成立が加速された。都市部の企業従業員を対象とする基本年金保険および基本医療保険制度はそれぞれ1997年と1998年に成立した。2000年以降は，「三農問題」（農村の荒廃，農業生産性の停滞，農民の貧困）が大きな社会問題としてクローズアップされ，市場一辺倒の方針が見直されるようになった。「和諧社会」（調和のとれた社会）というスローガンのもとで，農民や自営業といったこれまで社会保険から排除されていた者への対応が開始された。2003年に新型農村合作医療制度が，2007年に都市部住民基本医療保険制度が導入された。2009年に新型農村年金保険が，そして最後に，都市住民年金保険が2011年に成立した。中国の皆保険皆年金もほぼ同時に達成されたといえよう。

③ 日韓中 3 カ国の共通点

　日本，韓国および中国の 3 カ国の皆保険皆年金への歩みを簡単に整理したのが**資料15-2**である。この表からわかるように，いずれの国においても，社会

資料15 - 2　日韓中 3 カ国の皆保険皆年金への歩み

	医療保険		年金保険	
日　本	1929年	健康保険実施	1941年	労働者年金保険
	1938年	国民健康保険	1944年	厚生年金
	1961年	国民健康保険全面実施	1961年	国民年金全面実施
韓　国	1964年	医療保険制度	1988年	国民年金
	1977年	職域医療保険	1995年	農村地域への適用
	1988年	農業村地域医療保険	1999年	都市地域への適用
	1989年	都市地域医療保険		
中　国	1998年	都市企業従業員基本医療保険	1997年	都市企業従業員基本年金保険
	2003年	新型農村合作医療制度	2009年	新型農村年金保険
	2007年	都市住民基本医療保険	2011年	都市住民年金保険

（出所）　筆者作成。

保障制度の適用対象が都市労働者から農村住民，そして都市住民へと拡大されていたという共通経路が発見できる。

　しかし，この経路は実はすべての国において発生するわけではない。先進諸国においても，農業・自営業層への社会保障は被用者層のものに比べ，給付が限定的であったり任意加入であったりすることが起こっている。例えば，医療保険に関しては，ドイツはいまだに純粋な社会保険による皆保険を実現しておらず，フランスも1990年代まで皆保険ではなかった。最終的に被用者以外の層をどこまで包摂するのかは，各国の状況や理念に依存するところが大きい（広井，2003，14頁）。では，日韓中 3 カ国に共通する状況や理念は存在するだろうか。

　第 1 に，皆保険皆年金を実現した時期は 3 カ国ともに経済の高度成長に恵まれている。日本は1961年までに，神武景気（1955年）と岩戸景気（1959年）を経験し，1960年度の経済白書では「投資が投資を呼ぶ」という言葉で当時の好循環を表現した。[*] 韓国は工業開発が進められた1962年以降，経済成長率が急速に上昇し，1997年までの35年間に年平均 8 ％の高成長を実現した。 1 人当たりの GDP は，1981年の1826ドルから1995年の 1 万1735ドルに達した（裵，2011，189頁）。中国は1992年の鄧小平による「南巡講話」から高度成長に突入し，2010年まで年平均10％の成長率を誇り，同年世界第 2 位の経済大国まで成長した。高度成長による国力の増強は社会保障の拡充に潤沢な財政支援を提供

した。例えば，中国の新型農村合作医療制度の財源に，中央と地方政府の補助金が占める割合は2011年時点で8割にのぼっている。日本や韓国も同じく，特に農村や都市住民への制度普及は財政出動がなければ実現できなかった。

＊　ただし，日本は韓国や中国に比べ，経済発展の比較的早い段階で皆保険皆年金を実現したのも事実であり，日本の特徴でもある。

　第2に，この時期は3カ国の圧縮された近代化の時期でもあり，激しい社会変動を伴っていた。各国の公式統計による第1次産業の従事者割合は，日本の場合，1950年の48.5％から1960年の32.7％，韓国の場合，1980年の34.0％から1990年17.9％，中国の場合，1998年の49.8％から2008年の39.6％へと，いずれの国においても大きく低下した。まさに急激な工業化により大量の労働力が農村から流出し，従来の村共同体的な相互扶助機能が弱まる時期と符合する。社会の安定を揺るがす都市と農村の格差問題への対応は，「経済の二重構造の解消」（日本），「経済と社会の均衡的発展」（韓国），「和諧社会」（中国）と各国がそれぞれ打ち出した政策理念に流れる通奏低音である。前近代的な農業や，都市部の自営業者，零細企業への制度的包摂は不可欠であり，日本に続き，韓国や中国も同じ社会保険方式をとった。

3　ここがポイント
「発展途上」にある中国の社会保障

1 「中国モデル」のこれから

　前節で，「経済発展と社会保障」という視点から，中国社会保障の形成を，日本，韓国と比較した。その結果，中国は日本や韓国と同じ経路をたどっており，中国独自の道を発見することができなかった。しかし，これをもって「中国モデル」が存在しないと結論づけるのはまだ早い。

　第1に，中国はやっと社会保障の形づくりが終わった段階で，いってみれば，「キャッチアップ」がやっと終わったところにきている。前例がないゆえに，社会保障の形成段階において，日本の経験を参照したことが大きい（韓国

もそうである）。第2に，2010年代に入り中国では高度成長が終わった。これまでは経済成長と社会保障が Win-Win の関係であった。例えば，社会保障がなければ，国有企業改革は成功できなかった。潤沢な財政支援がなければ，全国民を対象とする社会保障制度体系も成立しなかった。今後，経済成長の鈍化に加え，人口の「圧縮的発展」により，少子高齢化が加速し，社会保障の持続性が問われる。「古い社会リスクと新しい社会リスクへの同時対応」[＊]という後発国の共通局面において，中国はまだ自分の道を模索している。その際，「後発の利益」を活かし，日本や韓国はもちろん，西欧諸国からもいろいろ学ぶのであろう。つまり，中国の社会保障はまだ発展途上で，最終形態ではないということである。皆保険皆年金を先に達成した韓国と同様に，これから向かっていく過程において，中国も自分のカラーを帯びてくるようになるであろう。

＊　疾病，失業，老齢など工業社会のリスクを「古い社会的リスク」といい，少子高齢化や非正規雇用化などポスト工業化社会のリスクを「新しい社会的リスク」という。前者を「生産年齢人口問題」，後者を「従属人口問題」と整理することもできる。

ここでもう一度，鄭功成のいう「多階層性」を思い出していただきたい。この「多階層性」はいわゆる福祉多元主義，福祉ミックスと読みかえることができる。中国は後発国であるがゆえに，国民の生活保障に当たって，社会保障制度だけでは不十分である。つまり，公的セクターだけでなく，政府や市場，家族あるいはインフォーマルな制度をどのように組み合わせ，どのような公私ミックスによって福祉を供給していくのか，そこにこそ中国の特色を示すヒントが隠されていると考える。

2　新たな兆候

すでにその兆候が現れている。例えば，最近，日本でも関心を呼んだ中国の民間保険である。2005年に，中央政府は民間保険会社に新型農村合作医療制度への管理・運営を認めた。習近平政権以降，民間保険の積極的な活用が強調され，保険事業が社会保障体系の重要な柱と位置づけられた。2014年には，新

たな養老保険商品の開発，医療保険商品の多様化が政府の公式文書で言及され，さらに，2016年頃から，貧困撲滅キャンペーンの一環として，民間保険会社が扶貧活動に参与した。貧困者のために開発された低額の民間補充医療保険を，政府が購入し，公的医療保険と合わせて，貧困者の自己負担率を5％前後に抑えた。このように，中国は民間保険を社会保障制度に組み込もうとしている。これは，社会保障制度の普及が民間保険より先行した日本や社会保障制度の普及より民間保険が先に発達した韓国と明らかに違う。

　さらに，デジタル経済の急速な拡大により，IT企業も医療保障の分野に参入した。アリババグループが会員向けに重大疾病保障の「相互宝」を開発し，年間の保障コストの上限は188元という格安さで人気を集め，2018年10月にオンラインで加入受付を開始後，わずか1カ月で加入者が2000万人を超え，大きな話題となった。「相互宝」の特徴は，加入時に保険料がかからず，給付が発生する時点で金額の多寡に応じて後払いする点にある。これは民間保険とも異なり，いってみれば会員間の連帯責任による一種の相互扶助である。

　ここで簡単にまとめよう。「経済発展と社会保障」という視点は，経済発展の段階にそくして社会保障の形を考察するもので，極めて「単線的」である。社会保障制度の成立まで，このような単純化した比較は有効であるが，その後の制度改善・改編に関しては，経済発展だけでは説明できない要素が多数存在し，各国の政治，文化，社会的背景などに由来する多様性がみられる。もし発展段階を「縦軸」とするならば，多様性を「横軸」とすることができる。縦軸の共通性は，横軸の多様性を否定するものではない。逆に，この「縦軸」と「横軸」をクロスさせてはじめて，立体的な見方ができる。中国は形成段階において，日本や韓国と同じ道を歩んできたが，上記でみたように，強力な「官」と活力溢れる「民」をもち，今後，新しい形の「公私ミックス」に基づき，「多階層」的な社会保障制度を構築しようとしている。この場合，「社会保障」の概念も刷新され，中国独自のモデルとなるであろう。

4　これから深めていくべきテーマ
ポスト工業化時代の中国の社会保障

⌈1⌋ 東南アジア諸国との比較

　2010年までの比較研究における「ファースト・ステージ」に登場できなかった中国は，ようやく比較対象としての条件が整った。中国の社会保障をより立体的に理解するために，東アジアにおける位置づけが必要である。福祉国家論において，その成立の時期によって，大まかに3つの世代に分けることができる（論者によっては2つの世代に分ける）。イギリスに代表される西欧諸国は第1世代，日本は第2世代，そして韓国は第3世代に当たる。

　その分け方になぞれば，東アジアの社会保障，特に皆保険皆年金の成立についていえば，日本は第1世代，韓国（台湾も）は第2世代であることに異論はないであろう。では，中国はどうだろうか。ここで，中国と東南アジア諸国との比較が重要になってくる。実は東南アジア諸国では皆保険皆年金体制の社会保障制度が目指されていないのである。そもそも中国がそれらの国より先に社会保障制度を全国民に普及させたのはイレギュラーである。

　開発経済学では，東アジア諸国の経済発展について，日本を先頭に，韓国，台湾，東南アジア諸国などが順番に進んでいくという雁行型経済発展としてとらえている。このモデルは1990年代までの東アジアの工業化をよく説明できるが，21世紀の中国の急速な台頭によって，雁行モデルの隊列が入り乱れた。というのは，列の最後尾につくはずの中国が「韓国・台湾と東南アジア諸国のあいだに…（略）…割り込んだ」からである（末廣，2003，124頁）。社会保障においても，同じことが起きた。「列に割り込んだ」中国はぎりぎり第2世代という「バス」に乗り込むことができ，境界事例となった。

　なぜ中国はできて，東南アジア諸国はできなかった（しなかった）のか。それを分けるポイントは一体何だろうか。ポスト工業化時代になり，これまで説明変数として不十分とされていた宗教や文化的側面などを含む幅広い検討が必

要である。

２　雇用政策と社会保障

　周知の通り，社会保障のあり方は人々の働き方によって大きく規定される。日本では，非正規雇用の増加が社会保険の空洞化をもたらしたため，2016年10月から被用者保険（厚生年金・健康保険）は501人以上の企業で，月収8.8万円以上などの要件を満たす短時間労働者にも適用されるようになった。韓国はサービス業を中心に社会的企業の育成・支援する形で雇用創出政策が展開され，職域保険の性格の強い単一制度の整備が必要となり，労働者保険と地域保険の２本立てで導入された年金や医療保険は単一制度へと改革しなければならなかった（金，2016）。

　現在の中国はポスト工業化が進み，非正規雇用も増えている。2016年に，中国社会科学院と労働経済研究所が６都市を調査した。その結果，非正規雇用は34.95％に達しており，卸売・小売業などのサービス業に集中していることがわかった（王，2018，159頁）。また，中国にはまだ２億8836万人もの農民工が存在し，彼らの約半数はサービス業に従事している。

　ニューエコノミーの発展により，空いている時間を利用しアプリ経由で仕事を請け負う「プラットフォーム従事者」が登場し，就業形態はよりフレキシブルになっている。日本にも進出している中国版 Uber の「滴滴出行」がその代表である。これは従来の雇用契約ではなく，請負契約に基づく働き方であり，配達サービス分野でも幅広く定着している。

　今後，非正規雇用および新しい働き方との関連で，中国の社会保障制度に関する分析が求められている。

手にとって読んでほしい５冊の本

飯島渉・澤田ゆかり，2010，『高まる生活リスク──社会保障と医療』岩波書店。
　「単位」保障から社会保障への移行期を分析した研究書である。当時激動した中国をわかりやすく描いている。

埋橋孝文・于洋・徐栄編著，2012，『中国の弱者層と社会保障』明石書店。

　　これまでなかった「弱者層」という切り口で，1990年代以降の中国の社会保障と社会福祉の展開を考察した著作である。

沈潔，2014，『中国の社会福祉改革は何を目指そうとしているのか──社会主義・資本主義の調和』ミネルヴァ書房。

　　中国の社会福祉改革を歴史的連続性という視点から解釈を試みた研究書で，理論と現状の両面において参考になる。

沈潔・澤田ゆかり編著，2016，『ポスト改革期の中国の社会保障はどうなるのか──選別主義から普遍主義への転換の中で』ミネルヴァ書房。

　　胡錦濤政権以降のポスト改革期における社会保障制度の構造的変化を，中央・地方・コミュニティの三層視点から分析した一冊である。

広井良典・沈潔編著，2007，『中国の社会保障改革と日本──アジア福祉ネットワークの構築に向けて』ミネルヴァ書房。

　　日中比較や日中協力の視点を取り入れた両国の研究者・実務家による共同研究書である。アジアの社会保障や日中の公共性など，幅広いテーマが扱われている。

引用・参考文献

大泉啓一郎，2018，「老いていくアジア──人口ボーナスから人口オーナスへ」遠藤環・伊藤亞聖・大泉啓一郎・後藤健太編著『現代アジア経済論』有斐閣，208-228頁。

金成垣，2016，『福祉国家の日韓比較──「後発国」における雇用保障・社会保障』明石書店。

朱珉，2014，「中国──『単位』保障から社会保障制度へ」田多英範編著『世界はなぜ社会保障制度を創ったのか──主要9カ国の比較研究』ミネルヴァ書房，297-331頁。

末廣昭，2003，『進化する多国籍企業──いま，アジアではなにが起きているのか？』岩波書店。

田多英範，2009，『日本社会保障制度成立史論』光生館。

平岡公一，2000，「社会サービスの多元化と市場化──その理論と政策をめぐる一考察」大山博・炭谷茂・武川正吾・平岡公一編著『福祉国家への視座──揺らぎから再構築へ』ミネルヴァ書房，30-52頁。

広井良典，2003，「アジアの社会保障の概観──『アジア型福祉国家』はあるのか」広井良典・駒村康平編著『アジアの社会保障』東京大学出版会，3-46頁。

裵海善，2011，「韓国経済の50年間の政策変化と成果」『筑紫女学園大学・筑紫女学院大学短期大学部紀要』第6号，181-193頁。

李蓮花，2011，「社会政策における『東アジア的な道』──日本・韓国・中国の国民皆保

険体制の比較」『社会政策』（3）2，110-120頁。

王永潔，2018，「我国非標準就業的発展及対労働関係的影響」張車偉主編『中国人口与労働問題報告』No. 19，社会科学文献出版社，153-167頁。

鄭功成，2017，「全面理解党的十九大報告与中国特色社会保障体系建設」『国家行政学院学報』第6号，8-17頁。

（朱　　珉）

あとがき

　2020年3月末現在，新型コロナウイルス感染症が猛威を振るい，世界を恐怖に陥れています。中国，韓国，日本に続いてヨーロッパ，アメリカへと広がり，世界保健機関（WHO）はアフリカや南アジアでの感染拡大をいま最も警戒しているといわれています。

　日本では，多くの国と同じようにその影響で株価が低落し，全国の小中高校と特別支援学校の一斉休校が要請され，東京オリンピックは1年の延期が決定し，大都市圏を中心に大規模イベントや外出の自粛が呼びかけられることになりました。3月24日には改正新型インフルエンザ等対策特別措置法が施行され，26日，同法に基づく「政府対策本部」が設置されました。

　こうした中で景気対策や現金給付，クーポン券の配布，消費税率の引き下げなどの議論が始まっています。

　新型コロナ感染症に関する世界中の情報がテレビ，ネットを通してリアルタイムで刻々と伝えられていますが，オールドメディアである新聞の，「米『コロナ解雇』の嵐——低所得3700万人超に危機」という見出しの次の記事が目を引きました。

　　「新型コロナウイルスの感染拡大による米国の雇用減が，リーマン・ショック時とは次元の異なる強烈な勢いで進んでいる。雇用が不安定で所得も低いサービス業で大量の失職が始まり，製造業にも人員削減の波が及んでいる。」（『朝日新聞』2020年3月27日朝刊）

　たしかに，同記事が後で指摘していますように，金融危機に端を発したリーマン・ショック後の景気後退期をはじめとして，これまではサービス業が雇用の受け皿となってきましたが，今回は様相がまったく異なります。飲食，宿泊，旅行，観光などのサービス業での雇用削減が先行し，余剰人員を吸収するバッ

ファーとしての役割が期待できません。その結果，失業や雇用不安がより深刻化します。

同記事は最後に次のように指摘しています。

> 「ジョージア州立大のラジブ・ドゥワン教授は『雇用の悪化自体を食い止めるのは不可能に近い。人々の苦しみを和らげる策に集中すべきだ』と話す」

雇用の悪化は「人々の苦しみ」の源，原因となります。まさしく今回の新型コロナウイルス禍は，グローバリゼーションの時代にあって「個人の責任だけに帰せられない『いかんともしがたい不運』が誰にでも起こる可能性」（本書14頁）を示したものです。

翻って考えてみますと，本書が主張してきたことは，序章の冒頭で引用した徳川家康のいう「重き荷物」に遭遇したときに味わう「人々の苦しみ」を和らげる策を，いろいろな側面から考えてきたものであるといえます。今回の新型コロナウイルス感染症がもたらす困難は，本書の序章で触れ，また本書の全体を通して詳しく取り上げた日本のセーフティネットの各層に過大で重い負担を強いることになるでしょう。その結果として網が破れ，その下の網，さらにその下の網に落下する人が増加することも十分予想できます。

新型コロナウイルス禍は，その発生前から指摘されていた日本の社会保障・福祉の脆弱性をさらけ出し，より深刻化させることになります。現在は景気対策や消費喚起策が提起され始めた段階ですが，今後，「国民の生活再建策」が本格的に論議されていく際には，破れたりほころんだりした網を繕い，より丈夫なものにかえていく，という本書の視点や改革の提案は議論の出発点に置かれるべきものであるでしょう。

『どうする日本の福祉政策』というタイトルをもつ本書は，今後の日本のあるべき社会保障・福祉の進路を提示することに力点が置かれていますが，そうした「国民の生活再建策」を検討する際にも活用され，参照されていくことが期待されます。

　以上の文章は，2020年3月30日の時点で執筆したものです。新型コロナ感染の拡大の影響から，本書の刊行も4カ月ほど遅れることになりました。この間，緊急事態宣言の発令・解除や営業自粛要請，海外渡航および入国制限，10万円一律給付の特別定額給付金，など目まぐるしい変化がありました。しかも，7月に入って大都市圏で再び新規感染者数が増加するという，予断を許さない，憂慮すべき事態も生まれつつあります。

　今回の一連のコロナ禍を機に〈医〉，〈職〉，〈住〉の重要性が再認識されつつあります。そうした分野の社会政策の強靭化，コロナ禍に負けない社会政策の構築が今後ますます必要になってきます。

2020年9月

埋橋孝文

索　引

(＊は人名)

あ　行

IT 産業化　236
アウトカム（指標）　9, 130, 131
アウトプット（指標）　9, 131
アクティブ・エイジング　210
アジア NIEs　232
ASEAN　232
新しい社会的リスク　254
圧縮された近代化　253
圧縮的キャッチアップ近代化　247
＊アップルホワイト, A.　212
新たな社会的リスク　115
アリババグループ　255
＊猪飼周平　110, 111
医事法学　54
1.57 ショック　125
一般社会拠出金（CSG）　15, 16, 38, 52
医療政策学（公共政策学）　54
医療の質　44
医療費対 GDP 比　44
医療費適正化　43
医療費抑制（政策）　43, 44, 47, 55
医療へのアクセス　41
医療法・医師法改正（2018年）　49
医療保険（強い）　16, 50
インフォーマルケア　64, 67
インフォーマルセクター　240
インフォーマルな支援　62
インフォーマルな資源　66
インプット　9
Well Being アプローチ　99, 100, 101
エイジズム（Ageism）　202
AI　198
ACE（小児逆境体験）　225
エコロジカルアプローチ　110
縁創造支援センター　118
NPO 法人暮らしづくりネットワーク北芝　118

黄金の30年　231
黄金の回路　234
OECD（経済協力開発機構）　37
＊大河内一男　4
「All or Nothing」の統合給付方式　177, 184
＊岡村重夫　110
岡村理論　110
遅れてきた中絶　217
『男はつらいよ』　210

か　行

介護業務の機能分化　187, 194
介護サービスのアウトカム評価　69
介護職員処遇改善加算　190, 196
介護疲れ　64
介護難民　188
介護の質評価指標　69
介護福祉士　190, 193, 200
介護報酬　61, 189, 190
介護保険財政　66
介護保険制度　16, 59, 148
介護予防給付　65
介護労働安定センター　188, 192, 197
介護ロボット　190
カヴァレッジ（適用範囲）　34
確定拠出年金　27
家計補助的な働き方　124
家族手当　12
家族への介護手当（現金給付）　62, 63
課題先進国　68
家庭裁判所　224, 225
稼働能力　12, 171, 172, 173, 175
稼得とケアの調和　132
雁行型経済発展　256
間接賃金　234
基礎年金　15
基礎年金以外の補足的給付　32
基礎年金水準の低下　24

265

基礎補償（ドイツ）　29
技能実習生（制度）　192, 191, 196
逆進性　46
キャリアアップ　194
キャリアパス　193
救護施設　87
求職者支援制度　13, 17, 160, 164
給付つき税額控除（タックス・クレジット）
　　17, 164
共同組合基本法　241
協働モデル　117, 119, 120
京都自立就労サポートセンター　118
クラウドファンディング　241
グループワーク　112
ケアの質評価　69
ケアマイスター制度　199
経済的収益性　100, 102
経済の二重構造　253
経済連携協定（EPA）　190, 196, 197
現金給付　7, 65
　　──の制度化　67
　　介護者への──　16
健康保険（制度）　11, 42, 161, 163, 164, 250
公営住宅政策　75
公営住宅法（1951年）　75
高額療養費制度　42, 51
公私ミックス方式　18
厚生年金　161, 163, 164, 250
公的賃貸住宅（社会住宅）　72, 73
公的年金制度（カナダ）　31
公的年金等控除の見直し　36
公的扶助（制度）　93, 161
　　──の個別化政策　29
後発福祉レジーム　5
高齢者人権問題　18, 203
高齢者ステレオタイプ　206
高齢者向けの公的扶助の創設　39
高齢者連帯手当（フランス）　29
国際生活機能分類（ICF）　150
国民医療費　51
国民皆保険皆年金（制度）　14, 41, 247, 249,
　　252, 256
国民基礎生活保障　170

国民健康保険（制度）　13, 42, 161, 250
国民健康保険被保険者資格証明書　45
国民年金（制度）　13, 161
国家年金（イギリス）　29, 30
国家保障基礎年金（デンマーク）　31
個別給付方式　17, 170, 177, 184
コミュニティオーガニゼーション　112
コミュニティビジネス　240
根拠に基づく医療（Evidence Based Medicine）
　　49
こんにちは赤ちゃん事業（乳児家庭全戸訪問事
　　業）　221

さ　行

最後のセーフティネット　161, 171, 172, 174,
　　183
最低居住面積水準　80, 82
最低限度の自由の平等　89, 94
最低限度の平等（の保障）　90, 92
最低生活保障　7, 91, 92, 247
＊里見賢治　38
３K（きつい・汚い・危険）　198
三農問題　251
ジェンダー（政策）　132, 136
支援の限界効率　117
「支援の限界効率」曲線　113
自活勤労事業　178, 180
自活事業（プログラム）　174, 177
資産形成支援　181
持続可能性　66
失業保険　11
シティズンシップ　86
児童虐待防止　220
児童虐待問題　18
児童相談所　216
児童手当　3, 13, 162, 168
児童の権利に関する条約　225
児童福祉司　221
児童扶養手当　3, 162
児童保護局　227
資本─賃労働関係　103, 104
社会参加　95, 96
社会住宅（公的賃貸住宅）　73

社会主義市場経済　246

社会手当（制度）　12, 17, 161, 162, 163, 168

社会的企業　240, 257

社会的企業育成法　241

社会的孤立　64

社会的弱者　117

社会的投資戦略　5

社会的排除（Social Exclusion）　95, 96, 138, 142

社会的包摂（Social Inclusion）　95

社会福祉協議会　67

社会福祉士　221, 227

社会福祉住居施設　86

社会保険（制度）　3, 160, 163

社会保険型選別主義　35

社会保険方式　12, 59

社会保険料の逆進性　52

社会保障モデル　110, 113

周縁化　141

　　——の可能性　143

自由開業医制　48, 49

住居確保給付金　168

＊習近平　254

従前生活保障　7

住宅金融公庫法（1951年）　75

住宅セーフティネット制度　76, 84

住宅手当（家賃補助）制度　16, 17, 72, 73, 82, 162

社員向け——　75

普遍的な——　76

住宅の商品化政策　75, 77

住宅の脱商品化　78, 81

住宅扶助　76

住宅保証制度　86

自由の格差　92

重要業績評価指標（KPI）　126

就労支援　148

「就労支援つき」最低生活保障　171, 174, 176

就労支援プログラム　170, 177, 182

就労準備支援事業　173

就労成功パッケージ　178, 180

受診回避　47, 51

障害者基本法　143

障害者自立支援法　151

障害者総合支援法　141, 143, 148

障害者手帳　143, 146

障害の社会モデル　152

証拠に基づく政策立案（EBPM）　126

将来の年金水準確保法案　27

職業自活プログラム　175

女性活躍推進法　124

女性のライフスタイル　123, 134, 136

所得代替率　24, 27

自立支援プラグラム　96, 172

自立助長　183

新型農村合作医療制度　251, 254

新型農村年金保険　251

新生活保護法の導入（1950年）　172

人生100年時代　58

スティグマ　139, 141, 144, 146

ステレオタイプ　203, 205

西欧流福祉国家　18

税額控除制度　13

生活援助業務　194, 198

生活困窮者自立支援（制度）　17, 118, 160, 164, 168, 173

生活困窮者自立支援法　13, 172

生活保護（制度）　3, 11, 96, 164

　　——の単給化　39

生活モデル　110, 113

政策による周縁化　138

政策評価　127

政策評価法　128

生産主義　5

生産の福祉　175, 176, 182

制度的支援　109, 110

制度的支援の限界効率逓減理論　111, 112, 115

制度の持続可能性　63

制度の狭間　160

税方式　7

セーフティネット　10, 46

セクシズム（Sexism）　208, 213

セクハラ　133

世代間の公平確保法案　27

専業主婦（主夫）　159

先都市・後農村　251

選別主義的な制度　23
選別的制度　7,149
相対的貧困　2,80,96
相対的貧困率　73,97
ソーシャルミックス　85
ソーシャルワーカー　179

　　　　　た　行

第1号被保険者　35,36
対外志向型工業化　235
第3の支援戦略　115,116
第2号被保険者　35
第2種福祉事業　86
＊武川正吾　5
多職種連携　226
脱キャッチアップ　241,242
脱工業化　236
脱受給率　181
脱商品化　5
脱商品化イニシアティブ　84
たん吸引　194
単給化　184
男女雇用機会均等法　130
男性優位主義　132
地域医療介護総合確保基金　199
地域包括ケアシステム　61,68
地域包括ケア時代　58
地域包括支援センター　66
中国モデル　245
賃金主導型成長　234
賃金爆発　234,235,237
＊鄭功成　254
DPC（診断と処置の組み合わせ）　49
DV被害者　76
デジタルチャイナ　238
デモクラント型基礎年金　15,30,32,38,39
『東京家族』　209
『東京物語』　209
投資アプローチ　99,100
＊徳川家康　1
特定処遇改善加算　190,196
特例子会社　147
＊鄧小平　252

ドメスティックバイオレンス　226

　　　　　な　行

ニーズ集団　139,140,145
ニーズ準拠型の政策　148,153
ニードの複雑性　111,114
＊二木立　65
二重のイズム　211
日常生活支援住居施設　87
日本式介護　68,69
日本住宅公団法（1955年）　75
日本労働組合総連合会（連合）　32
入居拒否（入居制限）　73,74
認可外保育施設　219
ネグレクト　219
ネットカフェ難民　74
年金生活者支援給付金　28
年金制度体系（デンマーク）　30
年金扶助　35
年金保険　11

　　　　　は　行

排除型社会　101
パタニティーハラスメント（パタハラ）　125,
　　133
働き方改革関連法　124
発達障害　225
＊バトラー，R.　204
＊パルモア，E.　204
パワハラ　133
PDCA（サイクル）　125,126
東アジア的な道　247
東アジアの奇跡　232
被虐待体験　227
非自発的非正規労働者　156
非正規雇用　17,123
非正規労働者　11,12,45,74
非正規労働者数　158
ひとり親　159
非ニーズ集団　145
被用者保険　16,42,50
貧困ライン（健康で文化的な最低限の水準）
　　160

フォーディズム　230,232,233
福祉後進国　230,231,232
福祉国家の黄金時代　231,232
福祉の生産モデル　7,9
福祉爆発　234,235,251
普遍主義的な制度　23
普遍的制度　7,149
プラットフォーム従事者　257
フリーアクセス制　43
古い社会的リスク　254
ベーシックインカム（BI）　164
ベーシックインカム実験　165
ペンションクレジット（イギリス）　29
報酬比例年金　24
包摂型社会　101
保険料固定方式　25,27
保険料納付のインセンティブ　34,37
母子世帯　74,76
補充性の原則　171
補償政策（事後的）　7
ポスト・フォーディズム　242
補足的老齢年金生活者支援給付金　28,34

ま　行

マイノリティ化　139,141
マクロ経済スライド　26,33
＊増田雅暢　60,65
マタハラ　133
「マッチョな」風土　133
マッチング支援　118
マミートラック　124
＊ミラー，J.　6
無保険者　45
無料低額宿泊所　86
モジュール化　236,237
持ち家政策　75,78

持ち家率　78

や　行

家賃債務保証　84
家賃負担率　79,85
家賃補助　12,72
薬価制度　42
輸出志向型工業化　234,235,236
要保護児童対策地域協議会（要対協）　218
予期しない妊娠　217,226
予防給付　16,61
予防重視型システム　61
予防政策（事前的）　7
48時間ルール　222

ら　行

ライフコース　154
ライフスタイル　124
リスク・アセスメント　219
類型（type）論　247
レイシズム（Racism）　213
レギュラシオン理論　233
レセプト（診療報酬支払請求書）　55
連合　→日本労働総連合会
漏救　30,39
労働の「脱熟練化」　237
労働力の創出・保全・掌握　5
ロジック・モデル　122,128,135

わ　行

ワーキングプア　11,12,160
ワーク・ライフ・バランス　123,129
ワークフェア　96
和諧社会　251,253
若者就労支援　118
ワンオペ育児　124

《執筆者紹介》（＊は編者，執筆分担，執筆順）

＊埋橋孝文（うずはし　たかふみ）序章
　　　編著者紹介参照。

　鎮目真人（しずめ　まさと）第1章
　　　現　在　立命館大学産業社会学部教授。
　　　主　著　『社会保障の公私ミックス再論』（共編著）ミネルヴァ書房，2016年。
　　　　　　　『比較福祉国家：理論・計量・各国事例』（共編著）ミネルヴァ書房，2013年。

　尾玉剛士（おだま　たかあき）第2章
　　　現　在　獨協大学外国語学部専任講師（博士　学術：東京大学）。
　　　主　著　『医療保険改革の日仏比較：医療費抑制か，財源拡大か』明石書店，2018年。
　　　　　　　「第3章　フランス」松尾秀哉・近藤康史・近藤正基・溝口修平編『教養としてのヨーロッパ政治』ミネルヴァ書房，2019年。

　郭　　芳（かく　ほう）第3章
　　　現　在　同志社大学社会学部助教（博士　社会福祉学：同志社大学）。
　　　主　著　『中国農村地域における高齢者福祉サービス：小規模多機能ケアの構築に向けて』明石書店，2014年。
　　　　　　　「中国における福祉の『市場化』の展開と特徴に関する考察」『社会政策』10（2），2018年。

　小田川華子（おだがわ　はなこ）第4章
　　　現　在　東京都立大学非常勤講師（博士　社会福祉学：同志社大学）。
　　　主　著　「家賃負担が子どもの生活に与える影響：広さ・家賃負担・その他の支出のせめぎあいの実証分析」『社会政策』11（3），2020年。
　　　　　　　「不安定な住まいに滞留する生活困窮者：狭小・窓無しシェアハウス調査からみえるもの」『貧困研究』Vol. 13（貧困研究会），2014年。

　志賀信夫（しが　のぶお）第5章
　　　現　在　県立広島大学保健福祉学部講師（博士　社会学：一橋大学）。
　　　主　著　『貧困理論の再検討：相対的貧困から社会的排除へ』法律文化社，2016年。
　　　　　　　『ベーシックインカムを問いなおす：その現実と可能性』（共編著）法律文化社，2019年。

　史　　邁（し　まい）第6章
　　　現　在　清華大学公共管理学院博士後研究員（博士　社会福祉学：同志社大学）。
　　　主　著　「社会サービス提供におけるコ・プロダクション概念の意味：『協働』への理論的再考」『ノンプロフィット・レビュー』20（1），2020年。
　　　　　　　「中国における福祉市場化政策の現在と今後：介護保険制度の導入を戦略的に考える」『社会政策』11（2），2019年。

田中弘美（たなか　ひろみ）第7章
　　現　　在　武庫川女子大学文学部講師（博士　社会福祉学：同志社大学）。
　　主　　著　『「稼得とケアの調和モデル」とは何か：「男性稼ぎ主モデル」の克服』ミネルヴァ書房，2017年。
　　　　　　　「子どものレジリエンスが育まれる過程：生い立ちの整理の実践から」埋橋孝文・矢野裕俊・田中聡子・三宅洋一編著『子どもの貧困／不利／困難を考えるⅢ：施策に向けた総合的アプローチ』ミネルヴァ書房，2019年。

山村りつ（やまむら　りつ）第8章
　　現　　在　日本大学法学部公共政策学科准教授（博士　社会福祉学：同志社大学）。
　　主　　著　『精神障害者のための効果的就労支援モデルと制度：モデルに基づく制度のあり方』ミネルヴァ書房，2011年。
　　　　　　　『入門　障害者政策』（編著）ミネルヴァ書房，2019年。

森　　周子（もり　ちかこ）第9章
　　現　　在　成城大学経済学部准教授（博士　社会学：一橋大学）。
　　主　　著　「ベーシックインカムと制度・政策」佐々木隆治・志賀信夫編『ベーシックインカムを問いなおす：その現実と可能性』法律文化社，2019年。
　　　　　　　「ドイツにおける長期失業者とワーキングプアへの生活保障制度の現状と課題：求職者基礎保障制度を中心に」『社会政策』8（2），2016年。

松江暁子（まつえ　あきこ）第10章
　　現　　在　国際医療福祉大学医療福祉学部講師（博士　社会福祉学：首都大学東京）。
　　主　　著　『アジアの高齢者の生活保障：持続可能な福祉社会を求めて』（共編著）明石書房，2017年。
　　　　　　　「公的扶助における能力活用のあり方に関する研究：韓国の国民基礎生活保障制度における条件付き給付に着目して」首都大学東京大学院博士論文，2019年。

李　　宣英（い　そんよん）第11章
　　現　　在　県立広島大学保健福祉学部講師（博士　社会福祉学：同志社大学）。
　　主　　著　『準市場の成立は高齢者ケアサービスを変えられるか：日韓の比較実証分析』ミネルヴァ書房，2015年。
　　　　　　　「高齢者ケア政策の脱家族化の可能性に対する探索的研究：日本と韓国を中心に」『韓国日本文化学報』69号，2016年。

朴　　蕙彬（ぱく　へびん）第12章
　　現　　在　関西福祉科学大学助教（博士　社会福祉学：同志社大学）。
　　主　　著　「日本のエイジズム研究における研究課題の検討：エイジズムの構造に着目して」『評論・社会科学』第124号，2018年。
　　　　　　　「映画『東京物語』と『東京家族』にみられるエイジズム：ステレオタイプ化されたイメージと歴史的変化の分析」『評論・社会科学』第125号，2018年。

廣野俊輔（ひろの　しゅんすけ）第13章

現　在　同志社大学社会学部准教授（博士　社会福祉学：同志社大学）。

主　著　「障害者運動」山村りつ編著『入門　障害者政策』ミネルヴァ書房，2019年。

「相模原障害者施設殺傷事件と優生思想：障害者解放運動史研究の立場から」『現代思想』
44（19），2016年。

金　成垣（きむ　そんうぉん）第14章

現　在　東京大学大学院人文社会系研究科准教授（博士　社会学：東京大学）。

主　著　『福祉国家の日韓比較：「後発国」における雇用補償・社会保障』明石書店，2016年。

『後発福祉国家論：比較のなかの韓国と東アジア』東京大学出版会，2008年。

朱　珉（しゅ　みん）第15章

現　在　千葉商科大学商経学部准教授（博士　経済学：中央大学）。

主　著　「生活保護」田多英範編著『『厚生（労働）白書』を読む：社会問題の変遷をどう捉えた
か』ミネルヴァ書房，2018年。

「最後のセーフティネットの構築：『全民低保』を超えて」沈潔・澤田ゆかり編著『ポス
ト改革期の中国社会保障はどうなるのか』ミネルヴァ書房，2016年。

《編著者紹介》

埋橋孝文（うずはし　たかふみ）
　関西学院大学大学院経済学研究科博士後期課程修了，博士（経済学）。
　大阪産業大学，日本女子大学を経て
　現　在　同志社大学社会学部教授，放送大学客員教授。
　主　著　『福祉政策の国際動向と日本の選択』法律文化社，2011年。
　　　　　『子どもの貧困／不利／困難を考える　Ⅲ』（共編著）ミネルヴァ書房，2019年。
　　　　　『貧困と就労自立支援再考：経済給付とサービス給付』（共編著）法律文化社，2019年。

いま社会政策に何ができるか①
どうする日本の福祉政策

2020年10月25日　初版第1刷発行　　　　　　　　　　　〈検印省略〉

定価はカバーに
表示しています

編著者　　埋　橋　孝　文
発行者　　杉　田　啓　三
印刷者　　坂　本　喜　杏

発行所　　株式会社　ミネルヴァ書房
〒607-8494　京都市山科区日ノ岡堤谷町1
電話代表　（075）581-5191
振替口座　01020-0-8076

©埋橋孝文ほか，2020　　冨山房インターナショナル・藤沢製本

ISBN 978-4-623-08961-1
Printed in Japan

いま社会政策に何ができるか（全3巻）

A5判・並製・各巻平均270頁

①どうする日本の福祉政策

埋橋孝文 編著

日本の社会的セーフティネットは，①雇用，②社会保険，③生活保護の三層からなる。近年はしかし，雇用では非正規労働者が全労働者数の4割に達しようとしており，年金や医療の社会保険制度のほころびも顕著であり，最後の拠り所でもある生活保護も制度疲労がみられる。本書は，現在の日本の福祉における主要な重要課題を軸に，リアルな現状の把握と最新の知見をもとに今後を展望する。

②どうする日本の労働政策

櫻井純理 編著

いわゆる正社員ではない「多様な働き方」の広がりは，経済的格差や貧困問題にもつらなる重大な社会的課題となっている。本書は，労働市場の周縁に置かれてきた「非正規」雇用者，女性，若者，外国人，中小企業従業員，フリーランスなどの労働者層に特に焦点を当てる。賃金・労働時間・労使関係などの基本的な政策を捉えたうえで，人々の生活と尊厳の支えとなる「まともな働き方」を展望し，必要な政策を提言する。

③どうする日本の家族政策

落合恵美子 編著

そもそも家族政策とは何か。なぜ国家が家族に干渉するのか，など様々な議論が噴出し，家族政策それ自体がタブー視されているような現状を打破すべく，本書では，家族政策を「人が生きることを支える政策」としてとらえ直し，他のアクターの適切な支えを得て「家族をひらく家族政策」を提案する。ケア政策，時間政策を中心としつつ，女性の貧困，移民やLGBT，生殖医療など，もっとも現代的な家族の課題への提言を試みる。

ミネルヴァ書房

https://www.minervashobo.co.jp/